KB057482

참인생을 가르쳐주는
동양의 탈무드

채근담

지음 : 홍자성   평역 : 안길환

으로
지혜와 창의성을 터득할 수 있는
황금률

📖 법문북스

책 머리에

『채근담』은 명明나라 만력萬曆 연간(1573~1619년)에 살았던 홍자성이 남긴 수상집隨想集이다. 225항으로 된 전집前集과 134항으로 된 후집後集 등, 모두 359항으로 이루어져 있는데, 전집은 사회생활을 해나가면서 지녀야 할 마음가짐을 주제로 다루었고, 후집은 탈속脫俗한 다음 풍월을 벗하며 살아가는 즐거움을 읊고 있다.

저자 홍자성에 대해서는 그 이름이 응명應明이라는 것, 그리고 호를 환초도인還初道人이라고 했다는 것 외에는 알려진 바가 거의 없다. 다만 홍자성의 친구일 것으로 보이며, 이 『채근담』의 서문을 쓴 우공겸于孔兼이란 사람이 명나라 만력 연간 때 고관을 지낸 사람으로서 당시의 황제였던 신종神宗에게 간언을 했다가 받아들여지지 않자 낙향한 후 20여 년간 유유자적하는 생활을 했다고 하니, 저자 홍자성 역시 그와 비슷한 인물이었으리라고 짐작할 뿐이다.

채근이란 말은 글자 그대로 들풀의 잎사귀라든가 뿌리 따위, 즉 아주 보잘것없는 조식粗食을 뜻한다. 송宋나라 때의 대학자로서 주자학朱子學의 원조인 주희朱熹가 지은 『소학小學』에, 역시 같은 송나라 때의 유학자 왕신민汪信民도 '사람이 언제나 나물뿌리를 씹어 먹고 살 수만 있다면 곧 백 가지 일을 가히 이루리라[人常咬得菜根則百事可成]'라고 했는데, 이 책의 제목인 『채근담菜根譚』은 물론 저자 홍자성이 붙였겠지만 위의 구절에서 유래된 것 같다. 물질적 욕망을 조율하면서 간소한 생활에 만족하고 정신적 충실을 도모하려는 저자 자신의 주장에 어울린다고 여겨, 이런 제목을 붙이게 된 것이리라.

인생과 처세에 대한 수양서는 헤아릴 수 없을 만큼 허다한데, 그 중에서도 이 『채근담』을 백미白眉로 꼽는 이유는 어디에 있을까? 그것은 일어일구一語一句마다 심오한 진리가 스며 있으며, 그것이 이 세상을 살아가는 데 있어 실질적으로 큰 도움이 되기 때문이다.

가진 자, 획득한 자가 누리는 부귀영화의 인생만이 반드시 행복한 것은 아니다. 그런 것들을 속세의 즐거움이라고 한다면 그것들을 초탈하여 자연 속에서 유유자적하는 생활은 또 그 나름대로 운치가 있는 것이며, 어떤 의미에서는 참 자유와 참 행복이라고 할 수 있겠다.

그렇다고 해서 『채근담』은 무턱대고 자연으로 돌아가라고 주장하는 것만도 아니다. 속세를 초탈하되 우주자연의 진리를 제대로 이해해야 한다는 충고도 곁들인다. 이런 점에서 복잡한 현대를 살아가는 우리로 하여금 공감을 불러일으키게 하는 것이다.

그러기에 이 『채근담』은 부귀를 이룬 사람에게는 근신과 경계를, 빈천한 사람에게는 용기와 안정을, 성공한 사람에게는 충고와 경고를, 그리고 실의에 빠져 있는 사람에게는 격려와 평안을 준다. 『채근담』이 인생 수양서 중 첫째로 꼽히는 이유가 여기에 있다.

종래에 번역 출간된 『채근담』은 원문을 직역하여 난해한 것이 대부분이고, 해설도 현대에 맞지 않아서 독자로부터 외면당하는 예가 없지 않았다. 그러나 이 책에서는 현대 감각에 맞게 번역을 시도하는 한편 직역한 내용을 함께 실어서 독자들의 이해를 돕도록 애썼다. 또한 해설도 현대를 살아가는 우리에게 직접 도움이 되도록 풀이했다.

이 책이 난세를 살아가는 독자들에게 큰 도움이 되었으면 하는 바람 간절하다.

評譯者 識

채근담菜根譚 제사題詞

　방문객을 다 쫓아버리고 외로이 누추한 집에 틀어박혀 살면서, 세속따라 사는 사람들과 어울리기를 즐기되 속세를 버린 사람들과 교류하기는 즐기지 않았다. 망령되이 옛 성현들과 더불어 오경五經의 뜻의 같고 다름을 평評하되, 부질없이 두세 젊은이들과 함께 운산변환雲山變幻하는 산마루를 함부로 서성거리지는 않았다. 날마다 어부나 농부들과 더불어 오호五湖의 물가라든가 푸른 들 가운데서 읊조리고 노래하였지만, 몇 푼의 이익을 다투고 얼마 안 되는 봉록을 영광스레 여기는 자들과는 인정이 급변하는 마당이나 득실만 따지는 소굴에서 하루라도 서로 진심을 터놓지는 않았다.

　간혹 염락(濂洛 : 儒學)의 설說을 배우려는 사람이 있으면 가르쳐 주고, 축건(竺乾 : 불교)의 업業을 배우려는 사람에게는 그것을 일깨워 주되, 허황한 공론空論을 일삼는 자는 멀리했다. 이로써 나는 산중의 수양을 쌓기에 족했다.

　때마침 친구인 홍자성洪自誠이 『채근담菜根譚』을 가지고 와서 나에게 보이면서 서문을 써달라고 청해 왔다. 나는 처음에는 그 책을 대수롭지 않게 보았을 뿐이었다. 이윽고 책상 위의 고서古書들을 치우고 마음속의 잡념을 털어버린 다음 정독을 하고 나서야 예사로운 책이 아님을 깨달았다.

　그 글이 마음의 본성을 논하매 금방 현묘한 경지에 이르고, 인정을 말하매 인간 세상의 고충을 곡진曲盡하게 밝혀서, 천지를 바라보매 가슴속의 여유를 보고, 세속의 공명功名을 티끌같이 여기매 식견의 고원高遠함을 알 수가 있다. 붓끝에서는 녹수청산綠樹青山이 그려지고, 차는 말 모두가 연비어약鳶飛魚躍하듯 약동하고 있다.

이에 그가 얼마나 자득自得했는지는 참으로 확신하지는 못할망정, 그가 지은 문장文章을 볼라치면 모두가 세상을 깨우치고 사람을 각성시키는 긴요한 구절들뿐이어서 귀로 듣고 금방 입 밖으로 나오는 그런 경박한 것이 아니다.

채근담菜根譚이라고 이름 붙인 이유는 본디 청렴하고 각고刻苦 노력한 가운데서 얻어지고, 또한 스스로 가꾸고 물을 주는 가운데서 터득했기 때문이리라. 세상의 풍파에 시달리고 갖은 고난을 겪으면서 이룬 결실임을 가히 알 수 있겠다.

홍자성은 말하기를, '하늘이 내 몸을 수고롭게 한다면 나는 내 마음을 편안하게 함으로써 이를 보완할 것이며, 하늘이 나에게 액운을 만나게 한다면 나는 나의 도道를 형통케 함으로써 이를 뚫고 나갈 것이다'고 하였다. 그 자신이 신중하게 경계하고 스스로 힘썼음을 또한 알 수 있으리라. 이상과 같기에 몇 마디 적어서 이 책을 세간에 공표하여, 풀뿌리[菜根]에야말로 인생의 참맛이 있음을 알리고자 한다.

삼봉주인三峰主人 우공겸于孔兼° 쓰다.

---

*우공겸 : 자는 원시元時, 경소景素. 호가 삼봉주인이다. 강소江蘇 금단金壇 사람으로 만력萬曆 연간에 진사進士가 되었다.

菜根譚 題詞
채근담 제사

逐客孤踪 屏居蓬舍 樂與方以內人遊 不樂與方以外人遊也.
축객고종 병거봉사 낙여방이내인유 불락여방이외인유야.

妄與千古聖賢 置辯於五經同異之間 不妄與二三小子
망여천고성현 치변어오경동이지간 불망여이삼소자

浪跡於雲山變幻之麓也. 日與漁父田夫 郎吟唱和於五湖之濱 綠野之坳.
낭적우운산변환지록야. 일여어부전부 낭음창화어오호지빈 녹야지요.

不日與競刀錐榮升斗者 交臂抒情於冷熱之場 腥羶之窟也.
불일여경도추영승두자 교비서정어랭열지장 성전지굴야.

間有習濂洛之說者牧之 習竺乾之業者闢之 爲譚天雕龍之辯者遠之.
간유습렴락지설자목지 습축건지업자벽지 위담천조룡지변자원지.

此足以畢予山中伎倆矣.
차족이필여산중기량의.

適有友人洪自誠者 持菜根譚示予 且丐予序. 予始訑訑然視之耳.
적유우인홍자성자 지채근담시여 차개여서. 여시이이연시지이.

旣而徹几上陳編 屏胸中雜慮 手讀之則覺.
기이철궤상진편 병흉중잡려 수독지즉각.

其譚性命直入玄微 道人情曲盡巖險 俯仰天地 見胸次之夷猶
기담성명직입현미 도인정곡진암험 부앙천지 견흉차지이유

塵芥功名 知識趣之高遠.
진개공명 지식취지고원.

筆底陶鑄 無非祿樹靑山 口吻化工 塵是鳶飛魚躍.
필저도주 무비록수청산 구문화공 진시연비어약.

此其自得何如 固未能深信 而據所擒詞 悉砭世醒人之喫緊 非入耳出
차기자득하여 고미능심신 이거소금사 실폄세성인지끽긴 비입이출

口之浮華也.
구지부화야.

譚以菜根名. 固自淸苦歷練中來 亦自栽培灌漑裡得.
담이채근명. 고자청고력련중래 역자재배관개리득.

其顚頓風波備嘗險阻 可想矣. 洪子曰, 天勞我以形 吾逸吾心以補之.
기전돈풍파비상험조 가상의. 홍자왈, 천로아이형 오일오심이보지.

天阨我以遇 吾高吾道以通之. 其所自警自力者 又可思矣.
천액아이우 오고오도이통지. 기소자경자력자 우가사의.

由是以數語辯之 俾公諸人人 知菜根中有眞味也.
유시이수어변지 비공제인인 지채근중유진미야.

三峰主人 于孔兼 題
삼봉주인 우공겸 제

차례

채근담菜根譚 후집後集

채근담菜根譚 전집前集

『채근담』 전집 225개 항은 주로 인생살이라는 고해苦海를 헤쳐 나가는 데 필요한 마음가짐에 대해 기록한 내용들이다.

|001
한때 적막할지언정 만고에 처량함을 만들지는 말라

도덕을 지키는 자는 한때만 적막할 뿐이나, 권세에 빌붙는 자는 만고에 처량하다. 달인은 사물 밖의 진리를 관찰하고 사후死後의 명예를 생각하니, 차라리 한때의 적막을 겪을지언정 만고의 처량함을 취하지 말라.

인간의 도리를 지키면서 살아가다 보면 때로 고난을 겪기도 하고, 또한 악한 자에게 이용을 당할 수도 있다. 하지만 그건 일시적인 고통일 뿐이다.

한편 권력에 아부하면 몸은 당장 편하게 살 수 있을지는 몰라도 정신은 끝없는 고통 속에 갇히게 된다. 참된 인생을 깨달은 사람은 현실의 안녕에 매달리지 않고, 보다 높고 큰 이상을 추구하며 살아간다.

가치 있는 삶을 위해서는 고독해지는 것을 두려워해서는 안 된다. 권력에 편승해서 사는 자는 세상이 바뀌면 그 이름조차 잊혀지고 만다. 그에 반해 평생을 힘들게 살았어도 후세에 존경을 받는 이들이 무수히 많다.

군자의 길을 걸으면서 온갖 중상모략을 당하던 사람이라도 세월이 흐른 후에는 결국 결백과 올바름이 드러나지 않던가. 이 구절은 진정 세상을 어떻게 살아야 하는가를 깨닫게 해주는 대목임에 틀림없다.

棲守道德者는 寂寞一時나 依阿權勢者는 凄凉萬古라.
서 수 도 덕 자   적 막 일 시   의 아 권 세 자   처 량 만 고

達人은 觀物外之物하고 思身後之身하니,
달 인   관 물 외 지 물   사 신 후 지 신

寧受一時之寂寞이언정 毋取萬古之凄凉이라.
영 수 일 시 지 적 막   무 취 만 고 지 처 량

·棲守서수–~을 지켜 살아가다. ·依阿의아–아부하다. ·寧영–차라리. ·毋무–無무.

|002
군자는 세상을 꾸밈없이 살 뿐 능란하게 살지 않는다

세파에 시달림이 얕으면 속세의 때묻음도 얕을 것이요, 세상일을 겪음이 깊으면 그 속임수의 재간 또한 깊을 것이다. 그러므로 군자는 세상을 능란하게 살기보다는 꾸밈새 없이 우직하게 사는 편이 낫고, 지나친 예절에 얽매이기보다는 거침없이 소탈하게 사는 편이 낫다.

세상살이에 별별 경험을 다 한 사람은 이기심이 많아 자신의 욕심을 우선시하기 때문에 비인간적인 경향이 짙다. 매사에 실리적인 계산만을 앞세워 자신에게 유리한 쪽으로만 행동하기 때문이다. 그런 생활 태도가 습관화되면 자신의 언행이 남에게 어떤 영향을 주게 되는지, 또는 자신의 인생이 어떤 의미와 가치를 지니고 있는지에 대해서 전혀 고민하지 않게 된다.

따라서 지나친 예절과 이해타산만 앞세우기보다는 다소 어리숙하고 손해를 보는 편이 도리어 남으로부터 신용을 얻을 수 있다. 물론 험한 세상을 살아가야 하는 우리들로서는, 처세의 지혜도 있어야 하고 또 대인관계의 매너도 좋아야 한다. 하지만 그런 것에 지나치게 신경을 쓰다가는 실속 없는 속 빈 강정이 되기 쉽다. 이런 사람이 되어서는 안 된다는 충고이다.

涉世淺하면 點染亦淺이요 歷事深하면 機械亦深이라.
섭세천   점염역천   역사심   기계역심
故로 君子는 與其練達로는 不若朴魯하고 與其曲謹으로는 不若疎狂이니라.
고   군자   여기련달   불약박로   여기곡근   불약소광

·涉世섭세-세파世波를 건너가다. ·點染점염-조금씩 물들음. ·機械-속임수, 권모술수. ·朴魯박로-순박하고 재주가 없다. ·曲謹곡근-자세하고 근후謹厚함. ·疎狂소광-소탈하다.

|003
군자는 자기의 재능을 드러내지 않는다

　군자의 마음가짐은 하늘처럼 푸르고 대낮같이 밝아야 하나니 남들이
모르게 해서는 안 되고, 군자의 재능은 옥이 바위 속에 박혀 있고 진주
가 바다 속에 감추어져 있듯이 남들이 쉽사리 알게 해서는 안 된다.

　신념이 곧은 사람의 마음은 청천백일靑天白日과 같이 아주 밝고, 자신
의 능력이 뛰어나다 해도 겉으로 드러내지 않는다. 그리고 하는 일은
쾌도난마快刀亂麻와 같이 명쾌하다. 그래서 남들이 신용한다.

　이에 반해, '이것도 좋고 저것도 좋다'는 식의 목랑청睦郞廳 같은 사람
은 자신의 재능을 남에게 자랑하려 애쓰기에 신뢰를 잃게 마련이다. 그
런 사람의 마음 자세는 어느덧 뭇 사람들에게 전달되어, 아무리 애를
써도 인정해 주질 않는다. 즉 지도자가 될 자질이 없음을 스스로 입증한
것이나 다름없는 셈이다.

　『사기史記』에 '좋은 상품은 깊이 갈무리하여 없는 양 가장하는 상인이
뛰어난 상인이다[良賈深藏苦虛]'라는 노자老子의 말이 있다.
　　　　　　　　양가심장고허

　사실 훌륭한 학식과 재능을 지니고 있는 사람은 그것을 굳이 드러내지
않더라도 세상 사람들이 자연히 알게 되고, 또 인정해 주는 법이다.

君子之心事는 天靑日白하여 不可使人不知요,
군 자 지 심 사　　천 청 일 백　　　불 가 사 인 부 지
君子之才華는 玉韞珠藏하여 不可使人易知라.
군 자 지 재 화　　옥 온 주 장　　　불 가 사 인 이 지

・才華재화 – 재능의 아름다움.

|004
권모술수는 결국 자신을 망치니, 능하더라도 행하지 말라

권세와 명리, 부귀와 사치를 가까이하지 않는 사람을 깨끗하다고 하나, 가까이하게 될지라도 이에 물들지 않는 사람이 더욱 깨끗하다. 권모술수를 모르는 사람은 고상하다고 하나, 이를 알면서도 쓰지 않는 사람은 더욱 고상하다.

권세와 명리를 붙좇지 않는 사람은 청렴하다고 한다. 그러나 가까이하게 될지라도 거기에 구속당하지 않는 사람이라면 진정 더 청렴한 사람이라고 할 수 있다.

세상의 권모술수 따위는 모르는 편이 좋다. 하지만 그 방법들을 알고 있으면서도 구사하지 않는다면 그런 이가 바로 진정한 군자이다.

신념이 분명한 사람들은 스스로 편협해지는 약점이 있다. 자신의 신념에 반하는 의견을 가진 사람들과는 가까이하려 하지도 않으며, 스스로 만든 세계에 울타리를 높게 쳐버리는 경향이 있기 때문이다. 그러나 자기가 폄하하던 사람에게서 뜻밖의 중요한 것을 배우는가 하면, 생각지도 않았던 사사를 받게 되는 경우도 종종 있지 않은가.

권모술수 따위는 아예 모르고 살아가는 고상함도 좋겠지만, 너무 외곬으로만 살다가는 의외의 함정에 빠질 수도 있다. 그러니 남에게 쉽게 당하지 않을 만큼의 술수 정도는 알아두는 것도 나쁘지는 않겠다.

勢利紛華는 不近者爲潔이나 近之而不染者는 爲尤潔이요,
세 리 분 화　　불 근 자 위 결　　　근 지 이 불 염 자　　위 우 결
智械機巧는 不知者爲高나 知之而不用者는 爲尤高라.
지 계 기 교　　부 지 자 위 고　　지 지 이 불 용 자　　위 우 고

·勢利세리-권세와 명리名利. ·紛華분화-화려하고 호화로움. ·智械機巧지계기교-지혜와 재능의 작용. 권모술수를 뜻함.

005
귀에 거슬리고 마음에 거리끼는 말이 나를 옥돌과 같이 만든다

귀속에 항상 귀에 거슬리는 말을 듣고, 마음속에 항상 마음에 거리껴지는 일을 지니게 되면 비로소 이것은 덕망을 쌓고 행실을 닦는 숫돌이 되리라. 만약 귀를 기쁘게 해주는 말만 듣고, 하는 일마다 마음에 든다면 그것은 곧 자신의 생명을 그대로 짐독鴆毒속에 빠트리게 되리라.

귀에 들어오는 말마다 달콤한 말뿐이고, 무슨 일이든 마음먹은 대로 되어가는 환경에 놓여 있다면 자신도 모르는 사이에 무서운 독이 스며들어서 일생을 망치고 만다는 뜻이다.

무릇 아무리 좋은 약일지라도 입에 쓰면 먹지 않으려 하는 것이 인간의 심리이다. 그런 경향은 지위가 높은 사람일수록 두드러진다.

그래서 아랫사람들은 잘못된 일이 발생했을 경우 사실대로 보고하여 상사의 얼굴을 찡그리게 하기보다, 상사가 기뻐하는 정보만 제공하려 한다. 이렇게 해서 만들어진 '벌거벗은 임금님'은 자신 또는 그 조직이 놓여 있는 상황을 냉철하게 판단하지 못한 채, 객관적 인식도 없이 '사상누각砂上樓閣'을 지어놓고 으스댄다. 그리고는 어느 날 파국을 맞게 된다. 끔찍한 일이 아닌가.

耳中에 常聞逆耳之言하고 心中에 常有拂心之事면 纔是進德修行的砥石이라.
이 중   상 문 역 이 지 언   심 중   상 유 불 심 지 사   재 시 진 덕 수 행 적 지 석
若言言悅耳하고 事事快心이면 便把此生을 埋在鴆毒中矣라.
약 언 언 열 이   사 사 쾌 심   변 파 차 생   매 재 짐 독 중 의

·拂心불심-마음대로 되지 않다. ·纔재-겨우. 비로소. ·砥石지석-숫돌. ·便변-문득, 곧(편안할 편). ·鴆毒짐독-짐새의 독기. '짐'이라는 새의 깃털을 적신 술을 마시면 즉사한다고 함. 극약을 비유한 것임.

|006
하루를 살아도 기쁜 마음으로 살라

　세찬 바람 성난 비에는 새들도 근심스러워하고, 갠 날 맑은 바람에는 초목도 즐거워한다. 이렇듯 천지에는 하루라도 화기和氣가 없으면 안 되고, 사람의 마음에는 하루라도 기쁨이 없어서는 안 되는 것이다.

　'소문만복래笑門萬福來'란 말은 흔히 들어 아는 말이지만, 우리는 웃음에 인색하다. 특히 지위가 높아질수록 그런 경향이 강하다. 근엄한 얼굴을 해야만 위신이라도 서는 양 착각하는 이들이 많은 것이다. 또 나이가 들어갈수록 여유를 잃고, 남의 처지를 고려하지 않는 사람도 많다.

　그러나 웃는 얼굴은 여유를 자아내게 하고, 여유는 상대방의 마음을 편하게 해준다. 특히 부모나 직장의 리더가 취해야 할 태도 가운데 빼놓을 수 없는 것이 여유 있는 자세와 마음이다. 가정에서든 직장에서든 자질구레한 일까지 간섭을 하며 짜증을 부리는 것은 윗사람으로서 취해야 할 태도가 아닌 것이다.

　'물이 너무 맑으면 큰 물고기가 없고[水淸則無大漁], 남을 지나치게 살피면 이웃이 없다[人察則無從]'는 말을 명심해야겠다.

疾風怒雨에는 禽鳥戚戚하고 霽日光風에는 草木欣欣하니,
질풍노우　　 금조척척　　 제일광풍　　 초목흔흔

可見 天地에 不可一日無和氣요 人心에 不可一日無喜神이라.
가견 천지　 불가일일무화기　　 인심　 불가일일무희신

·戚戚척척-근심하는 모양. ·霽日光風제일광풍-갠 날 맑은 바람. ·欣欣흔흔-기뻐하는 모양. ·喜神희신-기쁜 마음. 여기서 신神은 정신精神이란 의미이다. ·可見가견-~함을 볼 수 있다.

|007
지극히 덕이 높은 사람은 그저 평범한 사람이다

진한 술이나 기름진 고기, 맵거나 단 것은 참다운 맛이 아니니, 참다운 맛은 다만 담담할 뿐이다. 신비스럽거나 탁월하거나 기이한 사람이라고 해서 지인至人이 아니니, 지인은 다만 평범할 뿐이다.

자극성 있는 것, 특히 짜거나 매워 잠시 미각을 돋우는 것들은 금방 싫증을 느끼게 된다. 또 사람을 깜짝 놀라게 하는 행동은 한두 번으로 족한 것이다. 평범한 가운데 실로 무궁한 맛이 배어 있다는 것이 채근담의 철학이다.

우리의 주식인 밥은 담백한 음식이므로 언제 먹어도 싫증이 나지 않는다. 이와 마찬가지로 사람 역시 유별나거나 기이하다고 해서 꼭 훌륭한 사람이라고 할 수는 없는 것이다. 오히려 훌륭한 인격자는 그 언행이라든가 자세에 있어 결코 지나침이 없이 아주 평범하고 소박하다. 대현大賢은 우愚와 통한다는 말이 있지 않은가.

醲肥辛甘은 非眞味니 眞味는 只是淡이고,
예 비 신 감 　 비 진 미 　 진 미 　 지 시 담

神奇卓異는 非至人이니 至人은 只是常이라.
신 기 탁 이 　 비 지 인 　 지 인 　 지 시 상

·醲예-진한 술, 농주濃酒. ·肥비-비육肥肉, 기름진 고기. ·至人지인-지극히 덕이 높은 사람. ·常상-통상, 보통 사람.

008
천지는 움직이지 않는 것 같지만, 그 기氣의 작용은 정지하는 법이 없다

천지는 고요하여 움직이지 않되 그 기氣의 작용은 잠시도 쉬지 않고, 일월은 밤낮으로 바삐 달리건만 그 밝음은 만고에 변함이 없다. 그러므로 군자는 한가로울 때에 긴급에 대비하는 마음을 지녀야 하고, 바쁠 때에는 느긋한 멋을 지녀야 한다.

인간은 상황이 주어짐에 따라 적응하며 살아가기 마련이다. 한가한 때는 그저 빈둥대며 시간을 보내기 쉽고, 바쁠 때는 일에 쫓겨 주변에 눈길조차 주질 못한다. 그러나 그런 생활자세로는 충실한 삶을 영위하기가 어렵다.

자발성自發性, 창조성을 가지고 일에 임하는 사람이라면 출퇴근 길에도 그리고 공휴일에도 일터에서 떠오르지 않던 아이디어를 문득 생각해내곤 할 것이다. 이렇게 여유가 있을 때 충분히 준비를 해둔다면, 바쁜 일이 생겨도 일에 쫓기지 않게 된다.

정중동靜中動과 동중정動中靜은 곧 우주의 원리이다. 따라서 평온하고 한가한 때는 불시에 닥쳐올지도 모를 급변에 대비하고, 바쁠 때는 차분하게 마음을 가다듬는 자세가 필요하다.

天地는 寂然不動이로되 而氣機는 無息少停하고,
천지   적연부동   이기기   무식소정

日月은 晝夜奔馳로되 而貞明은 萬古不易이라.
일월   주야분치   이정명   만고불역

故로 君子는 閒時에 要有喫緊的心思하고 忙處에 要有悠閒的趣味라.
고   군자   한시   요유끽긴적심사   망처   요유유한적취미

·寂然적연-고요한 모양. ·氣機기기-천지의 작용. ·喫緊끽긴-긴급한 일에 부딪쳤을 때의 마음가짐. ·悠閒유한-한적한 모양.

009
깊은 밤에 홀로 앉아 제 마음을 관찰하면 진리를 깨달을 수 있다

깊은 밤, 모두 잠들어 고요할 때 홀로 앉아 제 마음을 관찰하면 비로소 헛된 망상이 사라지고 진실이 홀로 드러남을 깨닫게 되나니, 늘 이런 가운데서 큰 즐거움을 얻을 것이다. 이미 진실이 나타났는데도 망상에서 벗어나기 어려움을 깨닫는다면 또한 그 가운데서 큰 부끄러움을 얻을 것이다.

복잡한 일상에서 벗어나 홀로 앉아 스스로를 돌아보면 마음속에 상충되는 두 개의 마음, 진심眞心과 망심妄心이 있음을 알게 된다.

그런데 이 진심과 망심은 전혀 상반되는 것이 아니다. 본디는 일심一心인 것이다. 그러나 군자의 마음은 심연深淵의 못물과 같아 항상 맑고 밝으나, 범인凡人의 마음은 욕심이 끓어 경거망동하기 쉬운지라 항상 탁한 것이 다르다.

인생살이의 온갖 번뇌와 욕심은 망심을 온전히 떨쳐내고 진심을 마음에 담기 어렵게 만든다. 망심과 진심이 둘 아님을 깨닫는 것. 그것은 곧 진리를 깨닫는 것이요, 삶의 보람을 더할 나위 없이 깨닫는 것이다.

夜深人靜에 獨坐觀心하면 始覺妄窮而眞獨露하니
야 심 인 정   독 좌 관 심   시 각 망 궁 이 진 독 로
每於此中에 得大機趣라. 旣覺眞現而妄難逃하면 又於此中에 得大慚忸이라.
매 어 차 중   득 대 기 취   기 각 진 현 이 망 난 도   우 어 차 중   득 대 참 뉵

·觀心관심-마음을 관찰하다. ·大機趣대기취-큰 즐거움. 대오각성. ·大慚忸대참뉵-큰 부끄러움.

|010
성공 후에는 필히 반성하고, 실패한 후라도 포기해선 안 된다

은총 속에서 재앙이 싹트나니, 모름지기 만족스러울 때 일찌감치 머리를 돌려라. 실패한 후에도 간혹 성공할 수 있으니, 뜻대로 되지 않는다 해서 금방 손을 떼지는 말라.

인생이란 유위전변有爲轉變한다. 즉, 한치 앞을 내다볼 수 없는 것이 인생이다. 또한 인간이란 습관적인 동물이기 때문에, 좋은 상태에 놓여 있든 나쁜 상태에 놓여 있든 현재의 상태가 그대로 지속될 것으로 생각하기 십상이다. 그러나 그것은 착각에 지나지 않는다.

겨울이 지나면 봄이 오고, 달은 둥그렇다가도 이지러지는 것이 자연의 법칙이다. 이 법칙은 인간에게도 그대로 적용된다. 이 점을 늘 염두에 두고, 일이 순조롭게 풀려나간다 해도 긴장의 끈을 늦추지 말 것이며, 역경에 처했다 해도 쉽게 포기해서는 안 된다.

화려하게 피는 꽃도 한철이요, 폭풍뇌우도 한때라는 생각을 갖고 앞을 내다볼 수 있는 혜안을 가진다면, 아무리 큰 좌절을 겪는다 해도 힘차게 딛고 일어설 수 있을 것이다.

恩裡에 由來生害니 故로 快意時에 須早回頭하라.
은 리   유 래 생 해   고   쾌 의 시   수 조 회 두
敗後에 或反成功이니 故로 拂心處에 莫便放手하라.
패 후   혹 반 성 공   고   불 심 처   막 변 방 수

·恩裡은리-총애를 받고 있을 때. ·快意쾌의-득의하여 만족하는 경우. ·拂心불심-마음대로 안 된다. ·放手방수-손을 놓다, 포기하다.

|011

지조는 담백함으로 다듬어지며, 절개는 호사로 인해 잃는다

　명아주로 국 끓여 먹고 비름나물로 창자를 채우는 사람들은 얼음처럼 맑고 옥같이 순결한 사람이 많지만, 화려한 옷 입고 맛있는 음식을 먹는 사람들은 종처럼 굽신거리며 아첨하는 것을 달게 여긴다. 무릇 지조란 담박澹泊함으로써 밝아지고, 절개는 기름지며 달콤한 맛을 탐냄에 따라 잃게 되는 것이다.

　잃을 것이 없는 사람, 구할 것도 없는 사람 즉, 탐욕이 없는 사람은 절개가 강하다. 그런 사람은 권력에 빌붙거나 아첨하지 않는다. 그저 자기 양심에 충실할 따름이다.

　살아가기 위해서, 또 사회적 지위를 위해서 자신의 본심을 위장하고 자기보다 강한 사람에게 아첨을 떠는 사람만큼 가련한 사람은 없다. 더구나 그것이 습관화되어 굴욕감조차 느끼지 못하고, 그렇게 해서 얻은 지위와 명예를 뽐내고 으스대는 경우도 있다.

　난세를 살아가기 위해서는 자신의 절개를 굽혀야 할 때도 있기 마련이라고들 하지만, 최소한 부끄러움만이라도 알고 살아갔으면 하는 마음 간절하다.

藜口莧腸者는 多氷淸玉潔하고 袞衣玉食者는 甘婢膝奴顔이라.
여구현장자　다빙청옥결　곤의옥식자　감비슬노안
蓋志以澹泊明하고 而節從肥甘喪也라.
개지이담박명　이절종비감상야

·藜口莧腸여구현장-명아주, 비름 등을 먹다. ·袞곤-곤룡포 임금이 입는 의상. ·婢膝奴顔비슬노안-여종이 무릎을 꿇고 남종이 안색을 살피다. ·肥甘비감-살진 고기와 맛있는 음식.

|012
사는 동안 불평을 듣지 말고, 훗날 은택을 기억하게 하라

　살아생전의 마음자리는 너그럽게 활짝 열어놓아 사람들로 하여금 불평의 탄식이 없도록 하고, 죽은 뒤의 은택恩澤은 오래도록 남게 하여 사람들로 하여금 부족한 느낌이 없게 하라.

　세상을 살아가는 동안에는 타인을 대할 때 관용을 베풂으로써 상대방이 불만스런 마음을 가지지 않도록 하고, 가급적 많은 은혜를 남겨서 세상을 떠난 후에도 사람들에게 만족감을 주어야 한다는 말이다.

　아낌없이 나누어주어야 하는 것은 물질적인 재화만이 아니다. 지식도, 기술도 그리고 경험도 선선히 가르쳐 주는 것이 남에게 덕을 쌓는 길이며 곧 자기 자신에게도 채찍질이 된다.

　남을 사랑하고 그 사랑을 나누어주는 마음이야말로 이타적利他的인 삶의 출발점이자 곧 행복의 근원인 것이다.

面前的田地는 要放得寬하여 使人無不平之歎하고,
면 전 적 전 지　　요 방 득 관　　　사 인 무 불 평 지 탄
身後的惠澤은 要流得久하여 使人有不匱之思라.
신 후 적 혜 택　　요 류 득 구　　　사 인 유 불 궤 지 사

·面前면전-현재, 생전. ·田地전지-심지心地, 마음자리. ·流得유득-후세에 전해지다. ·不匱불궤-부족하지 않다.

013
한 걸음 양보하며 살라

벼랑길 좁은 곳에서는 한 걸음 양보하여 다른 사람이 먼저 지나가게 하고, 맛 좋은 음식은 서 푼[三分]을 덜어 남들에게도 맛보여라. 이것이 곧 세상을 안락하게 사는 최고의 방법인 것이다.

경쟁이 치열하고 이해타산에 의해 움직이는 일이 거의 다반사인 현대 사회는 사람의 마음을 메마르고 각박하게 만든다.

하지만 오히려 내가 좋은 상황이 아님에도 상대에게 양보할 때, 내가 가진 것을 혼자 즐기지 않고 남과 나눌 때, 그럴 때에는 절로 다른 사람의 마음을 움직일 수 있게 된다. 이렇게 되면 사람과 사람 사이에는 신뢰가 쌓이고 우정은 돈독해질 것이며, 이것이 곧 어려운 세파를 넘는 가장 좋은 방법인 것이다.

徑路窄處는 留一步하여 與人行하고 滋味濃的은 減三分하여 讓人嗜하라.
경로착처   유일보   여인행   자미농적   감삼분   양인기
此是涉世의 一極安樂法이니라.
차시섭세   일극안락법

·徑路경로-벼랑길, 지름길. ·窄處착처-좁은 곳. ·嗜기-즐기다.

|014
물욕에 사로잡히지 않으면 성인聖人의 경지에 이를 수 있다

사람으로서 어떤 위대하고 숭고한 사업이야 못할망정 세속의 정情에서 벗어날 수 있다면 이내 명사의 부류에 들 것이요, 학문을 닦아서 남달리 공부를 많이 하지는 못할망정 물욕의 누累만 덜어낼 수 있다면 이내 성인의 경지를 넘어서리라.

여러 분야에서 존경받을 만한 업적을 쌓았으면서도 그다지 평판이 좋지 않은 인물들이 있다. 명예욕이 너무 강해서 남의 위에 서지 않고는 견디지 못하는 사람, 금전에 치사할 만큼 애착을 가지고 있는 사람, 편파심이 지나쳐서 자신의 육친이라든가 자기 파벌의 사람에게만 중요한 일을 맡기는 사람 등이 그런 부류이다.

물론 업적과 인간성은 서로 별개의 것이므로, 그 사람의 업적에 대해서는 정확한 평가를 내려주는 것이 옳을지는 모르겠다. 그러나 속정俗情에 얽매이다 보면, 모든 일을 자기 욕구 충족을 위한 도구와 수단으로 생각하기 때문에 스스로 신용을 추락시키고 인격을 깎아내리는 경우가 많다. 이는 자승자박自繩自縛의 결과를 낳을 뿐이다.

作人이 無甚高遠事業이라도 擺脫得俗情이면 便入名流요,
작인   무심고원사업   파탈득속정   변입명류

爲學이 無甚增益工夫라도 減除得物累면 便超聖境이라.
위학   무심증익공부   감제득물루   변초성경

·作人작인-사람의 됨됨이. ·甚심-어떤. ·擺脫파탈-헤치고 벗어나다. ·名流명류-명사. ·爲學위학-학문을 연수하다. ·物累물루-물욕.

|015
친구를 사귐에도 반드시 의협심을 가져야 한다

친구를 사귐에는 모름지기 서 푼[三分]의 의협심을 지녀야 하고, 사람 됨에는 필히 한 점의 순수한 마음을 지녀야 한다.

인간관계의 요체는 give and take(기브 앤드 테이크)에 따른 상호 이용, 이익 교환이다. 그것이 공정하게 이루어진다면 세상은 원활하게 돌아갈 것이라고 여기는 사람들이 많다. 그런데 친구들 사이에서도 꼭 그래야 할까?

아니다. 이해타산을 따지지 않고 보상도 기대하지 않으면서 '저 친구를 위해서라면 꼭 힘이 되어주고 싶다'는 협기俠氣가 생긴다면, 그야말로 진정한 친구라고 보아도 좋을 것이다.

진정한 친구간의 교제를 예로 들라면 관포지교管鮑之交를 들 수 있다. 주인공인 관중管仲은 이런 말을 남겨 오늘날에도 귀감이 되고 있다.

'나는 지난날 가난했을 때 포숙아鮑叔牙와 동업으로 장사를 한 적이 있다. 이익금은 언제나 내가 더 차지했는데 그는 조금도 불평하지 않았다. 그는 내가 그보다 더 가난하다는 것을 알고 있었기 때문이다. 나를 낳아준 분은 부모이지만, 세상에서 나를 진정으로 믿고 이해해 준 사람은 포숙아였다.'

交友에는 須帶三分俠氣요 作人에는 要存一點素心이라.
교 우　　수 대 삼 분 협 기　　작 인　　요 존 일 점 소 심

· 素心소심 - 순결한 본연의 마음.

|016
덕을 쌓을 때는 남보다 앞서 가고, 이利에는 남보다 늦춰 가라

은총과 명리名利를 얻는데는 남의 앞에 서지 말고, 덕행과 업적을 쌓는 데는 남에게 뒤처지지 말라. 받아서 누림에는 분수를 넘지 말고, 수양하여 행함에는 자기 능력을 줄이지 말라.

현대는 자기 자랑, 즉 자기 PR의 시대라고들 한다. 그래서 자기 자랑에 열을 올리면서, 속된 말로 튀려고 안간힘을 쓴다.

그런데 자신의 능력과 업적을 내세우는 데 성공해서 각광을 받았던 사람이 그 지위를 오래도록 유지 확보하는 예는 뜻밖에도 많지 않다. 대개는 주위의 바람을 타게 되고, 사소한 실수로 그 무대에서 내려오게 마련이다.

한편 자기를 내세우려고 애쓰지 않고, 나설 곳 나서지 말아야 할 곳을 명확하게 구분하며, 남이 보든 안 보든 꾸준히 실적을 쌓아 올리는 사람이 끝내는 성공을 거둔다. 결국 그런 사람은 겉으로 튀지는 않지만 요소 요소에서 필요로 하는 그런 중요한 존재가 된다.

직장의 상사와 동료들도 그 사람 때문에 일이 진척된다는 것을 인정하게 되면, 그는 조직 속에서 흔들리지 않는 지위를 확보하게 되는 법이다.

寵利에는 *毋居人前*하고 德業에는 *毋落人後*하라.
총 리　　무 거 인 전　　덕 업　　무 락 인 후

受享에는 *毋踰分外*하고 修爲에는 *毋減分中*하라.
수 향　　무 유 분 외　　수 위　　무 감 분 중

·寵利총리-은총과 명리名利. ·受享수향-받아서 누림. ·分外분외-분수 밖, 한계의 밖. ·修爲수위-학문, 도덕의 수행. ·分中분중-분수 안, 한계 내.

|017
남을 위하는 것이 곧 나를 위하는 기초가 된다

세상을 살아가는 데에는 한 걸음의 양보를 높이 여기니, 한 걸음 물러섬은 곧 몇 걸음 나아가는 토대가 된다. 남을 대우하는 데에는 약간의 너그러움도 복이 되니, 남을 이롭게 함은 실로 나를 이롭게 하는 바탕이 된다.

예컨대 두 라이벌 기업이 시장에서 치열한 판매 경쟁을 하고, 신제품을 먼저 개발하기 위해 혼신의 힘을 기울이는 동안에 생각지도 않은 제삼자가 어부지리漁夫之利를 얻는 경우가 있다. 그러니 때에 따라서는 경쟁을 포기하고, 보다 넓은 시야를 갖고 새로운 과제에 도전하는 것이 전화위복의 계기가 될 수도 있다.

남을 위하는 것이 나를 위하는 기초가 된다는 말은 어쩐지 공리적公利的이고 위선적인 냄새가 난다. 그리고 현실적으로 그 방법을 택하기란 그리 쉬운 일도 아니다.

그러나 대업을 이룬 인물들을 보면 자신의 세勢가 우위優位에 있을 때라 해서 상대를 몰아붙여 적으로 만들기보다는 적당한 선에서 체면을 세워주고 관용도 베풀어서 내 사람으로 만들었던 경우가 많다. 자신의 힘이 세다고 해서 상대방을 곤경으로 몰아넣으면 당장엔 이득이 있겠지만, 그 화가 언젠가는 자신에게 돌아오는 법임을 명심해야겠다.

處世에는 讓一步爲高니 退步는 卽進步的張本이요,
처세   양일보위고 퇴보   즉진보적장본
待人에는 寬一分是福이니 利人은 實利己的根基라.
대인   관일분시복   이인   실리기적근기

·高고-여기서는 인격의 고상함을 뜻한다. ·張本장본-기초, 토대. ·根基근기-근본적 기초

|018
큰 공을 세웠을지라도 자랑을 하면 허사가 된다

세상을 뒤덮을 만큼 큰 공로일지라도 '뽐낼 긍矜' 자 하나를 당하지 못하고, 하늘에 가득 찰 만큼 큰 죄일지라도 '뉘우칠 회悔' 자 하나를 당하지 못한다.

아무리 큰 공적을 세웠다 해도 스스로 자랑을 하면 그 공로가 허사로 돌아가고, 아무리 큰 잘못을 저질렀다 해도 스스로 뉘우치면 용서받고 새 삶을 살 수 있다는 말이다.

공적은 어디까지나 공적이요, 죄는 어디까지나 죄라고 보는 것이 현대인의 사고방식이다. 당사자는 공적이 있다 하여 잘못을 용서해 주기를 바라겠지만 말이다.

어느 장수는 '승리에는 행승幸勝이 있을 수 있지만 패배에는 우연한 패배가 없다'고 했다. 많은 사람들이 성공의 결과만을 놓고 뽐내며 자랑하는 경우가 많은데, 이러한 행태는 참으로 어리석고 오만하다고 하지 않을 수 없다.

양명학陽明學의 창시자인 왕양명王陽明도 '인생에 있어 가장 큰 병폐는 오만할 오傲 자이다[人生大病只是一傲字]'라고 말했다. 어느 누구든 오만하게 처신하면 이유 없는 적을 많이 갖게 마련이다.

蓋世功勞라도 當不得一個矜字요 彌天罪過라도 當不得一個悔字라.
개세공로   당부득일개긍자   미천죄과   당부득일개회자

· 蓋世개세-세상을 뒤덮다. · 當不得당부득-당하지 못하다. · 彌天미천-천하에 가득하다.

|019
명예를 독점하지 말고, 부끄러움을 남에게 떠넘기지 말라

완전한 명예와 아름다운 절개는 혼자만 차지해서는 안 되니, 조금은 남에게 나누어주어야 해로움을 멀리하고 몸을 보전할 수 있다. 욕된 행실과 더러운 이름은 전부 남에게 떠넘겨서는 안 되니, 조금은 끌어다가 자기에게 돌려야 빛을 감추고 덕을 기를 수 있다.

공적과 명예는 결코 혼자 독차지해서는 안 된다. 남에게도 어느 정도 할양함으로써 선망과 질투의 대상이 되지 말아야 한다. 또한 실패의 이유나 오명汚名을 남에게 전가해서도 안 된다. 자신도 어느 정도의 책임을 짐으로써 스스로의 덕을 키우고, 남들에게 '어려울 때 함께 하는 사람'이라는 인식을 심어주어서 혹시라도 질시를 받지 않도록 해야 한다.

일이 잘 풀려 나갈 때 진실된 마음으로 '모두 여러분의 덕'이라고 생각하는 사람, 또 남이 실패하여 곤경에 처했을 때 '운이 나빴던 거야, 나도 힘껏 도와줘야겠어'라며 진심으로 동정하는 사람, 그런 사람의 주변에는 힘을 보태주고 지혜를 모아주는 협력자들이 절로 모여들게 마련이다.

이런 사람이야말로 그 어떤 험난한 일도 능히 해낼 수 있는 사람이다.

完名美節은 不宜獨任이니 分些與人이라야 可以遠害全身이요,
완명미절 불의독임 분사여인   가이원해전신

辱行汚名은 不宜全推니 引些歸己라야 可以韜光養德이라.
욕행오명 불의전추 인사귀기   가이도광양덕

·完名완명-완벽한 명예. ·美節미절-아름다운 절개. ·獨任독임-독점. ·推추-밀다. 남에게 떠넘기다. ·韜光도광-빛을 감추다. 재능을 감추다.

|020
마음의 여유를 가지면 귀신도 나를 해칠 수 없다

 무슨 일에 있어서든 다소의 여유를 두어 못다 한 뜻을 남기면 곧 조
물주도 나를 시기하지 못할 것이고, 귀신도 나를 해치지 못하리라. 그러
나 만약 하는 일마다 반드시 만족을 구하고 공功마다 필히 가득 차기를
구하는 사람에게는 안에서의 변고가 생기지 않으면, 필시 밖으로부터
우환이 찾아들 것이다.

 매사에 완벽을 추구하는 사람에 대한 경고이다.
 사람이나 사물을 평가할 때, 좋은 면을 보느냐 나쁜 면을 보느냐에
따라서 그 결과는 크게 달라진다. 좋은 면만 보는 사람은 상대의 장점만
을 보고, 결함과 약점에 대해서는 '이것은 이렇게 했더라면 더 좋았을
것'이라며 호의적으로 문제를 지적하는 사람이다.
 이에 반해 나쁜 면을 보는 사람은 남의 결함과 약점을 샅샅이 지적하
면서, 좋은 면에 대해서는 슬쩍 그것을 무시해 버리는 사람이다. 완벽주
의란 거의가 후자에 속한다. 그들은 상대에게서 약간의 결함을 발견하기
라도 하면 마치 매가 병아리를 낚아채듯 매섭게 지적을 하고 나선다.
물론 상대가 변명할 한치의 틈조차 주지 않는 것은 당연하다.
 그러므로 남보다 높은 위치에 있는 윗사람은 조직과 자신의 발전을
위해 완벽주의를 버리고, 좋은 의미에서의 대범함부터 익히도록 부단히
노력해야 할 것이다.

事事에 留個有餘不盡的意思면 便造物도 不能忌我하고 鬼神도 不能損我라.
사 사   유 개 유 여 부 진 적 의 사   변 조 물   불 능 기 아   귀 신   불 능 손 아
若業必求滿하며 功必求盈者는 不生內變이면 必召外憂니라.
약 업 필 구 만   공 필 구 영 자   불 생 내 변   필 소 외 우

·有餘不盡的意思유여부진적의사–다소의 여지를 남겨두는 마음. ·召소–불러오다.

집안에 참된 부처가 있고, 일상 속에 참된 도가 있다

가정에 참 부처가 있고, 일상 속에 참 도가 있다. 사람이 능히 성실한 마음과 온화한 기운을 지니고 밝은 얼굴과 부드러운 말씨로써 부모형제가 한 몸같이 뜻을 통하게 하면, 이는 숨을 가다듬고 마음을 관조觀照하는 것보다 그 공덕이 만 배나 낫다.

참된 부처는 깊은 산속 사찰에 있는 것이 아니라 평안한 가정 안에 있고, 참된 도道도 다른 곳에 있는 것이 아니라 일상생활 속에 있다. 즉, 온 가족이 한 마음이 되어 성실하고 평화롭게 살아간다면 그건 이미 참선해서 도를 얻은 것과 같으니, 하기 힘든 수행을 구태여 할 필요가 없다는 말이다. 가정과 사회에서 다른 사람들과 화목하게 지내기를 강조한 구절이다.

산업화 사회 이후로 사람들의 일상생활이 바빠졌고, 가족간에 대화가 단절됨으로 인해 청소년, 노인, 부부 등 각 가정에 숱한 문제들이 드러나고 있다. 아무리 물질이 넘치는 가정이라고 해도 대화 단절이 가정의 행복을 무너뜨리는 원흉임을 생각할 때 끔찍한 일이 아닐 수 없다.

'가화만사성家和萬事成'이라고 했다. 고루한 구절인 듯하나 만고의 진리임에 틀림없으니 다시금 되새겨 볼 일이다.

家庭에 有個眞佛하고 日用에 有種眞道라. 人能誠心和氣하고 愉色婉言하여
가정   유개진불   일용   유종진도   인능성심화기   유색완언

使父母兄弟間으로 形骸兩釋하고 意氣交流하면 勝於調息觀心萬倍矣라.
사부모형제간   형해량석   의기교류   승어조식관심만배의

·眞佛진불-진정한 부처. ·眞道진도-진정한 도道, 참된 길. ·種종-여기서는 일종·種이란 뜻임. ·形骸형해-형체. ·兩釋양석-피차 융화되다.

|022
고요함 속에 활기찬 기상이 있어야 한다

움직임을 좋아하는 사람은 구름 사이의 번개나 바람 앞의 등불과 같고, 고요함을 즐기는 사람은 스러진 재나 고목과 같다. 모름지기 멈춘 구름 속에서 솔개가 날고 잔잔한 수중에서 물고기가 뛰어오르는 기상이 있어야만 비로소 도를 체득한 마음을 지녔다고 할 수 있으리라.

무턱대고 움직이는 것만 좋아하면 마치 구름 속의 번개와 같고 바람 앞에 놓인 등불과 같아서 침착성과 안정감이 없다. 그렇다고 해서 정적만을 좋아한다면 차디차게 식은 재나 말라버린 고목과 같아서 생기를 잃고 만다.

우리 인생에는 언제나 정靜과 동動의 순환이 있다. 이 순환 관계를 잘 활용하는 사람은 인생을 왕성하게 살아간다.

활동을 열심히 하고 있는 동안에도 마음의 여유를 잃지 말고, 휴식을 취하는 동안에도 다음에 활동할 일에 대비하는 마음가짐이 중요하다. 지나치게 풀어져 있다가 연휴병連休病이니 월요병 등에 걸린다면 생활의 리듬이 깨져 곤란을 겪을 수 있겠다.

好動者는 雲電風燈이요 嗜寂者는 死灰槁木이라.
호 동 자   운 전 풍 등   기 적 자   사 회 고 목
須定雲止水中에 有鳶飛魚躍氣象이라야 纔是有道的心體라.
수 정 운 지 수 중   유 연 비 어 약 기 상   재 시 유 도 적 심 체

·好動호동-움직이기 좋아함. ·嗜寂기적-조용한 것을 즐김. ·死灰사회-불이 죽은 재. ·槁木고목-말라죽은 나무. ·鳶飛魚躍연비어약-솔개가 날고 물고기가 뛰다.

023

악행을 너무 엄하게 책망하지 말고, 선행을 지나치게 권하지 말라

남의 허물을 꾸짖는 데 너무 엄해서는 안되니, 그가 감당할 수 있을지를 생각해야 한다. 선善으로써 남을 가르침에는 너무 높아서는 안 되니, 그가 실행할 수 있을지를 생각해야 한다.

남에게 비판을 하거나 교훈을 줄 때 지켜야 할 마음가짐이다.

남을 비판할 때에는 어떻게 해야 상대방이 그 말을 제대로 받아들이고 자신의 잘못을 고쳐나갈 것인지를 먼저 생각할 일이다. 만약 상대방을 납득시키는 것이 아니고 나무라는 결과가 된다면, 비판이 아니라 비난이 될 것이기 때문이다.

한번 말을 꺼내면 상대를 거침없이 몰아세우는 사람이 있다. 또 평소 잘못했을 때마다 주의를 주지 않고 마음속에 쌓아두었다가, 한 번 폭발하면 일시에 미주알고주알 다 들춰내며 나무라는 사람도 있다. 이쯤 되면 책망을 듣는 사람도 견뎌내기 어려운 법이다.

한편 아랫사람이 윗사람에게 제언할 때도 이런 마음가짐이 필요하다. 어쨌든 울분을 토로하거나 질책하는 일은 윗사람이든 아랫사람이든 서로 삼가야 한다.

攻人之惡에 毋太嚴하고 要思其堪受라.
공 인 지 악   무 태 엄   요 사 기 감 수
教人以善에 毋過高하고 當使其可從이라.
교 인 이 선   무 과 고   당 사 기 가 종

· 太嚴태엄 - 너무 엄하다, 가혹하다. · 堪受감수 - 감당, 감내. · 可從가종 - 실행할 수 있다.

|024
깨끗함은 더러움에서 나오고 밝음은 어둠에서 생겨난다

굼벵이는 지극히 더럽지만 매미가 되어서 가을바람에 이슬을 마시고, 썩은 풀은 빛이 없지만 반딧불로 변해서 여름 달밤에 광채를 빛내나니 진실로 알겠다. 깨끗함은 항상 더러움에서 나오고, 밝음은 매양 어둠을 좇아 생기는 것임을.

과학이 발달하지 않았던 시대에는 화생化生이라 해서 무생물無生物이 화하여 생물이 된다고 믿었다. 『예기禮記』에도 '부초위형腐草爲螢'이란 말이 있는데, 썩은 풀잎이 변하여 반디, 즉 개똥벌레가 된다는 뜻이다.

우리 인간은 대부분 외견에 사로잡혀 그 중요한 본질을 놓치는 예가 허다하다. 빈민촌에서 봉사하던 어느 성직자는 말년에 다음과 같이 술회했다.

'세상에서 버림받은 낙오자, 혹은 생활이 파탄되어 모여든 빈민들 중에는 나보다 더 순수하고 고귀한 인간성을 가진 사람들이 많았다. 그랬기에 나는 용기를 얻어 봉사할 수 있었다.'

그는 외견보다 내면에 숨겨져 있는 본질을 보았던 것이다. 이런 사람들이야말로 겉으로 보이는 아름다움 속에 숨겨져 있는 추악함도 꿰뚫어 볼 수 있는 혜안慧眼의 소유자임에 틀림없다.

糞蟲至穢나 變爲蟬하여 而飮露於秋風하고,
분충지예   변위선   이음로어추풍

腐草無光이나 化爲螢하여 而耀采於夏月하니,
부초무광   화위형   이요채어하월

固知潔常自汚出하고 明每從晦生也라.
고 지 결 상 자 오 출   명 매 종 회 생 야

· 糞蟲분충-더러운 벌레. 여기서는 매미로 변한다고 했으므로 굼벵이라고 번역했다. ·至穢지예-지극히 더럽다.
· 化爲螢화위형-변하여 반디가 되다. 썩은 풀이 변하여 반디가 된다는 것은 중국의 전설이다. ·采채-광채, 빛.
· 晦회-그믐, 어둠.

|025
자랑과 교만은 모두가 객기이다

자랑과 오만은 객기 아닌 것이 없으니, 이 객기를 항복시켜 물리친 뒤라야 정기正氣가 피어날 것이다. 정욕이나 분별도 모두 다 망심妄心에 속하니, 이 망심을 다 소멸시킨 뒤라야 진심이 나타날 것이다.

자기 자신의 마음만큼 알 듯하면서도 모르는 것은 없다. 자신도 모르게 스스로를 높이며 남을 깔보는 일이 얼마나 많은가. 그런 잘못된 자신감으로 인해 허물어지는 날에는 다시 일어서기가 무척 힘들다. 어렸을 때부터 온실의 화초처럼 어려움 모르고 자란 사람이 하찮은 일로 자신감을 상실하는 예는 숱하게 있었다.

정욕의식情欲意識이란 선입관에 사로잡힌 생각을 가리킨다. 선입관에 사로잡혀 있으면 대개 사리판단을 분명하게 하질 못한다. 이는 흐르는 수면에 비친 사람의 모습과도 같은 것이다.

고정관념과 선입관으로 가득 차 있는 사람의 머릿속에는 제아무리 새롭고 유용한 정보라 할지라도 뚫고 들어갈 여지가 없다. 이런 사람은 전진하기는커녕 후퇴할 수밖에 없지 않겠는가.

矜高倨傲는 無非客氣니 降伏得客氣下而後라야 正氣伸하고,
긍 고 거 오   무 비 객 기   항 복 득 객 기 하 이 후   정 기 신
情欲意識은 盡屬妄心이니 消殺得妄心盡而後라야 眞心現이라.
정 욕 의 식   진 속 망 심   소 쇄 득 망 심 진 이 후   진 심 현

· 矜高긍고-잘났다며 뽐내다. · 倨傲거오-오만불손하다. · 妄心망심-허망한 마음. · 消殺소쇄-소멸시키다. 殺는 감할 쇄, 빠를 쇄(죽일 살)

|026

일에 임할 때는 언제나 사후事後에 후회할 것을 분별해야 된다

포식한 후에 음식의 맛을 생각하면 맛이 좋고 나쁨의 분별조차 사라지고, 방사房事 후에 음사婬事를 생각하면 남녀의 관념조차 끊어진다. 그러므로 사람이 항상 일 뒤에 뉘우칠 것을 헤아림으로써 일 앞의 어리석음을 깨뜨리면 본성이 안정되어, 움직임이 바르지 않을 것이 없다.

인간에게는 다섯 가지 욕구가 있다고 한다. 재물욕, 식욕, 성욕, 명예욕, 수면욕을 말한다. 이 오욕五慾은 인간의 본능이기는 하지만 항상 적당히 충족시켜야 하며, 정도가 지나치게 되면 동물과 다름없는 것이다.

당唐나라 때 심기제가 지은 소설 『침중기枕中記』에 '한단지몽邯鄲之夢'이란 말이 나온다.

조趙나라의 도읍 한단에서 노생盧生이란 가난한 청년이 낮잠을 자다가, 명문 집안의 규수에게 장가를 들고 부귀영화를 누리는 꿈을 꾼다. 꿈속에서 그토록 바라던 부귀영화를 다 이루지만 그 생활 또한 지루해서 가난했던 옛날을 그리워하다가 꿈을 깬다는 줄거리이다.

이렇듯 욕망은 허망한 것에 다름 아닌가 보다.

飽後에 思味하면 則濃淡之境이 都消하고,
포후 사미 즉농담지경 도소
色後에 思婬하면 則男女之見이 盡絶이라.
색후 사음 즉남녀지견 진절
故로 人常以事後之悔悟로 破臨事之癡迷하면 則性定而動無不正이라.
고 인상이사후지회오 파림사지치미 즉성정이동무부정

·飽포-배가 부르다. ·濃淡之境농담지경-농후함과 담박함의 구별. 여기서는 맛이 있고 없고의 구별임. ·都도-모두. ·色색-색욕. 정사. ·男女之見남녀지견-남녀 간의 견해, 남녀의 관념. ·癡迷치미-어리석음과 미혹迷惑.

|027
자연에 묻혀 살더라도 천하를 잊어서는 안 된다

고관대작 자리에 있을지라도 초야에 묻혀 사는 멋이 없어서는 안 될
것이고, 초야에 묻혀 산다 해도 모름지기 나라를 경륜할 뜻을 품어야
한다.

입신 출세하여 고관대작이 되었을지라도, 초야에 묻혀 살며 명리를
탐하지 않는 은자隱者의 바탕이 있어야 한다. 이러한 마음이 없으면 나라
에 헌신할 수 없을 뿐 아니라, 물러날 시기도 놓쳐서 비난을 살 수가
있다.

한편 초야에 묻힌 은사隱士는 아무리 명리를 구하지 않는다 해도 그
뜻을 천하의 치세에 두어야 되니, 그렇지 못하다면 실로 도를 쌓은 숭고
한 선비라 하기 어렵다.

居軒冕之中이라도 不可無山林的氣味요,
거 헌 면 지 중   불 가 무 산 림 적 기 미
處林泉之下라도 須要懷廊廟的經綸이라.
처 림 천 지 하   수 요 회 랑 묘 적 경 륜

·軒冕헌면-고급 수레와 고관의 의관, 즉 고위고관高位高官이란 뜻이다. ·廊廟낭묘-여기서는 조정朝廷을 뜻한
다. ·經綸경륜-정치적 포부.

|028
과실이 없으면 공적이고, 원망받지 않으면 그것이 덕이다

세상을 살아감에 있어서 반드시 공적만을 구하지 말라. 허물없이 사는 것이 바로 공적이다. 남에게 은혜를 베풀되 베푼 은덕에 감동할 것도 바라지 말라. 원망을 듣지 않고 사는 것이 바로 덕이다.

이 구절은 현대인의 가치관으로 볼 때, 너무나도 소극적인 교훈으로 받아들여질 것이다. 또한 그처럼 소극적인 생활태도로 사는 것은 가치 있는 인생으로 인정할 수 없다며 반론을 펴는 사람도 있을 것이다.

그러나 적극적인 생활태도만이 반드시 옳고, 소극적인 것은 모두 틀리다고 생각하는 것은 편협한 견해이다. 벽돌을 쌓는 데도 순서를 무시할 수 없는 것처럼 인생에도 때에 따라서는 제자리걸음을 해야 할 때가 있고, 쉬어 가야 할 경우도 있는 것이다.

객관적인 조건과 자기 역량을 무시한 채 오로지 '하면 된다'는 구호 아래 저돌적으로 밀어붙이기만 하다가 실패하는 이들을 우리는 수없이 보아왔다. 때로는 쉬어 감이 곧 발전이고, 원망을 듣지 않는 것이 곧 덕이 될 경우도 있는 것이다.

處世에 不必邀功하라. 無過면 便是功이라.
처 세   불 필 요 공   무 과   변 시 공

與人에 不求感德하라. 無怨이면 便是德이라.
여 인   불 구 감 덕   무 원   변 시 덕

·邀功요공-공적을 요구하다. ·與人여인-남에게 은혜를 베풂.

|029
지나치게 세심하면 남에게도, 세상에도 도움이 안 된다

세심하고 근면함은 미덕임에 분명하지만, 너무 고뇌하면 본연의 성정性情을 즐겁게 할 수가 없다. 담박澹泊하다는 것은 고상한 기풍임에 틀림없지만, 지나치게 냉담하면 사람을 구제하고 사물을 이롭게 할 수 없다.

세상사 모든 일을 심각하게 생각하는 사람, 반론을 제기할 수 없을 만큼 빈틈없이 말 잘하는 사람……. 분명 대단한 사람이긴 하겠지만 정작 그런 사람을 상대하고 있노라면 숨이 막힌다.

반면에 어떤 일에도 구애받지 않으며 오로지 무관심한 사람, 무슨 생각을 하고 있는지 전연 감을 잡을 수 없는 사람도 있다. 이런 사람과는 교류를 해도 신뢰성을 기대하기 힘들다.

사명감에 불타서 열심히 일하는 것도 좋고, 매사에 구애됨이 없이 유유자적하는 것도 좋지만 어떤 일이든 간에 정도라는 것이 있다.

너무 고담枯淡하면 일상생활에서 남들과 더불어 살기가 어려워져서 고립이 되는 경우도 종종 있다. 하지만 오늘날처럼 세속적인 실리 추구를 좋아하는 사람들만 상대하다 보면 가끔은 강렬한 개성을 지닌 기인奇人이나 이인異人이 보고 싶어지는 것은 인지상정人之常情일까.

憂勤은 是美德이나 太苦則無以適性怡情하고,
우 근　　시 미 덕　　태 고 즉 무 이 적 성 이 정
澹泊은 是高風이나 太枯則無以濟人利物이라.
담 박　　시 고 풍　　태 고 즉 무 이 제 인 리 물

· 憂勤우근-염려하면서 부지런히 일함. · 適性怡情적성이정-자기 본연의 성정을 즐겁게 하다. · 高風고풍-고상한 풍격. · 枯고-냉담하다.

|030
정상에 섰을 때 말로를 생각하라

일이 막히고 세력이 오그라든 사람은 마땅히 처음 시작했을 때의 마음을 돌이켜 볼 것이요, 공을 이루어 만족한 사람은 그 말로를 살펴야 한다.

인생의 여정은 등산과 비슷하다. 앞길이 막혀서 오도 가도 못할 때는 깨끗이 포기하고 출발점으로 되돌아가는 용기가 필요하다. 오기와 고집으로 계속 전진한다거나 우물쭈물하며 당황하다가는 곤란을 당하기 십상이다.

기업도 마찬가지이다. 자신의 능력과 기업의 자금 사정은 고려하지 않고 무작정 사업을 확장해 나가다가 도산해 버리는 사례들을 우리는 많이 보고 들었다.

용기는 무턱대고 전진하는 것이 아니다. 전진할 때는 자신의 상황을 객관적으로 살피고 판단해야 하며, 때론 한 걸음 물러섬이 무작정 전진하는 것보다 훨씬 나을 수 있다.

앞길이 막혔을 때는 출발점, 즉 초심初心으로 돌아가는 것, 그리고 목적을 달성했을 때는 일단 멈출 줄도 아는 것이 진정한 용기이다.

事窮勢蹙之人은 當原其初心하고,
사 궁 세 축 지 인   당 원 기 초 심
功成行滿之士는 要觀其末路라.
공 성 행 만 지 사   요 관 기 말 로

·事窮勢蹙사궁세축-일이 막히고 형세가 오그라 들다. ·原원-근원으로 거슬러 올라가다. 돌이켜 보다. ·初心초심-처음 시작하는 마음. ·行滿행만-사업의 결과. 행위에 의한 만족.

|031
각박하게 구는 부자의 행위는 거지의 구걸보다 못하다

부귀한 집은 관대하고 후덕해야 하거늘, 도리어 시기하고 각박하게 군다면 이는 곧 부귀하면서도 그 행실을 빈천하게 함이니 어찌 능히 복을 누리겠는가. 총명한 사람은 재능을 거두어 감추어야 하거늘, 도리어 드러내고 자랑한다면 이는 곧 총명하면서도 그 병폐가 어리석고 어두운 것이니 어찌 실패하지 않을 수 있겠는가.

관대하고 후덕하다는 것은 한마디로 요약하면 항상 상대방의 처지에 서서 생각하고, 상대방의 입장을 이해하는 것이다.

그러나 부귀한 사람 중에는 이런 인덕人德을 갖추지 못한 부류가 있다. 그런 사람들은 대개 유복한 집안에서 태어나고 자란, 이른바 '도련님'과 '아가씨'들로서 남에게 배려를 할 줄을 도무지 모른다. 그 부모들이 잘못 길들여 놓았기 때문이다. 이런 사람들은 남의 입장을 조금도 이해해 주지 않으면서 헐뜯기는 좋아한다. 하지만 막상 이들이 금력金力과 권력을 잃었을 때는 한없이 외로워진다는 것을 명심할 필요가 있다.

무릇 사냥을 잘하는 맹수는 발톱을 감추는 법이다. 뛰어난 지식이나 재능을 갖추었다 해서 함부로 뽐낸다면, 그 사람은 능력이 있음에도 남들에게 인정을 받지 못한다. 진짜 총명한 사람은 그런 지식과 재능이 있더라도 안으로 감춘다. 잘난 체하며 우쭐대는 사람은 모두가 경원敬遠한다는 것을 잊지 말아야겠다.

富貴家는 宜寬厚거늘 而反忌刻하면 是는 富貴而貧賤其行矣니
부 귀 가   의관후   이반기각   시 부귀이빈천기행의
如何能享이리오? 聰明人은 宜斂藏이거늘 而反炫耀하면
여 하능향   총명인   의렴장   이반현요
是는 聰明而愚懵其病矣니 如何不敗리요?
시 총 명 이 우 몽 기 병 의   여하불패

·忌刻기각-시기하고 각박하게 대하다. ·享향-복을 누리다. ·斂藏염장-거두어 간직하다. ·愚懵우몽-어리석고 흐리멍덩하다. ·病병-여기서는 병폐란 의미이다.

|032
높은 위치에 있을수록 낮고 어려웠을 때를 생각하라

낮은 데에 있어봐야 높은 데 오름이 위태로운 줄을 알게 되고, 어두운 곳에 있어봐야 밝은 데 나가 눈이 부신 줄 알며, 정적靜寂을 지녀보아야 움직이기 좋아함이 부질없음을 알게 되고, 침묵을 지켜보아야 말 많은 것이 시끄러운 줄을 알게 되리라.

자연의 운행運行에도 그리고 인간의 생활에도 동動과 정靜, 생生과 사死의 순환이 있다. 우리는 하루 동안에도 활동과 휴식, 빛과 어둠의 리듬을 타며 살아가고 있다.

구체적이고 창조적인 생활방법을 추구하고자 하면 리듬 있는 순환으로 휴식과 내성內省의 시간을 가져야 한다. 슬럼프에 빠졌다는 둥, 혹은 실적이 떨어졌다는 둥의 말을 듣더라도 상관없다. 언뜻 보기에 죽은 것처럼 보이는 번데기가 어느 순간 화려한 나비로 탈바꿈한다는 것을 우리는 너무도 잘 알고 있다.

마음속에서 소록소록 용솟음쳐 오르는 것을 느끼고 명확한 이미지를 만들어 다시 그것에 형상을 줄 수 있으려면, 침잠沈潛과 정적을 거쳐야만 하는 것이다.

居卑而後에 知登高之爲危하고 處晦而後에 知向明之太露하며,
거 비 이 후 지 등 고 지 위 위   처 회 이 후   지 향 명 지 태 로

守靜而後에 知好動之過勞하고 養默而後에 知多言之爲躁니라.
수 정 이 후 지 호 동 지 과 로   양 묵 이 후   지 다 언 지 위 조

·居卑거비-낮은 지위에 있다. ·太露태로-너무 나타나다. 여기서는 눈이 부시다는 비유로 쓰이고 있다. ·養默양묵-침묵을 지키다. ·躁조-조급함. 시끄러움.

|033
공명과 부귀, 인의와 도덕 그 어떤 것에도 얽매이지 말라

공명과 부귀를 바라는 마음을 털어내야만 곧 범속凡俗을 벗어날 수 있고, 도덕과 인의仁義의 마음을 놓아버려야 비로소 성인의 경지에 들 수 있다.

도가道家의 노장老莊 철학에서는 도덕이나 인의에 관해 '인간이 자연 그대로 살아가는 생활태도를 규제하는 것은 인위적인 틀에 불과하며, 그것을 지키도록 강요하면 할수록 인간의 본성은 손실될 뿐이다'라고 주장한다. 즉 사회 규범이 고식적으로 굳어져 본래의 뜻과 달리 사람을 억누르는 실태를 지적하고 있다.

그런 입장에서 본다면, 도덕이나 인의를 소리 높여 외치는 자는 잘못된 우월의식이 고착되어 버린 위선자라는 뜻으로도 해석할 수 있을 것이다.

이런 노장 사상을 바탕으로 『채근담』의 저자 홍자성은 도덕이나 인의에 얽매이지 말고 자신의 마음 그대로 행동하라고 권하고 있다.

인간에게는 양심이란 것이 있으며 그것은 태어날 때부터 타고나는 것이기 때문이다. 홍자성은 그것을 믿고 말한 것이다.

放得功名富貴之心下라야 便可脫凡하고,
방 득 공 명 부 귀 지 심 하   변 가 탈 범
放得道德仁義之心下라야 纔可入聖이라.
방 득 도 덕 인 의 지 심 하   재 가 입 성

·放得방득…下하-떨쳐버릴 수 있다면. ·聖성-성역聖域. 성인의 경지.

|034
이욕보다 더 근본적으로 마음을 해치는 것은 독단이다

이욕利慾이라 해서 다 마음을 해치는 것이 아니라 독단이 곧 마음을
해치는 벌레요 도적이다. 여색女色이 반드시 도를 가로막는 것이 아니라
총명이 곧 도를 막는 장애물이 된다.

이익을 추구하는 마음, 애욕愛慾에 사로잡히는 마음이 사람의 본심까
지 해치는 것은 아니다. 그보다 더 무서운 것은 편견이 굳어져 생기는
독선이요, 아집我執이다.

이렇게 뭉쳐진 독선적 사명감이나 정의감은 이따금 집단적인 광기로
까지 번지게 되어 자신뿐만이 아니라 주변 사람들에게까지 막대한 피해
를 입히게 된다. 크게는 동서양의 역사에 나타나는 망국의 발자취가 그
러했고, 작게는 기업의 도산, 가정의 파멸 역시 그 원인이 경영자나 가장
의 독선 때문에 일어나는 경우가 많다.

이런 독선과 아집, 시답잖은 총명은 사람들로 하여금 스스로를 반성하
는 겸허함을 잃게 하고, 또 사실을 사실 그대로 보는 냉철함을 잃게 함으
로써 고립과 파멸로 치닫게 하는 법이다.

利欲이 未盡害心이요 我見이 乃害心之蟊賊이며,
이 욕   미 진 해 심   아 견   내 해 심 지 모 적
聲色이 未必障道요 聰明이 乃障道之藩屛이라.
성 색   미 필 장 도   총 명   내 장 도 지 번 병

· 蟊賊모적-식물의 해충과 탐관오리란 뜻. 여기서는 그저 도둑이란 의미로 쓰인다. · 聲色성색-음악과 여색女色.
· 藩屛번병-울타리와 병풍. 즉 막는 것들로서 장애물이란 의미이다.

|035
한 걸음 물러서고 양보할 줄도 알아야 한다

인정은 변하기 쉽고 세상길은 기구하다. 쉽게 갈 수 없는 곳에서는 모름지기 한 걸음 물러서는 법을 알아야 하고, 쉽게 갈 수 있는 곳이라도 서 푼(三分) 정도의 공로를 양보하도록 노력하라.

인생을 항로航路에 비유한다면 한평생을 살아가는 데 결코 순항巡航만 있는 것이 아니다.

하는 일이 잘 풀려 나갈 때는 교만하지 말아야 하고, 일이 잘되게 한 공로의 일부를 주변 사람들에게 돌려야만 시기를 받지 않을 뿐 아니라 더 큰 일도 도모할 수 있다.

그에 반해, 하는 일마다 장애를 만나 잘 풀리지 않을 때에는 일단 멈추거나 후퇴해서 냉철하게 현실을 직시하고 미래를 관망하는 태도가 필요하다.

무릇 인생이란 그렇게 살기 어려운 것도 아니고, 또 그렇게 살기 쉬운 것도 아니다. 일찍이 이를 간파하여 글로 남긴 것이 바로 동양의 고전이다.

人情은 反復하며 世路는 崎嶇로다.
인정   반복   세로   기구
行不去處에는 須知退一步之法하고,
행불거처   수지퇴일보지법
行得去處에는 務加讓三分之功하라.
행득거처   무가양삼분지공

·反復반복-여기서는 반복되어 변하다란 의미이다. ·世路세로-세상을 살아가는 길. 즉 인생의 행로.

|036
소인을 미워하지 않는 것과 군자를 예우하는 것 모두 어렵다

소인을 대함에 있어서 엄하기가 어려운 것이 아니라 미워하지 않기가 어렵다. 군자를 대함에 있어서는 공경하기가 어려운 것이 아니라 예를 갖추기가 어렵다.

사회적인 서열에 따른 대인관계의 매너는 사회인이라면 어느 정도는 알고 있고, 나름대로 자신 있다고들 말한다. 상사와 거래처 사람에 대해서, 그리고 부하직원이나 하도급업자에 대해서 그 나름대로 사용하는 말투와 행동이 있다.

하지만 사회적 서열과 인격은 반드시 일치하지는 않는다. 윗사람일지라도 존경심이 우러나지 않는 인물이 있는가 하면, 아랫사람일지라도 배워야 할 훌륭한 인격자가 있기도 하다.

사람이 사람을 평가하는 것만큼 어려운 일은 없다. 한 가지 면만 보고 전부를 부정하거나, 외곬의 선입관을 갖고 사람을 판단한다면 얼마나 위험한 결과가 초래될 것인가는 이미 불을 보듯 뻔한 일이다.

그러므로 지나치게 공손하거나 아첨하는 일 없이 중용中庸으로써 사람 대하기에 각별히 힘써야 한다.

待小人에 不難於嚴이나 而難於不惡하고,
대 소 인   불 난 어 엄   이 난 어 불 오
待君子에 不難於恭이나 而難於有禮라.
대 군 자   불 난 어 공   이 난 어 유 례

·待대-대우함. ·惡오-증오.

|037
우직함을 지키고 담박함을 달게 여겨라

　　차라리 우직함을 지키고 총명함을 내침으로써 어느 정도의 정기正氣
가 깃들게 하여 천지에 돌게 하라. 차라리 화려함을 사양하고 담박함을
달게 여김으로써 청명한 이름을 천지에 남기도록 하라.

　　똑똑하고 약은 척하며 경거망동하지 말고, 자신의 본심을 잘 파악하여
순박함을 지킴으로써 천지와 일체가 되어 살아가라는 교훈이다. 호화로
운 생활에는 등을 돌리고, 정갈하고 담박한 경지에 안주하며, 한평생을
평탄하게 천지와 더불어 보내라는 구절이다.

　　인생은 단 한 번 주어진 것이기에 연습이란 있을 수가 없다. 고칠 수도
없으니 후회는 적은 편이 좋다.

　　때로 뒷맛이 개운치 않은, 회한悔恨에 눈물 젖는 것은 대개의 경우
자기 자신의 실력을 그 이상으로 과시하거나 허영심에 사로잡힌 결과인
것이다.

寧守渾噩하고　而黜聰明하여　留些正氣還天地하며,
영 수 혼 악　　　이 출 총 명　　유 사 정 기 환 천 지
寧謝紛華하고　而甘澹泊하여　遺個淸名在乾坤하라.
영 사 분 화　　　이 감 담 박　　유 개 청 명 재 건 곤

·渾噩혼악-순박하여 꾸밈이 없음. ·聰明총명-여기서는 총명한 체하는 총명, 즉 영리하고 경박함. ·謝사-사절하
다. ·紛華분화-채색한 듯이 화려하고 아름다운 것. ·乾坤건곤-하늘과 땅, 천지天地.

|038
마魔를 항복시키려거든 먼저 자기 자신과 싸워 이겨라

마魔를 항복시키려거든 먼저 자기 자신의 마음부터 항복시켜라. 마음이 항복하면 모든 마가 물러난다. 횡포를 제어하려거든 먼저 자기 마음속의 객기부터 제어하라. 객기가 가라앉으면 외부로부터의 횡포가 침입하지 못할 것이다.

먼저 자신의 마음과 싸워 이겨라. 그렇게 하면 어떤 유혹이라도 퇴치할 수가 있다. 먼저 자신의 마음을 평정시켜라. 그렇게 하면 어떤 훼방에도 끄떡없다. 유혹의 마귀는 밖에서 들어온다기보다 오히려 자기 마음속에서 싹트거나 자기 마음이 그것을 받아들이는 것이니, 속기俗氣를 버리고 항상 긴장하면 모든 유혹을 뿌리칠 수 있다는 교훈이다.

이 구절은 석가모니가 깨달음을 얻기에 앞서 이를 방해하려던 욕계欲界의 왕 마라魔羅가 비술을 총동원했지만 실패했다는 내용과 예수가 40일간의 금식기도 기간 중 마귀의 유혹을 뿌리쳤다는 일화를 생각나게 한다.

降魔者는 先降自心하라. 心伏하면 則群魔退聽이라.
항 마 자   선 항 자 심   심 복   즉 군 마 퇴 청
馭橫者는 先馭此氣하라. 氣平하면 則外橫不侵이라.
어 횡 자   선 어 차 기   기 평   즉 외 횡 불 침

· 自心자심-자기 마음속의 망념. · 退聽퇴청-물러나서 자기 본심의 명령에 따르다. · 馭橫어횡-횡포를 제어하다.
· 氣기-여기서는 객기, 혈기.

|039
사악한 자를 사귀는 것은 나쁜 씨를 뿌리는 것과 같다

　자식을 가르치는 것은 마치 규중처녀를 기르는 것과 같아서 특히 외부 출입을 엄하게 하고 친구 사귐을 가려서 하게 해야 한다. 만약 한번 나쁜 사람과 가까워지면 이는 기름진 논밭에 더러운 씨를 뿌리는 것과 같아서 평생토록 좋은 곡식을 심기가 어렵게 된다.

　『순자荀子』에 '부지기자不知其子 시기우視其友'란 말이 있다. '아들을 잘 모르겠으면 그가 사귀는 친구를 보라'는 뜻이다. 오늘날처럼 가치관이 다양하고 세대간의 단절의 골이 깊이 팬 시대에는 부모조차 그 자식의 가치관을 알 수가 없고, 설령 안다 해도 이해하기 어렵다. 그런 때는 그 자식이 사귀고 있는 친구를 보면 자식의 현 위치를 짐작할 수가 있다.

　인간을 가리켜 환경적 동물이라고 한다. 처해 있는 환경에 따라서 좋게도 되고, 나쁘게도 된다. 그 환경 가운데서 제일 큰 영향을 주는 것이 주위에 있는 사람들이다. 특히 젊었을 때는 친구의 영향을 무시할 수 없다.

　어려서부터 교우관계를 바로잡아 주는 것이 교육의 첩경이란 말은 그래서 설득력이 있다.

教弟子는 如養閨女하여 最要嚴出入謹交遊하라.
교제자　여양규녀　　최요엄출입근교유

若一接近匪人하면 是淸淨田中에 下一不淨種子하여 便終身難植嘉禾矣라.
약일접근비인　　시청정전중　하일부정종자　　변종신난식가화의

·弟子제자-여기서는 자제子弟, 자식의 뜻임. ·閨女규녀-규중처녀. ·匪人비인-못된 사람. ·嘉禾가화-좋은 종류의 벼.

|040
도리에서 한번 뒷걸음질치면 도리로부터 아주 멀어지고 만다

욕정에 관한 일은 비록 쉽게 즐길 수 있다 해도 잠시라도 맛보지 말라. 한번 맛보면 이내 만 길 벼랑으로 떨어지리라. 도리에 관한 일은 비록 지키기 어렵다 해도 조금이라도 물러서지 말라. 한번 물러서게 되면 곧 천산千山에 가로막힌 듯 멀어지리라.

욕정과 도리는 어떤 의미에서는 반대 개념이다. 욕정은 인간의 본능이며 그 유혹은 뿌리치기가 어렵다. 반면 도리는 자연의 순리이며 진리인데, 그것을 따돌리는 것은 언뜻 쉬울 것이다.

어려운 것은 피하고 유혹에는 빠져들기 쉬운 것이 인생이거니와, 그것은 결코 순리일 수 없다. 여기에 인생의 갈등과 모순이 존재한다. 자기 수양의 필요성은 바로 이 도리를 따르려는 자기 발전의 요구인 것이다.

欲路上事는 毋樂其便하여 而姑爲染指하라. 一染指면 便深入萬仞하리라.
욕 로 상 사　　무 락 기 편　　　　이 고 위 염 지　　일 염 지　　변 심 입 만 인

理路上事는 毋憚其難하여 而稍爲退步하라. 一退步면 便遠隔千山하리라.
이 로 상 사　　무 탄 기 난　　　　이 초 위 퇴 보　　일 퇴 보　　변 원 격 천 산

·欲路上事욕로상사-욕정에 관한 일. ·毋무-없다. 無무와 같음. ·姑고-잠시 ·染指염지-손가락으로 찍어 맛보는 것. ·萬仞만인-만 길. ·稍초-조금.

|041
극단의 길을 피하고 유연성을 가져라

　마음이 두터운 사람은 자신에게도 후하고 남에게도 후하여 곳곳을 모두 두텁게 한다. 그러나 마음이 얄팍한 사람은 자신에게도 박하고 남에게도 박하여 일마다 얄팍하게 한다. 그러므로 군자는 평상시의 기호嗜好를 지나치게 짙고 화려하게 가져서도 안 되며, 또한 너무 야박하여 쓸쓸하게 해서도 안 된다.

　자기 자신만을 중시하거나 남이 위해 주기만을 바라다가 대인관계를 그르치는 사람이 있는가 하면, 남의 일은 물론 자신의 일에도 관심을 기울이지 않는 사람이 있다. 어느 쪽이든 간에 지나친 것은 바람직하지 못하다.

　또한 상대방에게 지나친 선의를 베푸는 사람도 있다. 이런 사람은 대가를 바라고 베푸는 형이기 때문에, 보답이 따라주지 않을 경우에는 상대방을 비난하기 십상이다. 이 또한 바람직한 인간상이라 할 수 없다.

　그렇다면 어떻게 사는 것이 현명한 것일까?

　인간은 사회적 동물이기 때문에 결코 혼자서는 살 수가 없다. 그러므로 서로가 서로에게 적당한 관심을 기울이고 아낌없이 베풂을 나누면서 사는 것이 진정 아름답게 사는 방법일 것이다. 또한 그러한 가운데서 인생의 참된 가치와 기쁨을 누릴 수 있으리라.

念頭濃者는 自待厚하고 待人亦厚하여 處處皆濃이요,
염두농자　 자대후　　대인역후　　처처개농

念頭淡者는 自待薄하고 待人亦薄하여 事事皆淡이라.
염두담자　 자대박　　대인역박　　사사개담

故로 君子는 居常嗜好에 不可太濃艶하며 亦不宜太枯寂이라.
고　 군자　 거상기호　 불가태농염　　역불의태고적

·念頭염두-마음. ·自待厚자대후-자신에 대하여 후하다. ·薄박-야박하다. ·居常거상-평상. ·枯寂고적-무미담박無味淡泊.

|042
군자는 재력이나 지위에 농락당하지 않는다

상대가 부富를 내세우면 나는 인仁으로 대할 것이며, 상대가 벼슬을 내세우면 나는 의義로써 대할 것이다. 그러므로 군자는 본디 임금이나 정승에게 농락당하지 않는다. 인간이 혼신의 힘을 기울이면 하늘도 이길 수 있고, 뜻을 한 곳에 모으면 기질도 변화시킬 수 있다. 그러므로 군자는 조물주가 만들어 놓은 틀에도 구속되지 않는다.

부자 앞에서 비열해지는 것은 그 부자에게 은택을 입어볼까 하는 마음이 있기 때문이며, 권력자에게 아부하는 것은 그의 힘을 업어 출세라도 해보겠다는 마음이 있기 때문이다. 그러나 군자는 인의를 생활의 방패로 삼기 때문에 부와 권력에 빌붙지 않는다.

또한 모름지기 뜻을 모으고 온 힘을 집중시키면 사람의 타고난 기질까지 변화시킬 수 있다. 그러므로 군자는 조물주가 만들어 놓은 틀 속에도 간히지 않는다. 요컨대 뜻이 있는 곳에는 길이 있기에, 스스로의 운명을 개척해 나갈 수 있는 것이다.

올바른 인생관과 가치관을 정립하는 것이 얼마나 중요한지를 일깨워주는 구절이다.

彼富면 我仁이요 彼爵이면 我義라. 君子는 固不爲君相所牢籠이라.
피 부   아 인   피 작   아 의   군 자   고 불 위 군 상 소 뢰 롱
人定이면 勝天하고 志一이면 動氣라. 君子는 亦不受造物之陶鑄라.
인 정   승 천   지 일   동 기   군 자   역 불 수 조 물 지 도 주

·君相군상-군주와 재상. ·牢籠뇌롱-뇌옥과 새장. 여기서는 남을 수중에 넣고 마음대로 부리다, 즉 농락하다란 의미이다. ·人定인정-사람이 뜻을 굳게 정하다. ·志一지일-뜻을 하나로 집중시키다. ·陶鑄도주-질그릇을 만들고 쇠를 녹여 기물을 만들다. 여기서는 '틀 속에 넣고 마음대로 주무르다'란 뜻이다.

|043
입신立身엔 한 발 먼저 가고, 처세處世엔 한 걸음 물러서라

몸을 닦아 세움에 남보다 한 걸음 높이 세우지 않는다면 마치 먼지 속에서 옷을 털고 진흙탕 속에서 발을 씻는 것과 같으니, 어찌 초탈超脫할 수 있겠는가. 처세에 있어서 남보다 한 걸음 물러서지 않으면 마치 불나방이 촛불에 뛰어들고 숫양이 울타리를 들이받는 것과 같으니, 어찌 마음이 안락할 수 있겠는가.

인격을 닦아 세울 때에는 모름지기 다른 사람보다 한결 높이 세워야 한다. 먼지 속에서 옷을 털고 진흙탕 속에서 발을 씻어서야 어찌 수양이 되겠는가. 이왕이면 탁 트인 공간이나 맑은 물에서 털고 닦아야만 큰 뜻을 세우고, 이윽고는 초탈할 수 있지 않겠는가.

반면 처세에서는 다른 사람보다 한 걸음 물러서는 겸양의 미덕을 갖춰야 한다. 무작정 돈 키호테처럼 돌진하기만 하는 것은 필부의 만용일 뿐, 이윽고는 마치 나방이 촛불에 타죽거나 숫양의 뿔이 울타리에 걸리듯이, 가시밭길의 고생을 자처하게 마련이다. 겸양의 미덕을 체득하여 안락安樂을 누리는 것이 처세의 비법인 것이다.

立身에 不高一步立하면 如塵裡振衣하고 泥中濯足이니 如何超達이리요?
입신　　불고일보립　　여진리진의　　이중탁족　　　여하초달

處世에 不退一步處하면 如飛蛾投燭하고 羝羊觸藩이니 如何安樂이리요?
처세　　불퇴일보처　　여비아투촉　　저양촉번　　　여하안락

· 塵裡振衣진리진의-먼지 속에서 옷을 털다. 효과가 없는 일. · 泥中濯足이중탁족-진흙 속에서 발을 씻다. 역시 효과가 없는 일. · 超達초달-초월하여 달관함. 초탈超脫. · 羝羊저양-숫양. · 觸藩촉번-울타리를 들이받다.

|044
배우는 자는 기력을 한 곳에만 집중하라

공부하는 사람은 마땅히 정신을 가다듬어 한 곳에 집중해야 한다. 만일 덕을 닦는다면서 뜻을 사업이라든가 공적 또는 명예에만 둔다면 반드시 참된 조예를 얻지 못할 것이며, 글을 읽음에도 시詩와 부賦를 읊조리는 데에나 감흥을 둔다면 결코 깊은 마음에까지는 이르지 못할 것이다.

공부를 할 때에는 모름지기 정신을 집중시켜 덕을 닦아야 한다. 이것이 학문의 궁극적인 목표다.

그런데 학문에 뜻을 두고도 마음이 공적이나 명예에만 팔려 있거나, 독서한답시고 음풍농월吟風弄月이나 즐긴다면, 당연히 뛰어난 조예를 쌓지 못하게 된다. 학문의 목적은 어디까지나 그 깊은 이치를 터득하여 덕을 쌓는 데 있는 것이고 공적이나 명예, 우아한 풍취 등은 그에 딸린 부수물인 것이다.

이런 이야기는 꼭 학자들에게만 해당하는 것은 아니다. 예컨대 이익 추구를 본분으로 하는 기업가는 생산성을 높이고 매출을 늘리는 데 혼신의 힘을 기울여야 하고, 예술가는 아름다움을 창조하는 데 자신의 재능을 바쳐야 한다. 그런데 이런 기업가나 예술가가 자신의 재산 모으기나 세력 다툼에 혈안이 되어 있다면, 얼마나 꼴불견인가 말이다.

學者는 要收拾精神하여 倂歸一路라.
학자　　요수습정신　　　병귀일로

如修德에 而留意於事功名譽하면 必無實詣며,
여수덕　이류의어사공명예　　　필무실예

讀書에 而寄興於吟咏風雅하면 定不深心이라.
독서　이기홍어음영풍아　　　정불심심

· 學者학자-배우는 사람. · 倂歸一路병귀일로-한 곳으로 모으다. · 實詣실예-조예. · 吟咏음영-시를 읊조리다.
· 不深心불심심-마음이 깊지 못하다.

|045

욕정에 마음을 빼앗기면 눈앞의 도리도 천리 밖으로 보인다

　사람은 누구나 큰 자비심을 지니고 있나니 유마維摩와 백정·망나니가 서로 마음이 다르지 않으며, 곳곳마다 어디든지 한 가지 참다운 멋이 있나니 금전옥루金殿玉樓와 초가모옥草家茅屋 또한 다르지 않다. 다만 욕심에 눈이 어두워지고 사정私情에 묶여서 눈앞에 당하여 조금이라도 어긋나면 지척도 천리가 되게 함이니라.

　맹자孟子는 '인간은 누구나 사단四端, 즉 측은지심惻隱之心(인仁), 수오지심羞惡之心(의義), 사양지심辭讓之心(예禮), 시비지심是非之心(지智)을 지니고 있다'고 말했다. 한마디로 조물주는 인간에게 양심이란 것을 주었다는 뜻이다.

　이 양심을 늘 간직하고 살아간다면, 하는 일이 어떤 일이든 간에 인간 본연의 자세를 흐트러뜨리지 않을 수 있다. 그러나 욕망과 사정私情에 치우치면 사정은 달라진다. 부귀하면서도 불화 속에서 살아가는 가정도 있고, 가난할망정 희망을 가지고 살아가는 가정도 있다.

　어느 편에 설 것인가는 전적으로 마음에 달려 있는 것이다.

人人이 有個大慈悲니 維摩居劊가 無二心也며,
인인　유개대자비　유마도회　무이심야

處處에 有種眞趣味니 金屋茅簷이 非兩地也라.
처처　유종진취미　금옥모첨　비량지야

尺是欲蔽情封하여 當面錯過하며 使咫尺千里矣라.
지시욕폐정봉　　당면착과　　사지척천리의

·維摩유마–유마힐維摩詰의 약어. 고대 인도에서 몸은 세속에 두고 있으면서도 석가를 보좌하며 보살 행업을 닦았던 거사居士. ·屠劊도회–백정과 망나니. 즉 도살업자나 사형 집행인. ·金屋금옥–금전옥루金殿玉樓. 고대 광실. ·茅簷모첨–띠풀로 지붕을 이은 초가草家. ·欲蔽情封욕폐정봉–탐욕과 사정私情으로 마음이 막히다.

|046
위정자는 운수雲水처럼 담담한 마음으로 행하라

덕을 쌓고 수도修道를 해나감에 있어서는 어느 정도 목석木石과 같은 냉담한 마음을 가져야 하니, 만약 부귀영화를 부러워하는 마음이 생기면 이내 욕망의 세계로 빠져들 것이다. 세상을 구제하고 나라를 경륜함에는 다소 운수雲水와 같은 담담한 취미를 가져야 하니, 만약 탐욕과 집착이 생기게 되면 이내 위험한 곳으로 떨어질 것이다.

『송명신언행록宋名臣言行錄』에는 '나라를 다스리는 비결은 너그러움과 엄격함의 균형을 잡는 데 있다治國之道 在乎嚴格得中'라는 말이 있다. 그런데 현대의 법치法治에는 엄격함만이 있고 너그러움이 모자라다는 인상이 짙다.

또 언제부터인가 우리는 '빨리빨리'라는 소용돌이 속에서 사는 느낌을 받는다. 그러나 자기 계발이나 인격 수양에는 이 '빨리빨리'가 아주 암적인 작용을 한다.

그러기에 큰일을 하려는 사람은 눈앞의 이익과 당장의 전시효과에 급급하지 말고, 하늘 위에 두둥실 떠가는 구름이나 유유히 흘러가는 강물과 같은 여유를 지녀야 한다.

進德修道에는 要個木石的念頭니 若一有欣羨이면 便趨欲境이라.
진 덕 수 도   요 개 목 석 적 념 두   약 일 유 흔 선   변 추 욕 경
濟世經邦에는 要段雲水的趣味니 若一有貪著이면 便墮危機라.
제 세 경 방   요 단 운 수 적 취 미   약 일 유 탐 착   변 타 위 기

·欣羨흔선-(특히 부귀영화를) 부러워함. ·便변-문득, 곧. ·趨欲境추욕경-탐욕의 경지로 빠져 들어가다. ·經邦경방-국가를 경륜하다. ·貪著탐착-욕심내고 집착함.

|047
선한 사람은 꿈을 꾸는 혼魂까지도 화평하다

　선한 사람은 평소의 몸가짐이 온화함은 말할 것도 없고 잠자는 동안의 정신까지도 화평한 기운이 배어 있다. 악한 사람은 평소의 행동이 사납고 거칠기는 말할 것도 없고, 목소리와 웃으며 하는 말조차도 온통 살벌한 기운이 배어 있다.

　갓난아기의 잠든 모습은 마냥 평화로워 보인다. 악이 스며들지 않았기 때문이다.

　사람은 누구나 양심의 가책을 받을 행위를 저질렀을 경우, 그 정신과 영혼에 타격을 입어서 숙면熟眠조차 취하지 못한다. 또한 불안과 긴장 속에서 살게 되기 때문에, 제아무리 평온을 가장하려 해도 그 사람의 태도와 표정에 본심이 나타나기 마련이다. 그러기에 『맹자孟子』에도 '상대방을 알려면 눈동자를 보는 것보다 좋은 방법은 없다[存乎人者莫良於眸子]'라는 말이 있지 않은가.

　남의 눈을 속여가면서 악한 행동을 할 수 있을는지는 모르겠으나, 자신의 양심은 결코 속일 수가 없는 법이다.

吉人은 無論作用安祥이요 則夢寐神魂도 無非和氣라.
길인　　무론작용안상　　　즉몽매신혼　　무비화기

凶人은 無論行事狼戾요 則聲音咲語도 渾是殺機라.
흉인　　무론행사랑려　　　즉성음소어　　혼시살기

·作用작용-평소의 행동. ·安祥안상-화평하고 너그럽다. ·行事행사-평소의 일. ·狼戾낭려-사나운 이리처럼 도리에 어긋나는 짓을 하다. ·咲語소어-웃으면서 하는 말. ·渾혼-온통. ·殺機살기-살기殺氣를 띤 기색.

|048
병은 안 보이는 곳에서 생겨나서 이윽고는 외부에 나타난다

간肝이 병들면 시력을 잃게 되고 신장腎臟이 병들면 귀가 들리지 않게 된다. 병은 사람이 볼 수 없는 곳에 움트지만, 반드시 남들이 다 볼 수 있는 곳에 나타난다. 그러므로 군자는 사람들이 환히 보는 곳에서 죄를 얻지 않으려거든 먼저 남들이 보지 않는 곳에서 죄를 짓지 말 일이다.

음양오행설陰陽五行說에 따르면 사람의 오장五臟도 오행의 법칙에 따라 각 감각 기관에 연결되어 있다. 예컨대 간은 눈에, 폐는 혀에, 신장은 귀에 관련된다.

오장에 병이 들게 되면 비록 사람 눈에는 안 띌지라도, 결국은 감각 기관을 통해 밖으로 드러나게 마련이다. 따라서 눈이나 혀, 귀에 장애가 생겼을 때, 사람들은 그것을 보고 어느 장기가 나빠졌는지를 알게 되는 것이다.

이와 마찬가지로 남이 안 보는 곳에서 저지른 잘못이나 죄악도 이윽고는 밝게 드러나는 법이다. 그러므로 여러 사람 앞에서 죄를 얻지 않으려면, 모름지기 홀로 있을 때 근신謹愼해야 할 것이다.

肝受病이면 則目不能視하고 腎受病이면 則耳不能聽하니,
간 수 병   즉 목 불 능 시   신 수 병   즉 이 불 능 청
病受於人所不見이나 必發於人所共見이라.
병 수 어 인 소 불 견   필 발 어 인 소 공 견
故로 君子는 欲無得罪於昭昭거든 先無得罪於冥冥하라.
고   군 자   욕 무 득 죄 어 소 소   선 무 득 죄 어 명 명

·受病수병-병을 얻다. 병이 생기다. ·發발-발현發現. ·昭昭소소-환하게 밝다. ·冥冥명명-캄캄하게 어둡다.

|049
가장 불행한 사람은 많은 일에 관심을 기울이는 사람이다

복福 중에 일이 적은 것보다 더 큰 복이 없고, 화禍 중에 마음 쓸 일이 많은 것보다 더 큰 화가 없다. 오직 일에 시달려 본 사람만이 바야흐로 일 적은 것이 복된 것임을 알고, 오직 마음이 평안한 자만이 비로소 마음 쓸 일 많은 것이 화임을 안다.

인생의 행복과 불행을 가름하는 판단 기준은 여러 가지가 있겠지만 저자 홍자성은 여기서 '하는 일이 적은 것, 마음이 편한 것이 행복'이라고 했다. 이것은 어찌 보면 다소 적극성이 결여된 사고방식이란 인상을 주기도 한다.

그러나 다시 한 번 곱씹어 읽어 보니 '오직 일에 시달려 본 사람 운운……'이란 구절이 마음에 와 닿는다. 저자 홍자성은 아마도 인생의 후반에 접어들면서 자기 자신은 원치 않았던 권력투쟁의 소용돌이 속에 말려드는 바람에 몸과 마음이 지칠 대로 지쳤을 것이고, 그때 그 소용돌이에서 벗어나고서야 비로소 '일이 적은 것이 행복하다'는 것을 진정으로 깨달았던 것 같다.

福莫福於少事하고 禍莫禍於多心하니,
복 막 복 어 소 사   화 막 화 어 다 심
唯苦事者라야 方知少事之爲福하고 唯平心者라야 始知多心之爲禍니라.
유 고 사 자   방 지 소 사 지 위 복   유 평 심 자   시 지 다 심 지 위 화

·少事소사-일이 적음. ·多心다심-마음 쓰는 곳이 많음. ·苦事者고사자-일에 시달린 사람. ·平心평심-마음이 평안하다.

|050
원만함과 엄격함을 적절히 병용하라

　태평성대를 맞아서는 마땅히 방정方正하게 살아야 할 것이고, 난세에 놓였을 때는 마땅히 원만하게 살아야 할 것이며, 말세를 당해서는 마땅히 방정함과 원만함을 병용해서 살아야 할 것이다. 선한 사람을 대함에는 의당 관대해야 하고, 악한 사람을 대함에는 의당 엄격해야 하며, 평범한 사람을 대함에는 관대와 엄격을 함께 병용해서 대해야 할 것이다.

　위의 교훈을 기업에 적용해 보자. 명확한 기업 이념하에 경영진과 모든 직원들이 일치단결하여 일에 열중하는 시기는 치세治世에 해당하며, 이런 기업에서는 열심히 노력하기만 하면 응분의 대가를 받게 된다. 그러나 이처럼 이상적으로 경영되는 직장은 그다지 많지 않다.

　언제나 좌충우돌 세력 다툼이 벌어지고 있는 난세亂世와 같은 조직에 속했다면, 가급적 적을 많이 만들지 말고 오로지 필요 불가결한 구성원이 되도록 노력하는 것만이 상책이다. 그리고 어쩔 수 없이 부실한 조직에 속했다면 자신의 소신과 장래성만을 견지하면서 상황의 변화에 기민하게 대응하는 유연성이 필요하겠다.

處治世에는 宜方하고 處亂世에는 宜圓하며 處叔季之世에는 當方圓並用이라.
처 치 세　　의 방　　처 난 세　　의 원　　처 숙 계 지 세　　당 방 원 병 용

待善人에는 宜寬하고 待惡人에는 宜嚴하며 待庸衆之人에는 當寬嚴互存이라.
대 선 인　　의 관　　대 악 인　　의 엄　　대 용 중 지 인　　당 관 엄 호 존

·方방-방정方正. ·圓원-원만圓滿. ·叔季之世숙계지세-고대 중국에서는 서열을 백伯, 중仲, 숙叔, 계季로 정했는데 숙계는 끝이라 하여 이런 말이 생겼다. ·庸衆之人용중지인-평범한 사람.

|051
남에게 베푼 일은 잊어버리고, 신세 진 일은 잊지 말라

내가 남에게 베푼 공덕은 마음에 새겨두지 말고, 내가 남에게 잘못한 일은 오래도록 잊지 말라. 남이 나에게 베푼 은혜는 잊어서는 안 되지만, 남이 나에게 끼친 원망은 빨리 잊어버릴 일이다.

누구나 자신이 남에게 무슨 도움을 주었거나, 또는 막상 부담을 느끼면서도 어떤 대가를 치렀을 때에는 비록 그것이 자발적인 행위였다손 치더라도 유형 무형의 보답을 은근히 바라기 마련이다. 한편 내가 받은 은혜는 까맣게 잊는 반면, 어쩌다가 남의 원망을 듣게 되면 그것은 좀처럼 잊지 못하는 것 또한 인지상정이다.

그러므로 우리는 자신이 은혜를 입은 사람에게 보은을 했는지에 대해 반성해 볼 필요가 있다. 자신은 도리를 지키지 않으면서 남에게 베푼 바에 대해서는 필히 보답을 바란다면, 그야말로 자기모순 속에서 사는 것이기 때문이다.

我有功於人은 不可念이나 而過則不可不念이요,
아 유 공 어 인   불 가 념   이 과 즉 불 가 불 념

人有恩於我는 不可忘이나 而怨則不可不忘이라.
인 유 은 어 아   불 가 망   이 원 즉 불 가 불 망

·念념-생각하다. 여기서는 마음에 두다는 뜻이다.

|052
계산하고 나서 베푸는 것은 아무 가치가 없다

은혜를 베푸는 자가 안으로는 자신이 남에게 베푸는 것이라 생각지 않고, 밖으로는 남이 나에게 베풂을 받는다고 생각지 않는다면 한 말의 곡식일지라도 가히 수만 섬의 곡식을 베푸는 것과 같을 것이다. 물질로써 남을 이롭게 하는 자가 자신이 베푼 것을 따지면서 그것을 갚기를 바란다면, 비록 수천 냥을 들였다 하더라도 한 푼어치의 공조차 이루기 어렵다.

「마태복음」의 산상수훈山上垂訓에 나오는 '너는 구제할 때에 오른손이 하는 것을 왼손이 모르게 하여 네 구제함이 은밀하도록 하라. 은밀한 중에 보시는 너의 아버지가 갚으시리라.'는 가르침과 맥을 같이하는 동양적 미덕이라 하겠다. 그러나 아무런 보답도 기대하지 않고, 심지어는 자기만족을 추구하지도 않으며 물질 또는 노동력을 남에게 제공한다는 것은 우리 같은 범인으로서는 결코 쉬운 일이 아니다.

그런데 곰곰이 생각해 보면, 은혜를 베푼 상대방에게서 정작 보은을 받지는 못하더라도 다시 또 다른 사람에게서 은혜를 입고 살아가는 것이 우리네의 인생살이인 것 같다. 이렇듯 은혜란 결국 돌고 도는 것이 아니겠는가.

施恩者가 內不見己하고 外不見人하면 則斗粟도 可當萬鍾之惠라.
시 은 자　　내 불 견 기　　외 불 견 인　　즉 두 속　　가 당 만 종 지 혜

利物者가 計己之施하고 責人之報하면 雖百鎰이라도 難成一文之功이라.
이 물 자　　계 기 지 시　　책 인 지 보　　수 백 일　　난 성 일 문 지 공

·內不見己내불견기-은혜 베푼 것을 마음속으로 생각하지 않는다. ·外不見人외불견인-은혜 베푼 것을 밖으로 내지 않는다. ·斗粟두속-한 말의 곡식. 여기서는 소량의 곡식이란 뜻이다. ·萬鍾만종-여기서는 다량의 곡식이란 뜻이다. 1종種은 64말. ·計己之施계기지시-자기가 베푼 것을 속으로 계산하다. ·白鎰백일-큰돈. ·一文일문-한 푼.

|053
다른 사람들 모두가 도리에 맞기를 바라지 말라

사람들이 처한 경우를 보면, 갖출 것을 다 갖춘 사람도 있고 또 못 갖춘 사람도 있거늘, 어찌 나 혼자 능히 모든 것을 다 갖출 수가 있겠는가. 스스로의 마음도 도리에 순응할 때가 있고 그렇지 못할 때가 있거늘, 어찌 다른 사람들 모두가 도리에 맞게 살기를 바라겠는가. 이와 같이 나와 남을 서로 견주어 가면서 스스로를 다스린다면 이 또한 세상을 살아가는 데 하나의 좋은 방법이 될 것이다.

사람의 욕심이란 한이 없다. 예컨대 어떤 사람이 부귀와 명예, 건강, 훌륭한 자식, 좋은 친구 등을 고루 갖추었다면, 스스로도 그렇게 되기를 갈망하는 한편, 자신에게 부족한 것들을 한탄하거나 안달하게 마련이다.

또한 스스로의 정신 상태를 반성해 보면 도리에 맞게 순조로울 때도 있지만, 여기저기 엉켜 있는 경우가 더 많다. 그러니 어찌 남들이 모두 도리에 맞게 살기를 바랄 수 있겠는가.

어차피 사람들마다 처해 있는 형편은 그야말로 십인십색이고, 인생살이란 게 어디까지나 상대적일 뿐이다. 더 가진 사람이 있는가 하면, 덜 가진 사람도 수두룩하다. 이런 상대적인 세상에서 남과 나를 서로 비교해 보며 욕심을 줄이고 자족自足할 수만 있다면, 세상에는 균형이 찾아들 것이요, 알력과 투쟁은 줄어들 것이다.

人之際遇는 有齊有不齊거늘 而能使己獨齊乎며,
인 지 제 우   유 제 유 부 제   이 능 사 기 독 제 호
己之情理는 有順有不順이거늘 而能使人皆順乎아?
기 지 정 리   유 순 유 불 순   이 능 사 인 개 순 호
以此相觀對治하면 亦是一方便法門이라.
이 차 상 관 대 치   역 시 일 방 편 법 문

·際遇제우-여러 가지 경우. ·齊제-갖추어 있음. ·情理정리-정신 상태. ·相觀對治상관대치-서로 대조하여 그 균형을 다스려 나가다. ·方便法門방편법문-수단 방법.

|054
마음이 깨끗해야 학문을 탐구할 수 있다

마음자리가 깨끗해야 비로소 책을 읽어 옛것을 배울 수 있다. 그렇지 않으면 한 가지 선행을 보아도 이를 훔쳐 사욕을 채우는 데 악용할 것이고, 한 마디 착한 말을 듣고도 이를 빌려 단점을 덮어 감추는 데 쓸 것이다. 이는 외적에게 병기를 빌려주고 도둑에게 양식을 대주는 것과 다름없는 일이다.

학문을 하는 목적의식이 순수하고 뚜렷해야 그 쌓은 학식으로 사회에 이바지하고 나아가서는 온 인류에게 도움을 주게 된다. 사리사욕을 취하기 위한 학문은 쉬이 악용될 수 있기에 위태롭기 짝이 없다. 학문을 탐구하여 안으로는 자신의 인격을 닦고 밖으로는 세상에 도움이 되기는커녕 외적에게 무기를 보내주고 도적에게 양식을 대어주는 꼴이 되기 때문이다.

'같은 칼이라도 의사의 손에 들리면 환자의 생명을 구하는 메스가 되지만, 강도의 손에 들리면 인간의 생명을 끊는 흉기가 된다'는 말을 우리는 숱하게 들어왔다. 모름지기 어떤 분야에서든 일가를 이루려면 우선 마음부터 올바르게 다잡아야 할 것이다.

心地乾淨이라야 方可讀書學古라.
심 지 건 정　　　　방 가 독 서 학 고

不然이면 見一善行에 竊以濟私하고 聞一善言에 假以覆短하리니,
불 연　　견 일 선 행　　절 이 제 사　　문 일 선 언　　가 이 복 단

是는 又藉寇兵而齎盜糧이라.
시　　우 자 구 병 이 재 도 량

· 乾淨건정-깨끗하다. 정결淨潔하다. ·竊절-훔치다. ·濟私제사-사욕을 채우기 위해서 보태 쓰다. ·覆短복단-단점을 감추다. ·藉寇兵자구병-적군에게 무기를 빌려주다. 『사기史記』의 「이사열전李斯列傳」에 나오는 말임. ·齎盜糧-도둑에게 양식을 대주다.

055
원망을 듣는 유능자보다 인생을 즐기는 무능자가 낫다

사치스러운 사람은 부유해도 만족하다 하지 않으니, 어찌 검소한 사람의 가난할망정 여유 있음만 같을 것인가. 능란한 사람은 애써 수고하고도 원망을 불러들이니, 어찌 서투른 사람의 한갓지면서도 천진성天眞性을 온전히 지킴만 하겠는가.

『노자老子』에 '만족할 줄 알면 욕을 당하지 않고, 그칠 줄 알면 위험을 면한다[知足不辱 知止不殆]'라는 말이 있다. 그러나 물욕이란 괴이한 것이어서 가지면 가질수록 더 갖고 싶어지는 것이다.

또 인간은 대개 남보다 특출하기를 원한다. 남에게 인정받을 만큼 능력을 맘껏 발휘하는 것도 좋지만, 너무 지나치면 그것을 시기하고 중상모략하려는 무리들이 생기게 마련이다. 특출한 사람이 되고 싶다면 이점을 염두에 두기 바란다.

그리고 정세가 변하여 한직閑職으로 밀려났을 때, 화려했던 과거를 회상하며 탄식하는 것이 지난날 '능자能者'라며 뽐내던 사람들의 숙명이다. 이런 면에서 본다면 무능하고 서투른 탓에 화려한 조명을 받지는 못해도 주어진 조건하에서 여유를 잃지 않는 '졸자拙者'가 마음 편할는지도 모른다.

奢者는 富而不足이니 何如儉者의 貧而有餘리요?
사 자   부 이 부 족   하 여 검 자   빈 이 유 여

能者는 勞而府怨이니 何如拙者의 逸而全眞이리요?
능 자   노 이 부 원   하 여 졸 자   일 이 전 진

·富而不足부이부족-부유해도 부족하다. ·貧而有餘빈이유여-가난해도 여유가 있다. ·勞而府怨노이부원-수고하고도 원망을 모아 들이다.

|056
글을 읽으면서 성현의 도를 음미하지 못한다면 문자의 노예일 따름이다

글을 읽되 성현聖賢을 보지 못한다면 '지필紙筆의 종'일 뿐이고, 벼슬자리에 있되 백성을 자식처럼 사랑하지 않는다면 관복을 입은 도둑에 지나지 않는다. 학문을 가르치면서도 몸소 실천하지 않는다면 입으로만 참선하는 위선자가 될 뿐이요, 사업을 일으키고도 은덕을 베풀 생각을 하지 않는다면 잠시 피었다 지는 꽃처럼 덧없기만 할 것이다.

지행합일知行合一의 중요성을 강조하고 있다.

학문을 닦은 자는 성현의 도道를 체득하여 실행에 옮겨야 마땅할 것이다. 또한 관직에 몸담거나 사업을 일으키는 자는 모름지기 사람들을 사랑하고 은덕을 베풀 뜻을 세우고, 또 실행에 옮겨야 할 것이다. 반면에 오로지 입신출세나 사리사욕의 욕망을 채우는 데 혈안이 되어 있다면, 잠시 피었다 지는 꽃처럼 덧없어진다는 교훈이다.

오늘날에도 몸소 실천은 하지 않으면서 입으로만 애사愛社하는 무리는 얼마든지 있다. 알면서도 실천하지 않는 자는 몰라서 실천하지 않는 자보다 더 나쁜 도둑에 속한다 하지 않았는가. 그러기에 공자孔子는 『논어論語』에서 '한 말은 반드시 실행에 옮기고, 실행하면 반드시 성과를 거두라[言必行 行必果]'고 역설했다.

讀書에 不見聖賢이면 爲鉛槧傭이요, 居官에 不愛子民이면 爲衣冠盜라.
독서　불견성현　　위연참용　　거관　불애자민　　위의관도

講學에 不尙躬行이면 爲口頭禪이요, 立業에 不思種德이면 爲眼前花라.
강학　불상궁행　　위구두선　　입업　불사종덕　　위안전화

·鉛槧傭연참용-지필紙筆의 노예. ·子民자민-백성. ·衣冠盜의관도-의관을 갖춘 도둑, 즉 관복만 입었지 도둑이란 뜻이다. ·尙躬行상궁행-몸소 행하는 것을 숭상하다. ·口頭禪구두선-말로만 참선함. ·種德종덕-은덕을 심다. ·眼前花안전화-눈앞에서 피었다가 지는 꽃.

057

인간 본성의 참된 글을 불완전한 책 속에 묻어버리지 말라

사람마다 마음속에 한 편의 참된 문장이 있건만, 옛 사람이 남긴 낡은 책 속의 몇 마디 때문에 모두 갇혀 버린다. 사람마다 그 가슴속에는 한가락의 진정한 풍류가 있건만, 세속의 요염한 가무歌舞로 인하여 모두 묻혀 버린다. 그러므로 배우는 이는 모름지기 외물外物에 의한 유혹을 쓸어버리고 본래의 마음을 찾아야만 비로소 참 문장과 풍류를 얻을 수 있으리라.

모든 사람의 마음에는 하늘로부터 받은 이성理性과 감성感性이 깃들여 있지만, 대개는 하찮은 세상 지식과 어설픈 예술 따위에 의해 가려지고 만다.

지식인이라고 자타가 인정하는 사람들 중에는 깊은 지식과 높은 교양으로 존경을 받는 사람도 있지만 보다 높은 차원, 혹은 통찰력이라든가 창조성은 전혀 느낄 수 없는 사람도 적지 않다. 그런 면에서는 예술의 경우도 마찬가지이다.

명인들은 어중간한 사람들의 비판은 그다지 두려워하지 않는다. 그러나 그 분야에 생소한 사람이거나 단순한 관심만 갖고 있는 이들이 직감적으로 해주는 지적을 가장 두려워한다고 한다. 그건 그들에게서 천부적인 감각이 튀어나올 때가 있기 때문이다.

人心에 有一部眞文章이로되 都被殘編斷簡封錮了하며
인심   유일부진문장   도피잔편단간봉고료

有一部眞鼓吹로되 都被妖歌艶舞湮沒了하니
유일부진고취   도피요가염무인몰료

學者는 須掃除外物하고 直覓本來하여 纔有個眞受用이라.
학자   수소제외물   직멱본래   재유개진수용

·都도-모두. ·殘編斷簡잔편단간-고인古人이 남긴 책 쪼가리. ·封錮봉고-굳게 가두어져 있다. ·一部眞鼓吹일부진고취-한 곡의 진정한 음악. ·外物외물-외부外部의 유혹. ·覓멱-찾으려고 하다. ·眞受用진수용-바르게 사용하다.

|058
일이 잘 풀려나갈 때 뜻밖의 슬픔이 생기는 법이다

마음이 괴로운 가운데에도 항상 마음을 즐겁게 하는 멋을 얻으며, 뜻대로 되는 때에도 문득 실의失意의 비애가 생긴다.

우주 만물은 변화가 무쌍하여 한 자리에 머무는 경우가 없다. 인간사역시 우주의 변화처럼 항상 변화한다.

세상을 살다 보면 고난에 빠져 허덕일 때가 있다. 그리고 그 고난을헤쳐 나가려고 노력을 한 끝에 전화위복이 되어 좋은 기회를 맞기도한다. 그러므로 아무리 어려움에 놓이더라도 희망을 잃지 않고 부단히노력을 해나가다 보면 반드시 호기가 도래하기 마련이다.

이와는 반대로 사업이 순조롭게 순항하여 큰 성공을 이루었다 해도그 성공이 영원히 지속되는 것은 아니다. 권불십년權不十年이요, 화무십일홍花無十日紅이라 하지 않았는가. 언젠가는 어려움이 닥쳐올 수도 있다는 마음가짐으로 미래를 대비하고, 더욱더 긴장의 끈을 다잡아야 할 것이다.

苦心中에 常得悅心之趣하고
고 심 중   상 득 열 심 지 취
得意時에 便生失意之悲니라.
득 의 시   변 생 실 의 지 비

·悅心之趣열심지취-마음을 즐겁고 기쁘게 하는 멋.

|059
권력으로 얻은 부귀영화는 꽃병의 꽃처럼 금방 시든다

부귀와 명예가 도덕으로 인해 얻어진 것은 수풀 속의 꽃과 같아서 저절로 자라나 무성해질 것이요, 공업功業으로 인해 얻어진 것은 화분이나 화단 속의 꽃과 같아서 곧 이리저리 옮겨질 뿐더러 흥망성쇠 또한 있을 것이며, 만약 권력으로부터 얻어진 것이면 꽃병 속의 꽃과 같아서 뿌리가 없는지라 그 시듦을 잠시 서서 기다릴 수 있으리라.

인간이면 누구나 바라는 부귀와 명예를 꽃에 비유하여 그 취약함을 지적한 명구이다.

첫 번째는 뛰어난 인격과 덕으로 인해 얻은 부귀와 명예로서, 그것은 마치 산과 들에 흐드러지게 핀 꽃처럼 저절로 풍성해진다고 했다. 이때 누리는 영화란, 배경이나 결탁된 힘에 의한 입신출세나 축재蓄財가 아니라 도덕적으로 얻은 부귀이기 때문에 오랫동안 평안하게 누리며 살아가는 만족스런 상태를 나타내고 있다.

반면에 권력에 의해 얻어진 부귀영화는 꽃병에 꽂아둔 꽃처럼 금방 시든다고 했다. 이때 누리는 부귀영화란, 당당하지 못한 방법으로 얻은 것인지라 오랫동안 이어질 리도 없고 마음이 불안할 수밖에 없을 것이다.

정도正道에 의해 얻어진 것이라면 누가 나무라겠는가.

富貴名譽가 自道德來者는 如山林中花하여 自是舒徐繁衍하고,
부귀명예 자도덕래자   여산림중화   자시서서번연

自功業來者는 如盆檻中花하여 便有遷徙廢興하며,
자공업래자   여분함중화   변유천사폐흥

若以權力得者는 如瓶鉢中花하여 其根不植이니 其萎를 可立而待矣라.
약이권력득자   여병발중화   기근불식   기위   가립이내의

·舒徐서서-가지와 잎이 널찍하게 뻗어나가다. ·繁衍번연-자유로이 번성하다. ·盆檻분함-화분과 화단. ·遷徙천사-이리저리 옮겨 다니다. ·萎위-시들다. ·立而待입이대-서서 기다리다. 여기서는 잠시란 의미로 쓰인다.

|060
좋은 생각이 없다면, 백년을 살지라도 하루도 살지 않은 것과 같다

봄이 되어 시절이 화창하면 꽃들은 한층 더 곱게 피어나고 새들 또한 아름다운 목소리로 지저귄다. 선비가 다행히 두각을 나타내어 따뜻한 옷 입고 배부르게 살면서도 좋은 말[言]을 세우고 좋은 일을 할 생각조차 하지 않는다면, 비록 이 세상에서 백년을 살지라도 흡사 하루도 살지 않은 것과 같으리라.

같은 말이라도 지위가 높은 사람이 한 말과 낮은 사람이 한 말에는 그 영향력에 큰 차이가 있다.

그러므로 자기 자신의 이상理想을 실현시키고자 한다면 일단은 피나는 노력을 해서 높은 지위에 올라야 한다. 이것이 원래 입신출세가 가지는 목적이다.

높은 지위에 오르거나 사업을 성공시켰다는 것은 목적을 달성시킨 것이라고 볼 수 있다. 부귀와 명예는 그 목적을 달성시켰을 때에 저절로 따라오는 부산물에 지나지 않는다. 그런데 지위 향상이나 사업 성공에 따른 바른 몸가짐과 책임감을 우선시하기보다는 부귀와 명예만을 출세의 목적으로 생각하는 경향이 짙기 때문에, 주객이 전도되어 버렸다.

春至時和하면 花尙鋪一段好色하고 鳥且嘲幾句好音하니,
춘 지 시 화   화 상 포 일 단 호 색   조 차 전 기 구 호 음
士君子가 幸列頭角하고 復遇溫飽하되 不思立好言行好事하면
사 군 자   행 렬 두 각   부 우 온 포   불 사 립 호 언 행 호 사
雖是在世百年이라도 恰似未生一日이라.
수 시 재 세 백 년   흡 사 미 생 일 일

· 鋪一段好色포일단호색-鋪는 땅에 펴다. 즉 꽃이 한결 아름답게 피어 있다는 의미이다. · 嘲幾句好音전기구호음-전嘲는 새가 지저귀다. 즉 새가 아름다운 소리로 지저귄다는 뜻이다. · 列頭角열두각-세상에 두각을 나타내다. · 復부-다시(돌아올 복). · 溫飽온포-따뜻한 옷을 입고 배가 부름.

|061
조심성과 함께 활달한 멋을 지녀라

　학문을 하는 자는 일단은 조심하고 삼가는 마음을 가지되 또한 마땅히 서글서글한 멋도 지녀야 한다. 만약 외곬으로 졸라매기만 하고 청렴하려고만 한다면 이는 가을의 살기殺氣만 있고 봄의 생기生氣가 없는 것이나 마찬가지이니, 무엇으로 만물을 기를 수 있겠는가.

　자기 전공분야에 몰두하여 연구의 깊이를 더해 가는 것이 학자인데, 그렇게 한 길로만 가다 보니 학자들은 외곬으로 흘러 우직스럽고 융통성이 없다는 평을 많이 듣는다.

　학자는 모름지기 청렴결백을 추구해야 하지만 한낱 우직하고 엄격하기만 해서 융통성과 여유가 없다면, 이는 만물을 말려 죽이는 추기[殺氣]만이 있을 뿐이고 만물을 소생케 하는 춘기[生氣]는 없는 사람이 되기 십상이다. 그런 사람이 어떻게 경세제민經世濟民하는 학자가 될 수 있겠는가.

學者는 要有段兢業的心思하되 又要有段瀟灑的趣味라.
학 자　요 유 단 긍 업 적 심 사　　우 요 유 단 소 쇄 적 취 미
若一味斂束淸苦하면 是는 有秋殺無春生이니 何以發育萬物이리요?
약 일 미 렴 속 청 고　　시　유 추 살 무 춘 생　　하 이 발 육 만 물

·兢業的心思긍업적심사-조심조심하는 마음가짐. ·瀟灑的趣味소쇄적취미-서글서글한 멋. ·斂束淸苦염속청고-너무 졸라매기만 하고 결백에 치우쳐 아무 멋도 없음. ·秋殺추살-만물을 시들게 하는 가을의 살기殺氣.

|062
진정한 재주는 교묘한 술수를 알지 못한다

진실한 청렴에는 청렴하다는 이름조차 없으니, 이름을 드날리고자 하는 것은 바로 탐욕스러운 까닭이다. 뛰어난 재주에는 별다른 기교가 있는 것이 아니니, 기묘한 재주를 부리는 것은 곧 졸렬한 까닭이다.

진정으로 청렴한 사람은 스스로 청렴하다는 생각조차 하질 않는다. 오히려 명성을 드날리고자 하는 사람이 입버릇처럼 청렴을 강조하게 마련이다. 이와 마찬가지로 진정으로 재주 있는 사람은 교묘한 술수를 쓰지 않으며 재주를 마구 뽐내는 사람은 그 재주가 미숙하다는 것을 자처하여 증명하는 셈이다.

서글픈 일은 오늘날 자기 재주를 자랑하고 자신의 청렴함을 내세우는 자가 너무도 많다는 점이다.

眞廉은 無廉名이니 立名者는 正所以爲貪이요,
진 렴　무 렴 명　　입 명 자　　정 소 이 위 탐
大巧는 無巧術이니 用術者는 乃所以爲拙이라.
대 교　무 교 술　　용 술 자　　내 소 이 위 졸

·立名입명-이름을 나타내다. ·大巧대교-뛰어난 기교技巧.

|063
가득 차면 기울어진다

기기敧器는 가득 차면 엎어지고, 박만撲滿은 비어 있어야 온전하다. 그러므로 군자는 차라리 무無의 경지에 살지언정 유有의 경지에는 살지 않으며, 차라리 이지러진 곳에 처할지언정 완전한 곳에 처하지 아니한다.

꽃이 활짝 피었다가는 시들기 시작하고, 달도 차고 나면 이지러지는 것이 우주 자연의 순리이다. 『노자老子』에도 '지금 가지고 있는 것에 만족하면 수치를 당하지 않고, 자기 영역 안에 머물 줄 알면 위태롭지 않으며, 이로써 오래 견딜 수 있다知足不辱 知止不殆 可以長久'라고 했다.
반쯤 차야 바로 서 있고 가득 차면 쓰러지는 그릇[敧器]이나, 비어 있어야 깨트림을 당하지 않고 온전할 벙어리 저금통처럼 인생도 비어 있는 데서 그 참된 의미를 찾을 수 있는 것은 아닐까. 인간의 불행은 만족할 줄 모르는 데서 자초하는 경우가 허다하다. 그러기에 신약성경의 「야고보서」에도 '욕심이 잉태한즉 죄를 낳고 죄가 장성한즉 사망을 낳느니라'고 하지 않았던가.

敧器는 以滿覆하고 撲滿은 以空全이라.
기 기   이 만 복   박 만   이 공 전
故로 君子는 寧居無이언정 不居有하며 寧處缺이언정 不處完이라.
고 군 자   영 거 무   불 거 유   영 처 결   불 처 완

·敧器기기-고대 중국에서 임금을 경계하기 위해 만들었다는 그릇. 속이 비어 있으면 기울고, 물이 반쯤 차면 바로 서되, 가득 차면 넘어진다는 그릇이다. 출전出典『공자가어孔子家語』. ·撲滿박만-돈을 담는 토기土器. 옛날의 벙어리 저금통.

|064
명예욕과 객기를 버려라

명리名利를 탐하는 생각을 뿌리뽑지 않은 사람은 비록 천승千乘을 가벼이 여기고 한 바가지의 물을 달게 여길지라도 실상은 세속의 정에 빠진 것이요, 객기가 녹아 없어지지 않은 사람은 비록 은택을 천하에 베풀어 만세를 이롭게 할지라도 끝내는 가치 없는 재간에 그치리라.

오늘날 우리를 지배하고 있는 공리주의적 가치관은 오로지 결과만을, 그것도 눈에 띄는 물질적 성과만을 보고 인간을 평가하며 그 동기라든가 도중의 과정 등은 무시하는 경향이 많다. 그러나 제아무리 훌륭한 공적을 세웠다 하더라도 그 동기에 불순성이 있는 사람은 상황이 바뀌면 어떻게 변할는지 도저히 알 수가 없다.

그런 점에서 볼 때 개인이든 기업이든 간에 동기를 등한시하고 결과만을 중시하는 것은 이후에 감당하기 어려운 사태를 부르는 것이나 다름없다.

名根未拔者는 縱輕千乘甘一瓢라도 總墮塵情이요,
명 근 미 발 자   종 경 천 승 감 일 표   총 타 진 정

客氣未融者는 雖澤四海利萬世라도 終爲剩技니라.
객 기 미 융 자   수 택 사 해 리 만 세   종 위 잉 기

·名根명근-명예를 좋아하는 마음의 뿌리. ·縱종-비록. 雖雖와 같다. ·千乘천승-병거兵車 천 대. 곧 제후를 가리킴. ·一瓢일표- 한 바가지의 물. 청빈을 뜻한다. ·塵情진정-세속의 마음. ·剩技잉기-남는 기량. 즉 가치 없는 재간.

마음 바탕이 밝아야 유혹을 물리칠 수 있다

마음 바탕이 밝으면 어두운 방 안에도 푸른 하늘이 있고, 생각 머리가 흐리멍덩하면 환한 대낮에도 악귀가 나타난다.

육체를 조종하는 것은 정신일진대, 정신이 맑고 밝으면 육체는 자연히 정도正道를 걷게 된다. 반대로 음란을 생각하는 자는 그 육체도 자연히 음란을 따를 수밖에 없다.

그러니 다른 무엇보다도 정신 수양이 곧 그 사람의 행불행幸不幸과 성불성成不成을 좌우하게 되는 것이다.

心體光明하면 暗室中에도 有靑天이요,
심 체 광 명   암 실 중   유 청 천

念頭暗昧하면 白日下에도 生厲鬼라.
염 두 암 매   백 일 하   생 려 귀

·心體심체-마음의 본체. ·念頭염두-생각의 시작. ·厲鬼여귀-원령怨靈과 사신邪神.

|066
명예도 지위도 없는 즐거움이 참된 즐거움이다

사람들은 명예와 지위가 있어야만 즐거운 줄 알 뿐, 이름 없고 지위 없는 즐거움이 참된 즐거움인 줄은 모른다. 사람들은 배고프고 추운 것만이 근심인 줄 알 뿐, 굶주리지 않고 춥지 않은 근심이 더욱 큰 근심인 줄은 모른다.

명예와 지위, 물질적인 풍요 등은 인간이 갈구하는 목표요, 이상일 수 있다. 그러나 그런 것들의 노예가 되어서는 곤란하다.

궁극적으로 생각해 볼 때, 과연 그런 것들이 인간에게 완전하고 진정한 행복을 가져다줄 수 있을까? 역사를 되돌아보고 현실을 직시할 때, 꼭 그렇다고 자신 있게 대답할 수는 없을 것이다.

명예와 부를 다 갖추었다고 해서 반드시 행복한 것은 아니며, 그렇지 못하다고 해서 반드시 불행한 것도 아니다. 결국 참다운 행복이란 담담함을 견지하는 가운데 순리에 따라 살아가며 만족하는 것이 아니겠는가.

人知名位爲樂하고 不知無名無位之樂爲最眞하며,
인 지 명 위 위 락   부 지 무 명 무 위 지 락 위 최 진
人知饑寒爲憂하고 不知不饑不寒之憂爲更甚이라.
인 지 기 한 위 우   부 지 불 기 불 한 지 우 위 갱 심

· 名位명위-명예와 지위. · 饑寒기한-굶주리고 춥다. 즉 빈곤. · 更甚갱심-더 심하다.

|067
악행이 알려지는 것을 두려워한다면 사람은 선해질 가능성이 있다

악행을 저지르면서도 남이 알까 두려워한다면 그 악함 속에 아직 선한 마음이 있는 것이고, 선행을 하고 나서 남이 알아주기를 조급해한다면 그 선함 속에 곧 악의 뿌리가 있는 것이다.

대부분의 사람들은 나쁜 짓을 했을 경우, 그것을 후회하는 마음보다는 드러나지 않기를 바라는 걱정이 앞서게 마련이다. 발각되는 것을 두려워하는 마음속에는 나쁜 짓을 했다는 자각이 티끌만큼일지라도 있기 때문이다. 그런 자각이 반성의 토대가 되고 재활하는 계기로 작용하여, 오히려 다른 사람보다 뚜렷한 족적을 남긴 사람도 있기는 하다.

그러나 아무리 선행에 힘을 쏟았다 하더라도 그 선행을 자기선전의 도구로 삼으려는 사람은 주의해야 한다. 선행을 욕망 성취의 방편으로 행한 것이라면 언제 어떻게 돌변할지 모르기 때문이다.

이처럼 악행 속에서 선의 싹을 보고, 선행 속에서 악의 뿌리를 본 저자 홍자성은 뛰어난 현실주의자라 해야겠다.

爲惡而畏人知는 惡中에 猶有善路요,
위 악 이 외 인 지 　 악 중 　 유 유 선 로
爲善而急人知는 善處에 卽是惡根이라.
위 선 이 급 인 지 　 선 처 　 즉 시 악 근

·善路선로-선으로 향하는 길. ·惡根악근-악의 근본.

|068
편안할 때 위기를 대비하면 하늘도 그를 어찌하지 못한다

하늘이 하는 일은 헤아릴 수가 없어서 억눌렀다가는 펴주고 펴주었다가는 억누르니, 이 모두 영웅을 희롱하고 호걸을 거꾸러뜨리는 것이다. 그러나 군자는 천운이 역逆으로 오면 순順으로 받고, 편안할 때에도 위태로울 때를 생각하므로 하늘도 그 재주를 부리지 못한다.

자고로 최고 통치자라든가 큰 부자 또는 영웅호걸은 하늘이 내는 것이라고 한다. 그러나 어제의 영웅이 오늘의 독재자가 되고, 오늘의 호걸이 내일의 포악한 자가 되었던 예는 역사상 얼마든지 있다. 왜 그렇게 되는 것일까?

높은 지위에 오를수록 자기 자신을 담금질하면서 겸허해야 함에도, 대개는 독불장군 식으로 오만불손해져서 자연의 섭리를 제대로 따르려 하지 않기 때문이다.

그러므로 덕을 닦은 군자일수록 역경에 처하더라도 그 위기를 전화위복의 기회로 삼아 딛고 일어서며, 평안한 때에도 장차의 위기에 철저히 대비한다. 세상만사는 언제나 돌고 돈다는 것을 알기 때문이다.

天之機緘은 不測하여 抑而伸하고 伸而抑하니
천 지 기 함   불 측   억 이 신   신 이 억
皆是播弄英雄하고 顚倒豪傑矣라.
개 시 파 롱 영 웅   전 도 호 걸 의
君子는 只是逆來順受하고 居安思危하니 天亦無所用其伎倆矣라.
군 자   지 시 역 래 순 수   거 안 사 위   천 역 무 소 용 기 기 량 의

· 機緘기함-밖에서 볼 수 없는 기계 속의 작용. 즉 천지 자연의 조화는 헤아릴 수 없다는 뜻이다. · 居安思危거안
사위-편안할 때 위기를 생각하며 대비하라. · 伎倆기량-재주.

80 채근담 前集

069
옹졸한 사람은 고인 물과 같아서 사물을 생육시킬 힘이 없다

성질이 급한 사람은 타는 불길과 같아서 만나는 것마다 태워버리고, 은혜를 베풀 줄 모르는 사람은 얼음처럼 차서 부딪치는 것마다 모두 얼려 죽이며, 기질이 옹색하고 고집만 센 사람은 죽은 물이나 썩은 나무와 같아 생기가 이미 끊어졌으니, 이들은 모두 공업功業을 세우고 복을 길이 누리기는 어려운 사람들이다.

'한 번 주어진 인생을 어떻게 살 것이냐'란 문제는 인간에게 가장 중요한 문제이며, 그 삶의 방법은 전적으로 본인에게 달려 있다. 호연지기浩然之氣를 키워 국가와 민족, 나아가서는 전 인류에 큰 도움을 주며 살아갈 수만 있다면 더 이상의 행복은 없을 것이다. 그러나 그렇지 못한 인생을 살아가는 사람이 대부분이다.

그 이유는 이기적이고 조급하며, 고집이 세고 졸렬하기 때문이라고 저자 홍자성은 날카롭게 지적하고 있다.

燥性者는 火熾하여 遇物則焚하고 寡恩者는 氷淸하여 逢物必殺하며
조 성 자   화 치   우 물 즉 분   과 은 자   빙 청   봉 물 필 살

凝滯固執者는 如死水腐木하여 生氣已絶이니 俱難建功業而延福祉니라.
응 체 고 집 자   여 사 수 부 목   생 기 이 절   구 난 건 공 업 이 연 복 지

·火熾화치-불길처럼 활활 타오르다. ·寡恩者과은자-인정이 적은 사람. ·凝滯응체-꽉 막히다. ·死水사수-죽은 물. 흐르지 않는 물.

|070
기쁜 마음을 가지면 행복은 절로 온다

복福이란 구한다고 오는 것이 아니니 즐거운 마음을 함양하여 복을
부르는 근본으로 삼을 따름이요, 화禍란 피한다고 해서 피해지는 것이 아니
니 남을 해치려는 마음을 제거하여 화를 멀리하는 방도로 삼을 따름이다.

평소의 생활은 지극히 이기적이고 배타적이면서 어떤 신앙의 대상에
게 복을 주십사고 기원하는 것을 기복신앙祈福信仰이라고 한다. 그런 사
람일수록 '재앙이 다가오지 않게 해달라'고 빈다.

하지만 복과 화란 스스로 뿌린 씨앗을 거두는 것과 같으므로 그런
기복신앙은 헛수고에 지나지 않는다.

다만 마음속의 나쁜 기운을 몰아내고 항상 즐거운 마음으로 생활하게
되면, 복은 절로 들어오고 화는 근처에도 얼씬 못할 것이다.

福不可徼니 養喜神하여 以爲召福之本而已요,
복 불 가 요   양 희 신   이 위 소 복 지 본 이 이

禍不可避니 去殺機하여 以爲遠禍之方而已니라.
화 불 가 피   거 살 기   이 위 원 화 지 방 이 이

· 徼요-구하다. · 喜神희신-기쁜 정신. 즐거운 마음. · 召소-부르다. · 殺機살기-살기殺氣.

|071
차라리 과묵하라

열 마디 말 가운데 아홉 마디가 맞아도 반드시 대단하다는 칭찬은 없으면서, 한 마디라도 빗나가면 금세 허물을 탓하는 말이 사방에서 쏟아진다. 열 가지 책략 가운데 아홉 가지가 성공해도 반드시 그 공을 치하하지 않으면서, 혹 한 가지만이라도 어긋나면 즉시 비난의 소리가 사방 팔방에서 일어난다. 그러므로 군자는 차라리 침묵할지언정 섣불리 떠들지 않으며, 졸렬한 척할지언정 함부로 재주를 나타내지 않는다.

남이 이루어 놓은 공적은 보잘것없다고 깎아내리고, 혹 남이 실패라도 하게 되면 쾌재를 부르며 의기 양양해하는 무리는 언제나 존재한다.

그런 무리를 경계하기 위해서는 큰 공을 세웠어도 침묵으로 일관하거나 치밀한 사전 계략이 필요하다. 공을 내세우지 않고 허점도 보이지 않는다면, 시기와 비난을 일삼는 무리도 함부로 헐뜯을 수 없기 때문이다.

十語九中이라도 未必稱奇나 一語不中이면 則愆尤騈集하며,
십 어 구 중   미 필 칭 기   일 어 부 중   즉 건 우 병 집

十謀九成이라도 未必歸功이나 一謀不成이면 則訾議叢興하니,
십 모 구 성   미 필 귀 공   일 모 불 성   즉 자 의 총 흥

君子는 所以寧默이언정 毋躁하고 寧拙이언정 毋巧니라.
군 자 소 이 녕 묵   무 조   영 졸   무 교

· 十語九中십어구중-열 마디 가운데 아홉 가지가 적중하다. · 稱奇칭기-신기하다고 칭찬하다. · 愆尤건우-허물을 탓함. · 騈集병집-여러 곳에서 모여들다. · 十謀九成십모구성-열 가지 모사謀事 가운데 아홉 가지가 성사되다. · 訾議자의-헐뜯어 말함. · 叢興총흥-일시에 일어나다.

072
마음이 따뜻한 사람이라야 받는 복도 두텁다

천지의 기운이 따뜻하면 만물을 소생하게 하고, 차가우면 죽게 한다. 그러므로 성품과 기질이 냉랭한 사람은 받는 복도 박하니, 오직 화기和氣가 있고 마음이 따뜻한 사람이라야 받는 복 또한 두텁고 은택 역시 오래 간다.

사계절의 이치를 한번 생각해 보라. 날씨가 따뜻하면 초목에 싹이 트고 잎이 나며 꽃이 피지만, 날씨가 추워지면 잎이 시들고 열매는 땅에 떨어진다. 천지의 기운이 따뜻하면 만물을 낳고 기르지만, 차가우면 시들고 죽게 하는 것이다.

마찬가지로 성품과 기질이 차가운 사람은 받아들이는 복도 차고 메마르지만, 심정이 따뜻하고 인정이 많은 사람은 받는 복도 두텁고 존경도 모으게 마련이다. 사람의 마음은 모름지기 따뜻한 봄의 생기生氣를 기르고, 차가운 가을의 살기殺氣를 멀리해야겠다.

天地之氣는 暖則生하고 寒則殺이라.
천 지 지 기   난 즉 생   한 즉 살
故로 性氣淸冷者는 受享亦凉薄하니
고   성 기 청 랭 자   수 향 역 량 박
唯和氣熱心之人이라야 其福亦厚하고 其澤亦長이라.
유 화 기 열 심 지 인   기 복 역 후   기 택 역 장

·性氣성기-성품과 기질. ·受享수향-받는 복. ·凉薄양박-쌀쌀하고 엷다.

|073

욕망을 안고 걸음을 내디디면 눈앞은 모두 가시덤불 뿐이다

천리天理의 길은 아주 넓어서 조금이라도 마음이 그곳으로 다가가면 가슴속이 문득 광대해지고 밝아짐을 깨닫게 된다. 인간의 욕망의 길은 아주 좁아서 잠깐이라도 발을 들여놓게 되면 눈앞이 모두 가시덤불과 진흙탕이 되고 만다.

정신적 해탈과 물질적 욕망, 형이상학과 형이하학의 대비이다. 물욕에 치우치지 않는 사람이 어디 있겠는가만, 그것이 지나치면 고난을 자초하게 마련이다.

물욕, 권세욕, 명예욕 등에 꽁꽁 얽매어져서 가시덤불 같은 길을 걷는 것보다는 정신적으로 유유자적하며 살아가는 것이 행복의 첩경임을 강조하는 구절이다.

天理路上은 甚寬하여 稍遊心이라도 胸中이 便覺廣大宏朗하고,
천 리 로 상   심 관   초 유 심   흉 중   변 각 광 대 굉 랑

人欲路上은 甚窄하여 纔寄迹이라도 眼前이 俱是荊棘泥塗니라.
인 욕 로 상   심 착   재 기 적   안 전   구 시 형 극 니 도

·寬관-넓다. ·稍초-겨우, 조금. 遊心유심-마음을 한 곳에 두다. ·宏朗굉랑-탁 트여서 맑다. ·窄착-좁다. ·寄迹기적-발을 붙이다.

|074
괴로움도 겪고 즐거움도 맛보면서 영근 행복은 오래 간다

한때는 괴롭고 한때는 즐겁던 고락苦樂을 섞어 맛보아 그 고苦와 낙樂이 서로 단련된 끝에 영근 행복이라야 그 행복이 비로소 오래 가고, 한 번 의심해 보고 한 번 믿어보고 하면서 이것들을 서로 참작하여 헤아려 본 다음에 이룬 지식이라야 그 지식이 비로소 참된 법이다.

학교 또는 직장에서, 누구나 어떤 경쟁자와 알게 모르게 경쟁을 하며 산다. 또 자신에게 좋은 경쟁자가 있다는 것은 어떤 의미에서 볼 때 매우 행복한 것이다. 상호 성장 발전할 수 있기 때문이다.

지식이나 기술의 습득, 인생 수업에서도 마찬가지이다. 여러 가지의 체험 속에서 고민과 괴로움을 이겨내다 보면, 자신도 모르게 얻어지는 것이 있게 마련인 것이다.

이런 점에서 볼 때, 치밀하게 세워진 계획표에만 따라 단시간에 효과를 얻으려고 하는 현대의 교육방법에는 여러모로 미비한 점이 있다는 생각이 든다.

一苦一樂을 相磨練하여 練極而成福者라야 其福이 始久하고,
일고일락 상마련 연극이성복자 기복 시구

一疑一信을 相參勘하여 勘極而成知者라야 其知가 始眞이라.
일의일신 상참감 감극이성지자 기지 시진

· 參勘참감-비교하여 살피다.

075

마음속을 비워 정의와 진리가 들어와 살게 하라

마음은 비워두지 않으면 안 될지니 비어 있으면 정의와 진리가 들어와 살 것이요, 마음은 차 있지 않으면 안 되나니 차 있으면 물욕이 침입하지 못할 것이다.

이 구절에서의 '허虛'는 마음이 외부의 유혹으로부터 자유로움을 가리키며 '실實'은 마음이 근본적으로 가지는 것, 즉 스스로의 노력으로 자신의 인생을 헤쳐 나가는 힘을 최고로 발휘하는 상태를 말한다.

'마음을 비우라'와 '마음을 채우라'는 것은 모순된 주문 같다. 그러나 편견과 독선 따위는 버려서 마음을 비우되, 사회에 대한 정의감, 미美에 대한 감수성, 진리에 대한 탐구성 등은 언제나 마음밭에 새겨두고 정진하라는 뜻이라면 이해가 될 것이다.

心不可不虛일지니 虛則義理來居하고,
심 불 가 불 허   허 즉 의 리 래 거
心不可不實일지니 實則物欲不入이라.
심 불 가 불 실   실 즉 물 욕 불 입

·虛허-공허空虛. 비다. ·義理의리-정의와 진리.

|076
물이 너무 맑으면 물고기가 모여들지 않는다

　땅이 더러우면 초목이 많이 나지만, 물이 너무 맑으면 항상 물고기가 없다. 그러므로 군자는 마땅히 때 묻고 더러운 것도 받아들이는 아량을 지녀야 하고, 결백만을 좋아하여 홀로 행하려는 작은 절조는 갖지 말아야 한다.

　흔히 '완전한 인간은 하나도 없다'고 말한다. 완전무결한 인간이 없을진대, 누가 누구를 나무라며 돌을 던질 수 있겠는가.

　그러나 세상 사람들은 상대방을 평가할 때 자기 기준에만 뜯어 맞춤으로써 오해를 불러일으키는 경우가 허다하다. 한쪽 면에서는 다소 결점이 있더라도 다른 면에서는 엄청난 능력을 발휘하는 사람도 있고, 능력이 아주 특출하더라도 어떤 경우에는 인간 이하의 행동을 하는 자도 있다.

　명실상부한 리더라면 더럽고 때 묻은 그 누구라도 포용할 만한 아량이 있어야 한다는 교훈이다.

地之穢者는 多生物하고 水之淸者는 常無魚라.
지 지 예 자　　 다 생 물　　　상 지 청 자　　 상 무 어

故로 君子는 當存含垢納汚之量하고 不可持好潔獨行之操라.
고　　 군 자　　당 존 함 구 납 오 지 량　　　불 가 지 호 결 독 행 지 조

　·地之穢지지예-먼지와 티끌이 많은, 즉 거름이 많은 땅. ·物物-여기서는 초목草木. ·含垢納汚함구납오-더러운 것을 용납하다. ·量량-도량, 아량.

|077
일생토록 마음의 병이 없다는 것은 부끄러운 일이다

수레를 뒤엎는 사나운 말도 길들이면 부릴 수 있고, 사방으로 튀는 쇳물도 결국엔 틀 속에 부을 수 있다. 사람이 다만 태평하고 한가롭게 놀기만 하면서 분발하지 않으면, 평생토록 아무런 진보도 없을 것이다. 백사白沙가 이르기를 '사람으로 태어나 신체의 병病 많음은 그리 부끄럽지 않으나 일생토록 마음의 병 없음이 바로 나의 근심이다'라고 하였으니, 참으로 올바른 말이다.

'학창 시절에 우등생이었다고 해서 사회에 나가서도 반드시 우등생이 된다는 법은 없다'는 말은 이미 귀가 닳도록 들어왔다. 학교에서는 열등생이던 사람이 사회에 진출해서는 거친 풍파와 싸워 큰 성공을 이루고 우뚝 선 예도 아주 많다.

그러나 그처럼 열악한 조건에서도 적극성을 띠고 세파를 헤쳐 나갈 수 있다는 것은 알게 모르게 학교나 가정, 또는 사회에서 올바른 교육을 받았다는 반증이다. 중요한 것은, 아무리 열등생이나 문제아라 하더라도 분발하여 단련하면 필경 인재가 될 수 있다는 교훈이다.

泛駕之馬도 可就驅馳요 躍冶之金도 終歸型範이니
봉 가 지 마   가 취 구 치   약 야 지 금   종 귀 형 범
只一優游不振하면 便終身無個進步라.
지 일 우 유 부 진   변 종 신 무 개 진 보
白沙云하되 '爲人多病이 未足羞요 一生無病이 是吾憂라' 하니 眞確論也라.
백 사 운   우 인 다 병   미 족 수   일 생 무 병   시 오 우   진 확 론 아

·泛駕봉가 수레를 뒤엎다. ·躍冶약야-도가니에서 끓인 쇳물이 튀다. ·型範형범-주형鑄型, 틀. ·優游우유-태평하고 한가롭게 지내다. ·無個進步무개진보-아무런 진보도 없다. ·白沙백사-명나라 때의 학자. 이름은 진헌장陳獻章.

|078
무욕無慾의 마음을 보물로 삼아라

　사람이 한 번 사사로운 이익을 탐내는 마음이 생기면 문득 굳센 기상도 녹아서 유약해지고, 지혜 또한 막혀 혼미해지며, 너그러운 마음도 변하여 혹독해지고, 결백한 마음도 더러움에 물들어 한평생의 인품을 깨트리고 만다. 그러므로 옛 사람은 탐욕하지 않음을 보배로 삼았으니, 일세一世를 초월한 까닭이 여기에 있는 것이다.

　야생동물의 실생활을 관찰하면 약육강식의 원리가 그대로 적용됨을 알 수 있다. 그것은 생명을 유지하기 위한 먹이의 확보와 종족번식을 위한 보존본능일 뿐이다. 즉 먹이를 얻고, 종족을 보존하기 위한 짝짓기 상대를 얻기 위해 싸운다.
　그러나 인간의 욕망, 특히 권력욕, 명예욕, 물욕 등은 끝도 없고 한도 없다. 그 욕망을 충족시키기 위하여 인간들은 정의正義라는 명분을 내걸고 대량학살도 서슴지 않으니 말이다. 그 같은 업業을 짊어지고 있는 인간임을 자각하고 욕망을 자제하는 것이 보배라는 교훈이다.

人只一念貪私면 便銷剛爲柔하고 塞智爲昏하며
인 지 일 념 탐 사　　변 소 강 위 유　　색 지 위 혼

變恩爲慘하고 染潔爲汚하여 壞了一生人品이라.
변 은 위 참　　염 결 위 오　　괴 료 일 생 인 품

故로 古人은 以不貪爲寶하니 所以度越一世라.
고　고 인　　이 불 탐 위 보　　소 이 탁 월 일 세

·銷剛소강-강직한 기품을 녹여 없애다. ·塞智색지-지혜를 막다. ·變恩爲慘변은위참-은애로운 마음이 혹독한 마음으로 바뀌다. ·染潔爲汚염결위오-결백한 마음도 물이 들어 더러워지다. ·度越탁월-초월하다.

|079
정욕과 잡념은 마음속에 머무는 도적이다

눈과 귀로 보고 듣는 것은 외부의 도적이요, 정욕과 의식은 내부의 도적이다. 오직 마음의 주인이 또렷이 깨어 어둡지 않게 하고, 홀로 중당中堂에 앉아 있으면 도적이 곧 변하여 한 식구가 될 것이다.

이 세상에서 사람들과 더불어 살아가는 이상, 외부로부터의 잡음과 내부로부터의 잡념에서 벗어나기란 여간 어려운 일이 아니다. 그런데 그런 잡음과 잡념을 모두 떨쳐 버린다면 과연 마음의 평안이 얻어지는 것일까? 아무래도 그렇지는 않은 것 같다.

중년 또는 노년이 되어 울병鬱病에 걸린 환자 가운데는 직장에서 승진도 하고 내 집도 마련했으며, 자녀들을 모두 결혼시키는 등 오랜 동안의 숙원을 실현했지만 막상 어렵고 수고로웠던 일들이 다 끝나자 허탈감에 빠져서 발병했다는 예도 적지 않다.

또 서로 뜻이 안 맞는 상사와 옥신각신하다가 그 상사가 다른 부서로 옮겨간 다음부터 웬일인지 마음에 이상異狀이 생겼다는 직장인도 있다. 그 사람은 고민이라고 생각해 왔던 그것이 실은 그 동안의 삶에 의욕을 불어넣어 주고 있었다는 것을 깨닫지 못했던 것이다.

耳目見聞은 爲外賊이요 情欲意識은 爲內賊이니,
이 목 견 문　　위 외 적　　　정 욕 의 식　　위 내 적

只是主人翁이 惺惺不昧하여 獨坐中堂하면 賊便化爲家人矣라.
지 시 주 인 옹　　성 성 불 매　　　독 좌 중 당　　　적 변 화 위 가 인 의

· 主人翁주인옹-주인공. 실천의 주체로서의 마음. 선종禪宗의 상용어이다. · 惺惺不昧성성불매-정신을 차려 깨어 있다. · 家人가인-가족, 집안의 종.

|080
지난날의 실수를 후회하기보다는 훗날의 실패를 예방하라

아직 이루지 못한 공功을 도모함은 이미 성취한 업業을 보전함만 못하고, 지난날의 과실을 뉘우침은 앞으로 다가올 잘못을 미리 방지함만 못하다.

확실성이 있는 일에 치중하고 미래 지향적으로 살라는 교훈이다.

성공 가능성이 50%도 안 되는 일에 뛰어드는 것은 만용이다. 오늘날 실패한 사업가들의 병폐가 여기에 있다. 또 지난날의 실수와 과오를 지나치게 후회하기보다는 그것을 거울삼아 다가올 위기에 대비하는 것이 사업을 일으킨 자의 바른 자세이다.

대성하려면 어두운 뉘우침에만 연연하지 말고 밝은 앞날을 설계하라.

圖未就之功은 不如保已成之業이요,
도 미 취 지 공   불 여 보 이 성 지 업
悔旣往之失은 不如防將來之非라.
회 기 왕 지 실   불 여 방 장 래 지 비

·圖도-도모하다. 계획하다. ·保보-보전함. ·已이-이미.

|081
인품이 거칠거나 자잘해서는 못쓴다

　사람의 기상은 높고 넓어야 하나 엉성하거나 거칠어서는 안 되고, 심사心思는 빈틈없이 주도면밀해야 하나 자디잘다든지 좀스러워서는 못쓴다. 취미는 담박해야 하나 메마르거나 멋이 없어서는 안 되고, 지조를 지킴에 있어서는 엄정하고 명쾌해야 하나 과격해서는 안 된다.

　세상을 높고 넓게 보는 기상과 치밀한 심사心思, 담백한 취향과 엄격한 지조 등에 있어 중용中庸을 잃지 말라는 가르침이다.

　아무리 좋은 덕목이라고 해도 그것이 한쪽으로 지나치게 치우치면 더 나쁘다. 『논어論語』에서 공자孔子도 과유불급過猶不及이라고 하지 않았는가.

　세상을 사는 태도 또한 인격과 마찬가지로 매사에 한쪽으로의 치우침이나 지나침이 없도록 항상 중용을 지켜나가야 하겠다.

氣象은 要高曠이나 而不可疎狂하고 心思는 要縝密이나 而不可瑣屑하며,
기 상　요 고 광　　이 불 가 소 광　　심 사　요 진 밀　　이 불 가 쇄 설
趣味는 要冲淡이나 而不可偏枯하고 操守는 要嚴明이나 而不可激烈이라.
취 미　요 충 담　　이 불 가 편 고　　조 수　요 엄 명　　이 불 가 격 렬

·高曠고광-높고 넓다. ·疎狂소광-세상일에 어둡고 행동이 거칠다. ·縝密진밀-찬찬하여 빈틈이 없다. ·瑣屑쇄설-좀스럽다. ·冲淡충담-담박하다. ·偏枯편고-생기도 없고 멋도 없다. ·操守조수-지조를 지키다.

082
일이 끝나고 나면 군자의 마음도 그에 따라 비워진다

성긴 대숲에 바람이 불어오매, 바람이 지나가고 나면 대숲에는 소리가 남지 않는다. 기러기 떼가 차가운 연못을 날아 건너매, 다 가고 나면 연못에는 그림자도 남지 않는다. 그러므로 군자는 일이 생겨야 비로소 마음이 나타나고, 일이 끝나고 나면 그에 따라 마음도 비워진다.

사람의 마음이란 본디 명경지수明鏡止水, 맑은 거울이요 고요한 물이다. 바람 소리나 기러기 그림자는 한낱 거울이나 물에 비친 흔적이요 흔들림일 뿐이니, 바람이 그치고 기러기 떼가 지나가고 나면 다들 사라지게 마련이다.

이렇듯 일이 지나가고 나면 마음의 흔적도 말끔히 비워야 마땅할 것이다. 하지만 지나간 일에 대한 집착이 생겨 마음의 거울에 때가 끼고, 물결이 마냥 출렁거리지 않는가. 아마도 이런 것이 세상살이의 번뇌를 빚어내는 것이리라.

따라서 마음을 비워내는 훈련, 그것이 수양의 근본이 된다. 연연히 집착하는 마음을 비워내야 어지러운 세상에 얽매이지 않을 것이다.

風來疎竹에 風過而竹不留聲하고,
풍 래 소 죽   풍 과 이 죽 불 류 성

雁度寒潭에 雁去而潭不留影이라.
안 도 한 담   안 거 이 담 불 류 영

故로 君子는 事來而心始現하고 事去而心隨空이라.
고   군 자   사 래 이 심 시 현   사 거 이 심 수 공

·疎竹소죽-성긴 대숲. ·度도-날아서 건너가다. 渡渡와 같다. ·寒潭한담-차가운 연못. 늦가을의 연못을 형용한 것임. ·事來사래-일이 눈앞에 닥치다. ·쫒空-아무것도 없다.

083
꿀을 발라도 달지 않고 소금을 쳐도 짜지 않은 사람이 되라

청렴하면서도 능히 너그럽고, 어질면서도 능히 결단을 잘 내리며, 총명하면서도 너무 살피지 않고, 강직하면서도 지나치게 따지지 않아야 한다. 이는 말하자면 꿀을 발라도 달지 않고 해산물이더라도 짜지 않은 것과 같을지니, 이야말로 바로 아름다운 덕이 될 것이다.

이 또한 중용中庸을 강조한 구절이다. 이런 가르침은 자칫 '현실과의 야합'으로 오해되기 쉬우나 결코 그런 의미가 아니다.

본 뜻을 풀이하자면 청렴하되 포용의 도량을 지니고 어질면서도 결단의 힘을 갖추며 총명하면서도 부드럽고 강직하되 너그러우면, 이는 중용을 갖춘 인품이라는 것이다. 중용이란 역시 어려운 경지이다.

清能有容하고 仁能善斷하며 明不傷察하고 直不過矯면,
청능유용　　　인능선단　　　명불상찰　　　직불과교

是謂蜜餞不甛이요 海味不鹹이니 纔是懿德이라.
시위밀전불첨　　　해미불함　　　재시의덕

·容용-포용하다. ·察찰-세심하게 관찰하다. ·矯교-교정矯正하다, 바로잡다. ·蜜餞밀전-꿀을 바른 음식. ·甛첨
-달다. ·海味해미-해산물의 맛. ·鹹함-짜다. ·懿德의덕-아름다운 덕德.

|084
비록 곤궁에 빠졌다 하더라도 자포자기하지 말라

가난한 집도 깨끗하게 청소하고 가난한 여자도 머리를 정갈하게 빗으면, 그 모습이 비록 화려하지는 않을망정 기품은 절로 풍아風雅하다. 선비가 한때 곤궁하여 근심에 싸이고 실의에 빠졌다 할지라도, 어찌 곧바로 자포자기할 수 있겠는가.

세상을 살아가자면 궁지에 놓일 때도 있고, 실의와 좌절에 빠질 때도 있다. 이는 누구나 겪는 인생의 험로라고 해도 과언이 아니다.

중요한 점은 바로 그런 어려움에 처했을 때의 자세이다. 이런 때야말로 '정신일도 하사불성[精神一到 何事不成]'을 가슴에 안고 살아야 한다. 자기 자신을 소홀히 다루고 스스로 체념한다면, 열릴 운運도 막히고 마는 법이다.

貧家도 淨拂地하고 貧女도 淨梳頭하면,
빈 가   정 불 지   빈 녀   정 소 두
景色이 雖不艶麗나 氣度는 自是風雅니라.
경 색   수 불 염 려   기 도   자 시 풍 아
士君子가 一當窮愁寥落이라도 奈何輒自廢弛哉리요?
사 군 자   일 당 궁 수 요 락   내 하 첩 자 폐 이 재

·拂地불지-땅을 쓸다. ·梳頭소두-머리를 빗다. ·氣度기도-기품, 품격. ·寥落요락-실의에 빠지다. ·奈何내하-여하如何. ·輒첩-문득. ·廢弛페이-자포자기하다.

|085
목마를 때 샘을 파면 이미 늦다

한가할 때 헛되이 시간을 보내지 않으면 바쁠 때에 쓸모가 있고, 고요할 때에 심신이 가라앉지 않으면 움직일 때에 도움이 되며, 어두운 곳에서 속이거나 숨기지 않으면 밝은 곳에서 떳떳이 행동할 수 있다.

우리는 타인의 능력을 평가할 때 그 사람이 발휘하는 '방전放電'만을 보고 감격하거나 헐뜯기 쉬운데, 그런 방법으로는 실상을 파악하기 어렵다. 그 능력이 어떤 과정을 겪어서 축적되었느냐 하는 '충전充電'의 과정을 치밀하게 살펴야만 비로소 남의 성공과 실패의 참 원인을 알 수가 있는 것이다. 이 원리는 물론 자기 자신의 경우에도 마찬가지로 적용된다.

한가할 때에 허송세월을 보내지 않고 무엇이든지 해놓으면, 바쁜 때에 분명히 쓸 곳이 생긴다. 특히 목마를 때 샘을 파는 사람은 이미 때를 잃었으며, 또 어리석다는 비난을 면키 어렵다.

움츠리고 있을 때에도 모름지기 뛰기 위한 준비를 착실히 해두어야 하리라.

閒中에 不放過하면 忙處에 有受用하고,
한중 　 불방과 　 망처 　 유수용

靜中에 不落空하면 動處에 有受用하며,
정중 　 불락공 　 동처 　 유수용

暗中에 不欺隱하면 明處에 有受用이라.
암중 　 불기은 　 명처 　 유수용

·閒中한중-무사하고 한가할 때. ·忙處망처-분망할 때. ·受用수용-쓸모, 효용 ·落空낙공-심신의 활동이 멎다. ·動處동처-활동할 때. ·暗中암중-어두운 곳. 남이 안 보는 장소. ·欺隱기은-속이고 은폐하다. ·明處명처-밝은 곳. 여럿이 있는 장소

|086

마음이 움직이거든 그 즉시 깨닫고, 깨달았으면 얼른 고쳐라

생각이 일어난 때에 조금이라도 사욕私慾의 길로 향한다고 깨닫거든 빨리 이끌어 도리의 길을 따르도록 하라. 어떤 생각이 일 때에는 이내 깨닫고 깨달은 즉시 방향을 돌려야 한다. 이것이 곧 재앙을 돌려 복으로 만들고 죽음에서 일으켜 삶으로 돌리는 고비일진대, 진실로 가볍고 쉽게 흘려버리지 말라.

대나무에 마디가 있듯이 인생에도 고비가 있다. 청렴하게 살고자 애쓰는 사람도 때에 따라서는 물욕의 유혹을 받아 마음이 흔들리는 경우가 있게 마련이다. 그럴 때 현인賢人과 우인愚人이 구별되는 것이다.

현인은 그런 욕심이 일 때 그것을 재빨리 깨닫고 고개를 돌린다. 그러나 우인은 대부분 그 사욕에 넘어가 앞길을 망치고 만다. 이는 종이 한 장 차이 같지만 그 결과는 실로 엄청나다.

念頭起處에 纔覺向欲路上去면 便挽從理路上來하라.
염 두 기 처   재 각 향 욕 로 상 거   변 만 종 리 로 상 래
一起便覺하고 一覺便轉이니 此是轉禍爲福하고 起死回生的關頭일진대
일 기 변 각   일 각 변 전   차 시 전 화 위 복   기 사 회 생 적 관 두
切莫輕易放過하라.
절 막 경 이 방 과

·念頭염두-마음, 생각. ·挽만-끌어당기다. ·一起일기-어떤 생각이 일어나다. ·關頭관두-고비.

087
생각하는 바가 맑으면 마음의 참모습을 볼 수 있다

고요한 때에 생각이 맑고 투철하면 마음의 참모습을 볼 수 있고, 한가로울 때에 기상氣象이 조용하면 마음의 참 기틀을 알 수 있으며, 담박한 가운데 취향이 평온하면 마음의 참 맛을 얻을 수 있으리니, 마음을 관찰하고 도를 터득하는 데에는 이 세 가지만한 것이 없으리라.

고요하면 움직이기 쉽고 한가하면 초조해지기 쉬우며 담백하면 화려해지고 싶어하는 것이 인지상정이니, 이 상정常情이 망심妄心으로 이끌게 된다. 그러므로 마음을 관찰하고 진정한 도를 체득하는 길은 생각을 맑게 하고 기상氣象을 고요하게 가다듬으며 취미를 평온하게 갖는 것, 이 세 가지라는 것이다.

잠들기 전, 잠시나마 자신의 마음을 성찰해 보자.

靜中에 念慮澄徹하면 見心之眞體하고 閒中에 氣象從容하면 識心之眞機하며
정중   염려징철   견심지진체   한중   기상종용   식심지진기

淡中에 意趣冲夷하면 得心之眞味하니,
담중   의취충이   득심지진미

觀心證道에는 無如此三者라.
관심증도   무여차삼사

·澄徹징철-맑고 맑다. ·心之眞體심지진체-마음의 진정한 본체. ·閒中한중-한가한 때. ·冲夷충이-평온하다.
·證道증도-도를 증험하다.

|088

소란 속의 고요, 괴로움 속의 즐거움이 참된 정靜이요 낙樂이다

고요함 속에서 고요한 마음을 견지하는 것은 진정한 고요함이 아니니, 소란한 가운데서 고요한 마음을 지닐 수 있어야만 비로소 천성天性의 참 경지를 얻었다 할 것이다. 즐거움 속에서의 즐거움은 참다운 즐거움이 아니니, 괴로움 속에서도 즐거운 마음을 지닐 수 있어야만 비로소 마음의 참 기틀을 볼 수 있는 것이다.

『후한서後漢書』에 '질풍지경초疾風知勁草'란 말이 있다. '모진 바람이 불 때라야 강한 풀을 분별할 수 있다'는 말이다. 온실에서 자란 화초는 결코 자연 속의 질풍과 한파를 넘기지 못한다.

인간도 마찬가지여서 순경順境 속에서 편안하게 사는 사람은 역경을 맞았을 때 이겨내지 못한다. 역경 속에서도 투지와 중심을 잃지 않고 꿋꿋하게 살아가는 사람, 그런 사람이야말로 인간 승리의 표본이라고 할 수 있다.

靜中靜은 非眞靜이니 動處에 靜得來라야 纔是性天之眞境이요,
정 중 정   비 진 정   동 처   정 득 래   재 시 성 천 지 진 경

樂中樂은 非眞樂이니 苦中에 樂得來라야 纔見心體之眞機니라.
낙 중 락   비 진 락   고 중   낙 득 래   재 견 심 체 지 진 기

· 靜得來정득래-마음에 고요를 얻다. · 性天성천-천성.

089
제 몸을 던져놓고 회의懷疑에 빠지면 그 뜻조차도 부끄러움을 당한다

자신을 던져 일하기로 하였으면 그 일에 의심을 두지 말라. 만약 의심을 품는다면 애초에 자신을 던져 일하려던 본래의 뜻에 많은 부끄러움을 느끼리라. 어차피 남에게 베풀었을 바에는 그 보답을 바라지 말라. 만약 보답을 바란다면 이미 베푼 그 마음마저도 잘못이 되리라.

인간의 마음은 변덕스러워서 순수했던 마음이 욕심으로 바뀌는 경우가 있다.

특히 헌신과 봉사와 구제의 경우는 더욱 그렇다. 처음에는 순수한 동기에서 출발했지만 도중에 '내가 왜 희생하고 헌신해야 되나' 하는 의구심과 주저가 생기면서 신명을 바치기로 한 처음의 뜻이 부끄러워지고 만다.

남에게 좋은 일을 베푼 다음에는 보답을 바라지 말아야 한다. 보답을 바라고 하는 봉사와 구제라면 그것은 이익을 구하려는 장사꾼의 소치와 다름없기 때문이다.

舍己거든 毋處其疑하라. 處其疑하면 卽所舍之志에 多愧矣리라.
사 기   무 처 기 의   처 기 의   즉 소 사 지 지   다 괴 의
施人이거든 毋責其報하라. 責其報하면 倂所施之心이 俱非矣리라.
시 인   무 책 기 보   책 기 보   병 소 시 지 심   구 비 의

·舍己사기-舍舍는 捨와 같다. 자기를 버리다, 자기 몸을 희생시키다. ·處처-마음을 두다. ·施人시인-남에게
베풀다. ·責其報책기보-보답해 오기를 원하다.

090
하늘이 복을 박하게 준다면 덕을 두텁게 쌓아 대항하라

하늘이 나에게 복을 박하게 준다면 나는 내 덕을 두텁게 쌓아 이를 맞이할 것이고, 하늘이 내 몸을 수고롭게 한다면 나는 내 마음을 편안하게 함으로써 이를 보완할 것이며, 하늘이 나에게 액운을 만나게 한다면 나는 나의 도道를 형통케 함으로써 이를 뚫고 나갈 것이다. 그리하면 하늘인들 나를 어찌하겠는가.

동양 사상에서는 인간의 운명을 좌우하는 것은 하늘의 의지라고 믿어 왔다. 이 하늘의 의지는 인간의 힘으로는 도저히 거스를 수 없다고 생각했기에 그저 승복하는 것만이 능사로 여겨왔다. 그러나 저자 홍자성은 이런 사상에 당당히 맞선 것이다.

그렇다고 순리에 역행하라는 것은 아니고, 자신의 운명을 스스로 개척해 나가라고 권하는 것이다.

天薄我以福이면 吾厚吾德以迓之하고 天勞我以形이면 吾逸吾心以補之하며
천 박 아 이 복   오 후 오 덕 이 아 지   천 로 아 이 형   오 일 오 심 이 보 지
天阨我以遇면 吾亨吾道以通之리니, 天且我奈何哉리요?
천 액 아 이 우   오 형 오 도 이 통 지   천 차 아 내 하 재

·迓아-영迎과 같다. 맞아들이다. ·勞我以形노아이형-내 몸을 수고롭게 하다. ·阨我以遇액아이우-나에게 액운을 만나게 하다.

|091
마음이 곧은 사람은 복을 구하지 않아도 저절로 얻는다

곧은 선비는 복을 구하는 마음이 없는지라 하늘이 곧 그 바라는 마음 없는 곳을 찾아가 속마음을 열어주고, 간사한 사람은 재앙을 피하려고만 애쓰는지라 하늘이 곧 그 애쓰는 마음속으로 뛰어들어 그의 넋을 빼앗는다. 이로써 하늘의 기미와 권능이 얼마나 신묘한가를 볼 수 있으니, 인간의 지혜와 기교가 무슨 소용이 있으랴.

「마태 복음」 산상수훈山上垂訓의 '심령이 가난한 자는 복이 있나니 천국이 저희 것이요, 마음이 청결한 자는 복이 있나니 저희가 하나님을 볼 것이요'라는 구절과 유사한 내용이다.

하늘은 인간사 모두를 낱낱이 헤아리고 그것에 합당한 것으로 내려준다는 것이 동서고금의 경천敬天 사상이다. 이것은 인간의 생각으로, 또는 하잘것없는 인간의 기교로 하늘을 움직일 수는 없다는 교훈이다.

'진인사대천명盡人事待天命' 하고 '경천승복敬天承服' 하라.

貞士는 無心徼福이라 天卽就無心處하여 牖其衷하고,
정사 무심요복 천즉취무심처 유기충
憸人은 著意避禍라 天卽就著意中하여 奪其魄하니,
험인 착의피화 천즉취착의중 탈기백
可見天之機權最神이리 人之智巧何益이리요?
가견천지기권최신 인지지교하익

·貞士정사-정절을 지키는 선비. ·徼요-구하다. ·牖유-창문. 창문을 열다. ·憸人험인-음험한 사람. ·著意착의-뜻을 두다. 그것만을 생각하다. ·機權기권-기용機用의 권능.

|092
사람을 보려거든 그의 후반생을 보라

기생일지라도 늘그막에 지아비를 좇으면 지난날의 분 냄새가 거리낄
게 없고, 수절하던 부인이더라도 백발이 된 후에 정절을 잃으면 반평생
맑은 고절苦節의 보람이 아랑곳없다. 옛말에 이르기를 '사람을 보려거든
다만 그 사람의 후반생을 보라'고 하였으니 참으로 명언이로다.

시작은 거창하고 좋았으나 결과가 나쁘다면 이는 시작을 안 한 것만
못하다. 그러나 세상일이란 게 뜻하는 대로 되지만은 않기 때문에 이처
럼 용두사미龍頭蛇尾 격인 경우가 많다.

이와는 반대로 시작은 보잘것없었으나 마무리가 좋은 경우도 드물지
않다. 초지일관初志一貫했기 때문이다.

'관 뚜껑을 덮은 후에라야 사람을 평할 수 있다[蓋棺事定]'는 말이 있듯
이, 사람은 후반생을 보고 평하라는 이 가르침에는 진실로 공감이 간다.

聲妓도 晚景從良하면 一世之胭花無碍하고,
정부   백두실수   반생지청고구비
貞婦도 白頭失守하면 半生之淸苦俱非니라.
語에 云하되 '看人에는 只看後半截하라' 하니 眞名言也로다.
어   운   간인   지간후반절   진명언야

·聲妓성기–기생, 기녀. ·晚景만경–인생의 만년. ·從良종량–좋은 것을 따르다. 여기서는 남편을 따르다. ·胭花
연화–분화장. 여기서는 화류계 생활이란 뜻이다. ·白頭백두–백발. ·語어–속담. ·後半截후반절–후반생.

093
권세를 휘두르며 은혜를 파는 자는 벼슬 있는 거지이다

평민이라도 기꺼이 덕을 심고 은혜를 베풀면 곧 지위 없는 재상이 되고, 사대부라 하더라도 한갓 권세를 탐하고 총애를 판다면 결국 작위爵位 있는 거지가 되는 것이다.

사회적 지위의 높고 낮음과 은덕恩德의 높고 낮음은 원래 별개의 것이다. 어떻게 보면 세상의 자리와 인격의 세계는 영원히 평행선을 그리는 듯하다.

사회적 지위가 비록 정승 대감에 이를지라도 권세를 마구 휘두르며 사리사욕만 채우려 한다면, 이는 벼슬 있는 거지에 다름 아니라는 것이다. 그 얼마나 통렬한 명언인가.

요즈음의 스포츠 업계에서는 '무관의 제왕'이라는 말을 흔히 쓴다. 뚜렷한 타이틀은 갖고 있지 않지만, 실력은 최고라는 의미이다. 마찬가지로 사회적 지위나 권세는 보잘것없더라도 덕을 갈고 닦으며 은혜 베풀기를 좋아한다면, 이런 사람이야말로 '무관의 제왕'이 아니겠는가.

平民도 肯種德施惠하면 便是無位的公相이요,
평민   긍종덕시혜   변시무위적공상
士夫도 徒貪權市寵하면 竟成有爵的乙人이라.
사부   도탐권시총   경성유작적걸인

·肯긍-可가와 같다. 여기서는 기꺼이란 의미이다. ·種德종덕-음덕을 쌓다. ·徒도-한갓, 공연히. ·市寵시총-총애를 팔다.

094
조상의 은택과 자손의 행복을 생각하라

조상의 은택이 무엇인가 묻는다면, 내 몸이 누리는 바가 바로 그것이라 할지니 마땅히 그 쌓아 올리기 어려웠던 점을 생각해야 하리라. 자손의 행복이 무엇인가 묻는다면, 내가 남겨주는 것이 바로 그것이라 할지니 그 기울어지고 엎어지기 쉬움을 생각해야 하리라.

내가 누리고 있는 것은 모두 조상의 덕택이며, 그것을 이루기 위해 힘들었을 조상의 은혜에 감사하고 모자람을 결코 원망하지 말라는 유교적 가르침이다. 더불어 내가 이룬 것이 곧 자손에게 영향을 준다는 것도 강조하고 있다.

자손들에게 물려줄 유산 가운데 현대에 이르러 크게 부각되고 있는 것이 환경문제라고 할 수 있겠다. '자연은 자손들에게 빌려 쓰고 있는 것이니 잘 보존하자'는 구호까지 등장했으나 무시하고 사는 이들이 얼마나 많은가.

또한 내 자신이 인생을 어떻게 살았는가는 알게 모르게 자손들한테 영향을 끼친다는 점을 심사숙고해야 한다. 자식은 부모의 거울이란 말도 있지 않은가.

問祖宗之德澤하면 吾身所享者가 是일지니 當念其積累之難하고,
문 조 종 지 덕 택   오 신 소 향 자   시   당 념 기 적 루 지 난

問子孫之福祉하면 吾身所貽者가 是일지니 要思其傾覆之易하라.
문 자 손 지 복 지   오 신 소 이 자   시   요 사 기 경 복 지 이

·所享者소향자-내가 누리고 있는 행복. ·積累적루-쌓아 올림. ·所貽者소이자-자신이 주는 혜택.

|095
군자가 위선을 행하는 것은 소인이 악을 행함보다 더 나쁘다

군자로서 선을 가장하는 것은 소인이 함부로 악을 저지르는 것과 다를 바 없고, 군자로서 절개를 바꾸는 것은 소인이 스스로 제 잘못을 고치는 것만도 못하다.

첫째가 꼴찌 되고, 꼴찌가 첫째 되는 것이 세상의 이치이다. 비록 스스로 군자라고 자처하더라도 위선僞善의 탈을 쓰고 변절의 곡예를 부린다면, 그야말로 꼴찌가 되는 것이다. 반면 소인이 제 잘못을 뉘우치고 개과천선한다면, 이른바 '돌아온 탕아蕩兒'가 되지 않겠는가.

이처럼 그 실상이 겉보기와는 다른 것이 세상살이의 조화요, 인생의 변전變轉인 것 같다. 중요한 것은 어디까지나 마음가짐을 올바로 갖는 데 있다.

오늘날에도 조직을 이끌어 나가는 리더들 가운데는 위선적인 군자처럼 이중인격의 소유자가 드물지 않다. 특히 리더들은 자기 스스로를 한 번 돌아보면서 이 구절을 읽었으면 한다.

君子而詐善은 無異小人之肆惡이요,
군 자 이 사 선   무 이 소 인 지 사 악
君子而改節은 不及小人之自新이라.
군 자 이 개 절   불 급 소 인 지 자 신

·詐善사선-위선僞善. ·肆惡사악-악행을 제멋대로 함. ·改節개절-변절. ·自新자신-개과천선. 회개.

|096
잘못을 나무랄 때는 마치 봄바람이 언 땅을 녹이듯이 하라

집안 사람에게 잘못이 있을 때 지나치게 화를 내서도 안 되고, 또 예사로이 내버려 두어서도 안 된다. 그 잘못을 직접 지적하기 어렵거든 다른 일을 빌려 은근히 타이르고, 오늘 깨닫지 못하거든 훗날을 기다려 다시 깨우쳐 주어야 하니, 마치 봄바람이 언 땅을 녹이고 화기和氣가 얼음을 슬그머니 녹이듯이 해야만 비로소 가정의 규범이 되는 것이다.

가족들, 나아가서는 고용인의 과실에 대해 가장家長 또는 기업주가 어떻게 처신해야 하는지를 가르쳐 주는 구절이다.

처벌 위주로 치닫는 이른바 관리주의管理主義 교육은 관리하는 사람이나 관리를 당하는 사람 쌍방에게 정신적 고통을 안겨주게 마련이다. 이에 비추어 볼 때 '봄바람이 언 땅을 녹이고 화기가 얼음을 슬그머니 녹이듯이'라는 구절은 부모, 선생님, 관리직에 종사하는 모든 사람들의 좌우명이 되어야 할 것 같다.

고압적으로 야단을 치기보다는 상대방의 마음을 헤아려 부드럽게 잘 타이른다면 상대방도 쉽사리 수긍하게 된다.

家人有過거든 不宜暴怒하고 不宜輕棄니라.
가 인 유 과　　　불 의 폭 노　　　불 의 경 기

此事難言이거든 借他事隱諷之하고 今日不悟거든 俟來日再警之하되
차 사 난 언　　　차 타 사 은 풍 지　　　금 일 불 오　　　사 래 일 재 경 지

如春風解凍하고 如和氣消氷하면 纔是家庭的型範이니라.
여 춘 풍 해 동　　　여 화 기 소 빙　　　재 시 가 정 적 형 범

·輕棄경기-가볍게 보아 넘기다. ·隱諷은풍-은근히 비유로 타이르다. ·型範형범-모범.

|097
원만하고 관대한 마음으로 세상을 보라

　자기 마음이 항상 원만함을 얻을 수 있다면 천하는 저절로 결함이 없는 세계가 될 것이요, 자기 마음을 항상 너그럽고 평온하게 놓아둘 수 있다면 천하에는 험악한 인정이 저절로 사라질 것이다.

　자기 자신의 마음먹기에 따라서 세상은 천국도 되고 지옥도 된다.
　옹졸한 마음 또는 부정적인 생각으로 살면 괴롭고, 주변 사람들에게도 고통을 안겨주기 십상이다. 그와 반대로 항상 관대평온寬大不溫한 마음과 긍정적인 생각으로 살면 험악한 인정을 만나지도 않을 터이니 하는 일마다 잘될 것이고, 또한 주변 사람들과도 쉽사리 화합하게 될 것이다.
　항상 원만하고 관대한 마음으로 세상을 대하면, 세상도 그에 맞게 화답하는 것이 아니겠는가.

此心이 常看得圓滿하면 天下自無缺陷之世界요,
차심　상간득원만　천하자무결함지세계
此心이 常放得寬平하면 天下自無險側之人情이라.
차심　상방득관평　천하자무험측지인정

·此心차심-여기서는 자기의 마음이란 뜻이다. ·常看得상간득-언제나 얻는다면. ·自-저절로. ·險側험측-험악.

|098
옳고 좋은 것도 지나치면 의심을 받는다

청렴 담박한 선비는 반드시 호화로운 것을 좋아하는 사람의 의심을 받게 되고, 조심성 있고 엄격한 사람은 흔히 방종한 사람들이 꺼리게 된다. 군자는 이런 경우에 처하여 진실로 조금이라도 그 지조를 바꾸지 말 것이며, 또한 지나치게 자기 주장을 내세우지도 말 것이다.

청렴하고 엄격하게 사는 태도는 참으로 좋은 덕목이다. 그런데 이것도 도가 지나치면 남으로부터 경원敬遠당하게 된다.

자신의 지조를 버리지 않으면서도 뜻을 지키려면, 여러 가지 장점 가운데 한두 가지는 숨겨서 남들이 자연스럽게 접근해 오도록 해야 한다. 외유내강外柔內剛의 처세는 그래서 꼭 필요하다.

澹泊之士는 必爲濃艷者所疑요 檢飭之人은 多爲放肆者所忌니,
담 박 지 사   필 위 농 염 자 소 의   검 칙 지 인   다 위 방 사 자 소 기
君子處此에 固不可少變其操履하고 亦不可太露其鋒芒이라.
군 자 처 차   고 불 가 소 변 기 조 리   역 불 가 태 로 기 봉 망

·濃艶者농염자-호화로운 것을 좋아하는 사람. ·檢飭之人검칙지인-조심성 있고 엄격한 사람. ·放肆者방사자-방종한 사람. ·操履조리-지조와 행실. ·露로-노출, 나타내다. ·鋒芒봉망-창날의 끝. 여기서는 주견主見.

|099

순탄할 때는 눈앞이 모두 칼이요 창이다

역경에 처하면 몸의 주위가 모두 침이요 약인지라 저도 모르게 절조를 갈고 행실을 닦게 되지만, 순경에 처하면 눈앞이 모두 칼이요 창인지라 명치 끝을 후비고 뼈를 깎아도 그것을 알지 못한다.

사람이란 역경 속에서 단련되며, 안락한 가운데서는 도리어 타락하기 쉽다는 말이다. 그러나 이 말은 어느 한 면의 진리에 지나지 않는 것 같다. 왜냐하면 역경 속에서도 타락하는 사람이 있는가 하면, 순경 속에서 도리어 분발하고 전진하는 사람도 있기 때문이다.

요컨대 모든 것은 당사자의 가치관과 의지력에 달려 있는 것이다. 이 구절을 다시 요약하면 '역경에 빠지더라도 좌절하지 말라. 자신을 단련하는 호기好機로 삼으라. 순경인 때도 마음을 놓지 말라. 함정에 빠지기 쉽다.'란 뜻이 되겠다.

居逆境中이면 周身이 皆鍼砭藥石이라 砥節礪行而不覺하고,
거 역 경 중   주 신   개 침 폄 약 석   지 절 려 행 이 불 각

處順境內면 眼前이 盡兵刃戈矛라 銷膏劘骨而不知니라.
처 순 경 내   안 전   진 병 인 과 모   소 고 마 골 이 부 지

·鍼砭침폄-쇠로 만든 침과 돌로 만든 침. ·藥石약석-여러 가지 약 ·砥節지절-절조를 갈다. ·銷膏소고-명치 끝을 해치다. 원래의 뜻은 기름을 녹이다. ·劘骨마골-뼈를 깎다.

|100
욕망의 불꽃은 결국엔 자기 자신을 태워버린다

부귀한 집안에서 성장한 사람은 그 욕심이 사나운 불길과 같고, 그 권세 또한 세찬 불꽃과 같다. 만약 조금이라도 맑고 서늘한 기미를 띠지 않으면, 그 불꽃이 남을 태우지는 않는다 할지라도 끝내는 자신을 태워 없애 버릴 것이다.

고생을 모른 채 떠받들어지며 성장한 사람은 대개 금력과 권력을 기준으로 매사를 판단하기 십상이다. 그러므로 욕심을 추구하는 마음이 사나운 불길 같고, 권력을 휘두를 때는 세찬 불꽃과 같은 것이다.

이런 사람은 자신을 반성하고 욕심을 억누를 줄 아는 맑고 서늘한 기운을 지니지 않으면, 남을 파탄에 빠트리거나 스스로 파멸하고 말 것이다. 부귀하게 자란 사람은 항상 이 점을 마음에 새기고 경계로 삼아야 될 일이다.

生長富貴叢中的은 嗜欲如猛火하고 權勢似烈焰하니,
생 장 부 귀 총 중 적   기 욕 여 맹 화   권 세 사 렬 염

若不帶些淸冷氣味하면 其火焰이 不至焚人이나 必將自爍矣리라.
약 부 대 사 청 랭 기 미   기 화 염   부 지 분 인   필 장 자 삭 의

·叢中총중-모여 있는 가운데. ·淸冷청랭-맑고 서늘하다. ·爍삭-태워 없애다.

101
마음이 곧고 진실하면 서리를 내리게 할 수 있다

　사람의 마음이 한결같이 진실되면 곧 서리를 내리게 할 수 있고, 성을 무너뜨릴 수도 있으며, 쇠와 돌도 뚫을 수 있다. 하지만 거짓과 위선으로 가득 찬 사람은 형체만 헛되이 갖추었을 뿐 사람됨은 이미 망한지라, 남을 대하면 그 얼굴이 가증스럽고 홀로 있으면 제 모습과 그림자조차도 스스로 부끄러워진다.

　'정신일도 하사불성[精神一到 何事不成]'이라는 유명한 구절은 송宋나라의 대유大儒인 주희朱熹가 한 말이다.

　뜻을 세울 때, 공익公益을 목표로 하고 최선을 다한다면 이루어지지 않는 일이 없을 것이다. 인간은 누구나 그런 잠재력을 지니고 있다. 그러함에도 뜻이 잘 이루어지지 않는 이유는 공익이 아닌 사욕을 추구했거나, 최선을 다하지 않았기 때문이다.

　세상에는 한결같이 진실되게 삶을 영위하는 사람이 있는가 하면, 땀흘리지 않고 모든 것을 쉽게 얻으려는 사람도 많은 것 같다. 뜬구름을 잡으려는 자가 많을수록 그 사회는 어두운 혼란 속에 빠질 수밖에 없건만 말이다.

人心一眞하면 便霜可飛하고 城可隕하며 金石可貫이라.
인심일진　　변상가비　　성가운　　　금석가관

若僞妄之人은 形骸徒具나 眞宰已亡이니,
약위망지인　　형해도구　　진재이망

對人하면 則面目可憎하고 獨居하면 則形影自媿라.
대인　　　즉면목가증　　독거　　　즉형영자괴

·霜可飛상가비-서리를 날게 하다. 여기서는 여름철에도 서리가 내리게 한다는 의미이다. ·城可隕성가운-성을 무너지게 하다. ·眞宰진재-마음의 본체本體. ·形影형영-모습과 그림자. ·媿괴-부끄럽다. 여기서는 괴愧와 같다.

|102
최상의 경지에는 별다른 기교가 없다

문장이 극치에 다다르면, 별다른 기발함이 있는 것이 아니라 다만 꼭
알맞을 따름이다. 인품이 궁극에 다다르면, 별다른 기이함이 있는 것이
아니라 다만 본연 그대로일 뿐이다.

문장의 표현이든 인간으로서의 생활태도든 간에, 무턱대고 기발하게
하고자 노력할 일이 아니다. 있는 그대로 표현하고 본연의 자세 그대로
살아가는 것이 도리어 멋스럽고, 에너지도 절약되게 마련이다. 이런 원
리는 마케팅에도 적용된다.

마케팅 세계에서는 흔히 차별화나 특화特化라 하여 자기네 제품 홍보
에 열을 올린다. 메이커의 기술 수준이 대체적으로 평준화된 오늘날에는
어떤 상표의 상품을 사더라도 기본적인 기능은 대동소이하다. 그렇건만
자기 회사 제품의 우수성을 서로 강조하다 보니 소비자들을 식상하게
만드는 경우가 종종 있다.

가장 보편적인 것이 가장 좋은 상품이란 진리를 잊지 말아야겠다.

文章이 做到極處하면 無有他奇라 只是恰好요,
문 장   주 도 극 처   무 유 타 기   지 시 흡 호
人品이 做到極處하면 無有他異라 只是本然이라.
인 품   주 도 극 처   무 유 타 이   지 시 본 연

·做到주도-도달하다. ·極處극처-최상의 경지. ·恰好흡호-꼭 맞다, 어울리다.

103
세상 만물이 모두 나와 일체이다

이 세상 모든 것을 거짓 자취로 본다면 부귀공명은 물론이요 자신의 몸뚱이조차 빌려 가진 형체이고, 이 세상 모든것을 참된 경지로 본다면 부모형제는 물론이요 만물이 모두 나와 일체이다. 사람이 능히 이를 간파하고 이런 진상을 인식한다면 비로소 천하의 대사를 맡을 수 있고, 또한 세속의 얽매임에서도 벗어날 수 있으리라.

현상계現象界의 관점에서 살펴보면, 이 세상의 모든 것은 가현假現된 것으로서 헛된 자취요, 덧없는 그림자일 따름이다. 대궐 같은 집이나 화려한 고관 예복 등은 말할 것도 없고 자신의 몸뚱이조차 천지로부터 빌려 가진 형체이다. 마치 아침이슬처럼 쉬이 사라지고 뜬구름처럼 짧고도 허무할지니, 그 어찌 집착할 필요가 있겠는가.

그럼 참된 본체, 실체계實體界의 뿌리에서 돌이켜 보면 어떨까? 부모형제는 물론이요 초목이나 돌, 흙에 이르기까지 만물이 나와 한 몸이다. 헛된 욕심과 집착을 털어버리고 마음을 참으로 비웠으니, 몽환夢幻에서 깨어나 '만물은 일체'라는 도리를 깨우치고 천지를 능히 감싸 안을 것이다. 이로써 천하의 큰일을 맡을 수 있고, 세속의 이욕이나 명성에서 벗어나 유유자적할 수 있으리라.

以幻迹言하면 無論功名富貴하고 卽肢體도 亦屬委形이요,
이 환 적 언   무 론 공 명 부 귀   즉 지 체   역 속 위 형

以眞境言하면 無論父母兄弟하고 卽萬物이 皆吾一體니,
이 진 경 언   무 론 부 모 형 제   즉 만 물   개 오 일 체

人能看得破하고 認得眞하면 纔可任天下之負擔하고 亦可脫世間之韁鎖니라.
인 능 간 득 파   인 득 진   재 가 임 천 하 지 부 담   역 가 탈 세 간 지 강 쇄

·幻迹환적-환영幻影의 자취. ·委形위형-하늘로부터 위탁받은 가형假形. ·看得破간득파-간파하다. ·認得眞 인득진-진상을 인식하다. ·韁鎖강쇄-고삐와 사슬, 속박.

104
맛있는 음식과 즐거운 일은 반쯤만 취하라

  입에 맛있는 음식은 모두 창자를 짓무르게 하고 뼈를 썩게 하는 나쁜 약인지라, 반쯤 먹고 그치면 곧 재앙이 없을 것이다. 마음에 유쾌한 일은 모두 몸을 망치고 덕을 잃게 하는 촉매제인지라, 반쯤에서 멈추면 곧 후회함이 없을 것이다.

  음식과 레저, 특히 주색酒色을 삼가라는 교훈이다.

  '술은 백약 중 으뜸[酒百藥之長]'이라는 말도 있기는 하지만, 그것은 어디까지나 적당한 양을 마신 경우이다. 술을 마시다 보면 이성이 마비되기에 대개 과음하기가 일쑤인데, 과음하면 술은 분명 독약이 된다. 그런 의미에서는 호색好色도 예외가 아니다.

  미식, 과식과 호색이 본능이라면 이런 본능을 절제할 수 있는 브레이크가 꼭 필요하다. 브레이크가 고장 난 자동차를 상상해 보라. 끔찍하지 않은가.

爽口之味는 皆爛腸腐骨之藥이니 五分이면 便無殃이요,
상 구 지 미   개 란 장 부 골 지 약   오 분   변 무 앙
快心之事는 悉敗身喪德之媒니 五分이면 便無悔니라.
쾌 심 지 사   실 패 신 상 덕 지 매   오 분   변 무 회

· 爽口상구-입에 상쾌한 것. · 爛란-미란靡爛. 문드러지다. · 媒매-매개, 매체.

105
남의 지난 과실을 책망하지도 기억하지도 말라

남의 조그만 허물을 꾸짖지 말고, 남의 사사로운 비밀을 들추어내지 말며, 지난날 남이 저지른 잘못을 생각지 말라. 이 세 가지로 가히 덕을 기르고 또한 해(害)를 멀리할 수 있으리라.

자기 자신의 허물은 생각지 않고 남의 허물을 들추어내어 퍼트리기 좋아하는 사람들이 적지 않다. 세상에 허물 없는 사람이 어디 있을까마는 사람들은 남의 흉 보기를 좋아한다. 그렇게 함으로써 자신의 모자란 점을 충족시키려는 이즈음의 세태를 생각하면 서글프다 못해 가슴이 아프기까지 하다.

한편 남의 사소한 과실을 시시콜콜 따지고 개인적인 비밀이나 지난날의 잘못을 들추어내는 일 등은 스스로의 인격을 떨어뜨림은 물론 남으로부터 원망도 사게 된다. 결국 해만 있을 뿐 득은 없다. 남의 약점을 캐내고 비난하는 것은 부메랑 효과로 자신에게 되돌아온다는 점을 명심해야겠다.

不責人小過하고 不發人陰私하며 不念人舊惡하라.
불 책 인 소 과   불 발 인 음 사   불 념 인 구 악
三者로써 可以養德하고 亦可以遠害니라.
삼 자   가 이 양 덕   역 가 이 원 해

·發발-드러내다. ·陰私음사-사사로이 숨기는 일. 비밀.

|106
처신이 지나치게 신중하면 세상과 어울리지 못한다

선비는 몸가짐을 가벼이 해서는 안 되나니, 가벼이 하면 곧 사물이 나를 들뜨게 하여 느긋하고 침착한 맛이 없어진다. 또한 마음 씀은 무겁게 해서는 안 되나니, 무겁게 하면 자신이 사물에 얽매어져서 산뜻하고 활발한 기운을 잃게 된다.

몸가짐은 신중히 하되 마음 씀씀이는 경쾌하고 활발하게 해야 한다는 교훈이다.

아무리 지식이 깊고 높다 하더라도 언행이 경솔하면 뭇 사람들에게 신뢰와 존경을 받지 못한다. 반면에 높은 이상에 집착한 나머지 의식적으로 고상한 척하면 주위에 사람이 모여들지 않는다.

처세의 어려움은 바로 이런 점에 있는 것이다.

士君子는 持身不可輕이니 輕則物能撓我하여 而無悠閑鎮定之趣요,
사 군 자 지 신 불 가 경   경 즉 물 능 요 아   이 무 유 한 진 정 지 취

用意不可重이니 重則我爲物泥하여 而無瀟洒活潑之機라.
용 의 불 가 중   중 즉 아 위 물 니   이 무 소 쇄 활 발 지 기

·持身지신-몸가짐. ·撓我요아-나를 휘둘러 어지럽게 하다. ·泥니-얽매이다. ·機기-생기生氣.

107
천지는 영원히 존재하나 몸은 두 번 다시 얻지 못한다

　천지는 만고에 있으되 이 몸은 두 번 다시 얻지 못하나니, 인생은 다만 백 년이라 이날은 훌쩍 지나가 버린다. 다행히 그 사이에 태어난 몸인 바에야 삶의 즐거움을 몰라서도 안 되고, 또한 헛되이 사는 근심을 아니 품어서도 안 된다.

　연습도 없고 재연再演도 없는 것이 인생이다. 한 번 살아보면서 연습을 충분히 했다가 다시 살 수 있다면 얼마나 좋겠는가만, 인생은 오직 한 번 살아가는 것이니 안타깝기 짝이 없다.

　그렇다면 이 한 번뿐인 인생을 후회 없는 삶으로 승화시키려면 어떻게 살아가야 한단 말인가? 뚜렷한 목표를 설정하고 그 목표를 향하여 최선을 다하되, 인생을 즐길 기회가 있으면 충분히 즐길 줄도 알아야 한다. 그것이 한 번뿐인 인생을 후회 없이 사는 방법이다.

天地는 有萬古나 此身은 不再得이요,
천지　　유만고　　차신　　부재득

人生은 只百年이나 此日은 最易過라.
인생　　지백년　　　차일　　최이과

幸生其間者는 不可不知有生之樂하고 亦不可不懷虛生之憂라.
행생기간자　　불가부지유생지락　　　역불가불회허생지우

·不再得부재득-다시 얻지 못하다.

108
원수는 은혜와 대비시키기 때문에 생겨난다

　원망이란 덕으로 인하여 나타나는 것이니, 남들로 하여금 나를 덕 있
는 사람으로 여기게 하기보다는 덕과 원망을 모두 잊게 하는 것이 낫다.
원수는 은혜로 인하여 생기는 것이니, 남들로 하여금 나의 은혜를 알게
하기보다는 은혜와 원수를 함께 없애는 것이 낫다.

　이쪽에 덕이나 은혜를 베풀면, 저쪽에서는 원망을 하게 마련이다. 또
한 덕이나 은혜를 베풀고는 갚기를 바란다면, 도리어 원수가 되는 경우
도 드물지 않다.

　따라서 원망은 덕으로 말미암아 나타나고, 원수는 은혜로 말미암아
생긴다. 사람이란 본디 자신의 처지를 남의 처지와 분별하고 대비시키기
에, 이러한 역설이 탄생하는 것이다. 사람들의 심리를 얼마나 날카롭게
꿰뚫어 보고 있는가.

　그러므로 원망이나 원수가 없게 하려면 애초부터 분별·대비의 싹을
뿌리지 않으면 될 터이다. 이것은 덕이나 은혜에 대한 분별심조차 없애
야 하는 일인즉, 그 첫걸음은 베푼 쪽에서 먼저 잊어버리는 것이다. 요컨
대 자기 자신이 덕이나 은혜를 베푼다는 생각부터 버리라는 권고이다.

怨因德彰이니 故로 使人德我로 不若德怨之兩忘이요,
원 인 덕 창　　　고　　사 인 덕 아　　불 약 덕 원 지 양 망
仇因恩立이니 故로 使人知恩으로 不若恩仇之俱泯이라.
구 인 은 립　　　고　　사 인 지 은　　불 약 은 구 지 구 민

·彰창－밝다. 여기서는 밝게 나타난다는 뜻이다. ·仇구－원수. ·泯민－없애다.

109
늙어서 생기는 질병은 모두 젊었을 때의 응보이다

늘그막에 생기는 질병은 모두 젊었을 때 불러들인 것이고, 쇠퇴한 뒤에 오는 재앙은 모두 융성했을 때에 만들어 놓은 것이다. 그런 까닭에 군자는 젊고 번성할 때에 더욱 삼가고 조심한다.

인간에게는 모든 일에 있어 상향곡선과 하향곡선이 있게 마련인데, 하향곡선에 접어든 다음에 받게 되는 벌은 모두 상향곡선일 때 저질렀던 죗값이란 말이다. 이런 현상은 개인의 운명뿐만이 아니라 기업 경영에도 해당된다.

불황이라든가 산업구조의 변화에 따라 어떤 업계가 곤경에 처했을 때, 그 영향은 개개의 기업에 따라 여러 형태로 나타난다. 금방 경영난에 허덕이다 탈락하고 마는 업체가 있는가 하면, 곤경을 겪으면서도 우뚝 일어서는 업체도 있다.

그것은 회사가 번창할 때 리더가 어떤 마음가짐으로 경영을 했느냐에 따라 좌우된다. 호황을 믿고 한 과다한 투자, 무계획한 신규사업 참여, 안이한 정책 등등 조직의 성인병적 병인病因은 일단 상황이 악화되면 곧바로 도산의 원인으로 나타난다. 개인이건 기업이건 간에 역풍逆風에 대비하기 위해서는 순풍일 때 더욱 조심해야 한다.

老來疾病은 都是壯時招的이요,
노 래 질 병   도 시 장 시 초 적

衰後罪孽은 都是盛時作的이니,
쇠 후 죄 얼   도 시 성 시 작 적

故로 持盈履滿을 君子尤兢兢焉이라,
고   지 영 리 만   군 자 우 긍 긍 언

·招的초적-부른 것. ·罪孽죄얼-저지른 죄악으로 인해 생기는 재앙. ·持盈履滿지영리만-가득 찬 것을 지니고 가득함을 밟는다. 곧 건강과 부귀가 절정에 이르렀다는 뜻임. ·兢兢긍긍-삼가 두려워하다.

110
새사람을 사귀느니 옛 친구와의 정을 돈독히 하는 것이 낫다

사은私恩을 파는 것은 공론公論을 붙드는 것만 같지 못하고, 새로운 친구를 사귀는 것은 옛 친구와의 정을 돈독히 하는 것만 같지 못하며, 이름을 드날리고자 하는 것은 남모르게 공덕을 심는 것만 같지 못하고, 기이한 절의節義를 떠받드는 것은 평소의 행동에 허물이 없게끔 조심하는 것만 같지 못하다.

'대의大義를 위해 소아小我를 희생한다'는 말이 있다. 이 구절에서 열거한 네 가지의 처세는 이 말과 상반된다.

사사로이 은혜를 베풀어 무리를 짓는 것이라든가 사소한 이해관계로 옛 친구를 버리고 새사람과 교제하는 것, 또 오로지 명성을 떨치기 위해서만 움직이는 행위와 요즈음 유행어로 '튀기 위해서' 경거망동하는 것 등은 요컨대 사욕을 채우기 위함이 아니겠는가. 이런 행위들은 이 치열한 경쟁 사회에서 빠른 효과를 가져와 단기적으로 도움이 될지는 모르지만, 긴 안목으로 볼 때는 자승자박의 비극을 초래하는 것이니 각별히 경계해야 한다는 교훈이다.

市私恩은 不如扶公議요 結新知는 不如敦舊好요
시 사 은　불 여 부 공 의　결 신 지　불 여 돈 구 호
立榮名은 不如種隱德이요 尙奇節은 不如謹庸行이라.
입 영 명　불 여 종 은 덕　상 기 절　불 여 근 용 행

·市시-賣賣와 같다. 즉 팔다. ·庸行용행-일상적이고 평범한 행위.

|111
공평정론公平正論을 거역하면 평생토록 수치를 당하게 된다

공평하고 올바른 의견에는 손을 대지 말지니, 한번 범하면 수치를 만세에 남길 것이다. 권세 있는 집안과 사리사욕을 영위하는 소굴에는 발을 들여놓지 말지니, 한번 발을 들여놓으면 평생토록 씻지 못할 오점을 남기게 된다.

역사가의 붓은 어디까지나 춘추필법春秋筆法에 입각하여, 대의명분을 밝혀 세워야 한다. 그런데 실제로는 어떤가?

역사란 승자의 기록이란 말이 있듯이, 힘을 가진 자의 입장에서 제멋대로 사실을 왜곡하고 자료를 고치는 경우가 허다하다. 이렇게 곡필曲筆한 자의 부끄러운 이름은 두고두고 씻을 수 없게 된다.

또한 사리사욕에 이끌려 권문세가權門勢家를 쫓아다니다가는 평생토록 오점을 남기게 마련이다. 옛 사람은 '까마귀 노는 곳에 백로야 가지 마라'고 권했다. 진흙탕 속에는 애초부터 발을 들여놓지 말 일이다.

公平正論은 不可犯手니 一犯하면 則貽羞萬世하고,
공 평 정 론   불 가 범 수   일 범   즉 이 수 만 세

權門私竇는 不可著脚이니 一著하면 則點汚終身이라.
권 문 사 두   불 가 착 각   일 착   즉 점 오 종 신

·貽羞이수-부끄러움을 남기다. ·私竇사두-사욕을 영위하는 소굴.

112
뜻을 굽혀 칭찬을 듣느니 뜻을 지켜 미움을 받는 편이 낫다

자신의 뜻을 굽혀 남을 기쁘게 하는 것보다는 자신의 행실을 곧게 하여 남에게 미움을 받는 것이 더 나으며, 좋은 일을 한 것도 없이 남에게서 칭찬을 받는 것보다는 악한 일을 하지 않고 남에게서 비방을 듣는 것이 더 낫다.

사람은 누구나 남에게서 인정받고 칭찬 듣기를 좋아한다. 반대로 남으로부터 책망 듣고 흉잡히기는 싫어한다. 하지만 자기 뜻까지 굽혀가면서 남에게 아부하여 환심을 산다든가, 좋은 일도 하지 않았으면서 인정을 받는다는 것은 결코 바람직하지 않다.

권세에 빌붙느니 차라리 몸가짐을 올곧게 하다가 미움을 사는 편이 낫고, 가면을 쓴 위선자가 되느니 차라리 아무 잘못도 없이 비방과 질시를 받는 편이 더 낫다. 위선을 행하는 사람이야말로 결국에는 자신의 목적을 달성하지도 못할 뿐 아니라, 나중에는 진실이 밝혀져 평생토록 오점을 안고 살아야 한다는 점을 명심할 일이다.

曲意而使人喜는 不若直躬而使人忌요,
곡 의 이 사 인 희   불 약 직 궁 이 사 인 기

無善而致人譽는 不若無惡而致人毁니라.
무 선 이 치 인 예   불 약 무 악 이 치 인 훼

·曲意곡의-자기 의견을 굽히다. ·直躬직궁-자기 처신을 곧게 하다. ·致人譽치인예-남의 칭찬을 받다.

113
친구의 과실을 보고 방치해서는 안 된다

부모형제 등 골육이 변을 당하면 마땅히 침착하게 처리할 것이요, 격렬해져서는 안 된다. 친구의 과실을 보면 마땅히 알아듣도록 충고할 일이요, 주저해서는 안 된다.

부모형제 등 골육의 유고시에는 당황하지 말고 냉정하게 처리하라는 교훈은 보편적인 내용이겠으나, 친구나 동료 간에 잘못된 점을 발견했을 때 훈계하라는 것은 선뜻 실천하기 어려운 교훈이다. 그러나 진정한 친구나 동료라면 망설임 없이 선도해야 한다.

인간은 남의 충고를 받아들이지 않으려는 본능이 있다. 그러므로 친구에 대한 충고는 그만큼 지혜로워야 하며 경우에 따라서는 부모나 상사의 선도보다도 친구의 선도를 받아들이는 경우가 많다는 점을 고려할 때, 이런 일은 조금도 주저할 일이 아니다.

處父兄骨肉之變하면 宜從容하고 不宜激烈하며,
처 부 형 골 육 지 변   의 종 용   불 의 격 렬

遇朋友交遊之失하면 宜剴切하고 不宜優游니라.
우 붕 우 교 유 지 실   의 개 절   불 의 우 유

·遇우-조우遭遇. 만나다. ·剴切개절-간곡히 충고하다. ·優游우유-주저하며 방임하다.

|114
작은 일도 소홀히 하지 말며, 어두운 곳에서도 속이지 말라

작은 일을 하더라도 빈틈이 없게 하고, 보이지 않는 곳에서도 속이거나 숨기지 않으며, 실패했더라도 나태하거나 포기하지 않으면 이야말로 진정한 영웅이다.

'하늘을 우러러 한 점 부끄러움이 없는 인생', 이런 인생을 산 사람이 진정한 영웅이다. 말로만 그럴듯하게 떠들어 대고 돌아서서는 후안무치한 삶을 사는 사람은 결코 인생에서 승리할 수 없다.

남이 보건 안 보건, 하는 일이 크건 작건 간에 순리에 따라 행하며 살아가는 사람, 일을 하다가 시행착오가 발생해도 낙담하지 않고 오뚝이처럼 다시 일어서는 사람, 그런 사람이 많을수록 사회는 아름답고 살맛나는 세상이 될 것이다.

小處에 不滲漏하고 暗中에 不欺隱하며 末路에 不怠荒하면
소 처　　불 삼 루　　　암 중　　불 기 은　　　말 로　　불 태 황

纔是個眞正英雄이라.
재 시 개 진 정 영 웅

· 滲漏삼루 - 물이 새어 나오다. 여기서는 허술하다는 의미이다. · 欺隱기은 - 속여 나쁜 짓을 하다. · 末路 말로 - 일이 실패했을 때. · 怠荒 태황 - 나태하고 방종하다, 자포자기하다.

|115
단 한 그릇의 밥이 평생의 은혜를 이룰 수도 있다

천금을 들이고도 한때의 환심을 사기 어려울 때가 있는가 하면, 한 그릇의 밥으로도 평생의 감복感服을 이룰 수 있다. 대개 사랑이 지나치면 오히려 원수가 되고, 박함이 지극하면 도리어 기쁨이 되느니라.

물질로 베푸는 것은 받는 이의 처지에 따라 그 의미가 달라질 수 있다. 배고픈 사람에게는 한 그릇의 밥으로도 평생을 감복하게 할 수도 있겠지만, 배부른 사람에게는 그것이 무슨 대수겠는가. 그렇듯 천금이라는 거금으로도 이룰 수 없는 일이 있고, 약간의 도움으로도 일생 동안 은혜로 여겨지는 일이 있다.

요컨대 진정한 사랑을 벗어나서 물질로 베푸는 것은 받는 이의 처한 경우에 따라 크게 달라질 수 있다는 교훈이다.

千金도 難結一時之歡이요 一飯도 竟致終身之感이니,
천 금   난 결 일 시 지 환   일 반   경 치 종 신 지 감

蓋愛重이면 反爲仇요 薄極이면 翻成喜也라.
개 애 중   반 위 구   박 극   변 성 희 야

·千金천금-큰돈. ·一飯일반- 한 그릇의 밥. ·愛重애중-사랑이 지나치다. ·反爲仇반위구-도리어 원수가 되다. ·薄極박극-지극히 박하다. ·翻成喜번성희-변하여 기쁨이 되다.

|116
재주를 감추고 몸을 낮게 처신하라

  교묘한 재주를 졸렬함으로 덮어 감추고, 어둠을 써서 밝게 하며, 깨끗
함을 탁류濁流 속에 깃들이게 하고, 굽힘으로써 뜻을 펴는 것은 참으로
세상을 살아가는 데 있어서 하나의 항아리[구급책]가 되고, 또 몸을 보호
하는 세 개의 굴[은신처]이 된다.

  재능을 숨기고 우둔한 척해 보이면서 영지英智를 닦는다. 또 그 몸은
속세에 있으면서도 절조를 지키고, 몸을 낮게 처신하면서 훗날 비약할
것에 대비한다.
  이런 생활태도야말로 한치 앞을 내다볼 수 없는 이 험한 세상에서
안전하게 살아갈 수 있는 비결이라고 저자 홍자성은 이른다. 얼핏 보기
에는 소극적인 가르침인 듯하지만, 살기 힘든 세상을 헤쳐 나간 중국인
의 독특한 지혜가 번득이기에 숙연해지기까지 한다.

藏巧於拙하고 用晦而明하며 寓淸于濁하고 以屈爲伸은
장 교 어 졸   용 회 이 명   우 청 우 탁   이 굴 위 신
眞涉世之一壺요 藏身之三窟也라.
진 섭 세 지 일 호   장 신 지 삼 굴 야

·藏巧於拙장교어졸-기교를 감추어 졸렬한 척하다. ·用晦而明용회이명-어둠을 이용하여 밝게 나타나다. ·寓淸
于濁우청우탁-청렴결백하면서도 혼탁한 속세에 몸을 맡기다. ·以屈爲伸이굴위신-남에게 굽히는 척하면서 내
뜻을 펴다. ·一壺일호-한 항아리. 위급을 구한다는 뜻. 강심江心에서 배가 전복되면 항아리라도 잡아야 산다는
데서 유래됨. ·三窟삼굴-안전한 은신처. 교활한 토끼는 세 개의 굴을 파놓고 포식동물을 피함.

117
성공의 싹은 역경 속에서 움튼다

쇠퇴하는 모습은 곧 번성 속에 있고, 자라나는 낌새는 곧 영락零落 속에 있다. 그러므로 군자는 안락할 때에 마땅히 마음을 한결같이 바르게 함으로써 뒷날의 환란을 생각할 것이요, 변고에 처해서는 마땅히 백 번을 참고 견뎌 내서라도 성공을 도모해야 한다.

세상의 모든 일에는 절정기가 있는가 하면 내리막길이 있다. 내리막길의 징후는 발전 융성하여 절정에 올랐을 때 보이기 시작한다. 또 새로운 성장에 대한 싹은 역경 속, 그것도 밑바닥의 상태에 있을 때 움트는 법이다.

그러므로 지혜 있는 사람은 일이 순조롭게 진행되어 갈 때 장차 발생할지 모르는 이변에 대비하고, 고난에 처했을 때는 희망과 비전을 가지고 그것을 견뎌 내면서 새로운 도전을 시도한다.

『서경書經』에도 '영화를 누리고 있을 때 위태로움을 생각하라居寵思危'고 하였다.

衰颯的景象은 就在盛滿中하고 發生的機緘은 卽在零落內라.
쇠 삽 적 경 상   취 재 성 만 중   발 생 적 기 함   즉 재 영 락 내

故로 君子는 居家에는 宜操一心以慮患하고 處變에는 當堅百忍以圖成이라.
고   군 자   거 가   의 조 일 심 이 려 환   처 변   당 견 백 인 이 도 성

· 衰颯쇠삽-쇠잔하여 쓸쓸하다. ·景象경상-모습. ·就취-卽(즉)과 같음. ·機緘기함-움직임. ·操 一心조일심-한마음으로 지켜 나가다. ·慮患여환-환란을 짐작하다. ·處變처변-이변異變을 만남. ·圖成도성-성공을 도모하다.

|118
위대한 것은 평범하다

　진기한 것에 경탄하고 이상한 것을 보고 즐거워하는 사람에게는 원대한 식견이 없고, 괴롭게 절개를 지키고 독행獨行하는 사람에게는 항구불변의 지조가 없다.

　어린이들의 그림 실력이나 음악적 재능을 알아보는 데는 일반인들의 눈·귀는 전문가들의 식견과 판이하게 다르다. 일반인들의 눈에는 그저 거칠고 울퉁불퉁하게 보이는 그림 속에서 전문가들은 그 어린이의 소박하고도 드넓은 마음 바탕을 읽어내고, 일반인들의 귀에는 매우 화려하고 기교 있는 피아노 연주라도 전문가들에게는 그저 어른들의 연주를 어설프게 흉내낸 데 지나지 않는다.

　요컨대 일반인들이 흔히 빠지는 함정은, 나무는 보되 숲은 보지 못하는 근시안인 것이다.

　참된 기교는 이상하고 기이한 데 있는 것이 아니라 전체를 아우르는 소박함에 있고, 참된 절개는 홀로 독야청청獨也靑靑 하는 데 있는 것이 아니라 세속 가운데 자신의 줏대를 지켜나가는 데 있다. 이에 비추어 보면, 위대한 것은 오히려 지극히 평범한 것이리라.

驚奇喜異者는 無遠大之識이요,
경 기 희 이 자　　무 원 대 지 식
苦節獨行者는 非恒久之操니라.
고 절 독 행 자　　비 항 구 지 조

·喜異희이-이상한 것을 보고 좋아하다. ·識식-견식, 식견. ·苦節고절-괴로운 속에서도 절조를 지키다.

|119
분노와 욕망을 가라앉혀야 참마음이 드러난다

분노의 불길과 욕망의 물결이 마구 타오르고 끓어오를 때를 당하여 명백히 이를 알면서도 또 명백히 이를 범하니, 알아차리는 것은 누구이며 범하는 것은 또 누구인가? 이러한 때 굳세게 마음을 돌이킬 수만 있다면 사마邪魔도 문득 참마음이 되리라.

이성보다는 감정을 앞세워 화를 내고 또 욕망에 이끌리는 것이 인간이다. 그러나 지나고 보면, 즉 이성을 찾고 나면 수치스럽기 짝이 없다.

그런 양면성을 가진 것이 인간일진대 분노가 치밀고 욕망이 불길처럼 일 때 이를 자제하여 이성을 찾는 사람, 그런 사람이야말로 마귀도 부릴 수 있는 경지에 도달했다고 보아야 한다. 이것이 곧 인격 수양임을 직설적으로 나타냈다.

當怒火慾水正騰沸處하여 明明知得하고 又明明犯著하니,
당 노 화 욕 수 정 등 비 처　　명 명 지 득　　우 명 명 범 착

知的是誰며 犯的又是誰오?
지 적 시 수　　범 적 우 시 수

此處에 能猛然轉念하면 邪魔便爲眞君矣리라.
차 처　　능 맹 연 전 념　　사 마 변 위 진 군 의

·騰沸등비-불처럼 타오르고 물처럼 끓다. ·明明명명-명백하게. 轉念전념-생각을 돌려 반성하다. ·邪魔사마-악마, 여기서는 노화욕수怒火慾水를 가리킴. ·眞君진군-여기서는 마음의 본체란 뜻이다.

|120
자기 역량만 믿고 객기를 부리지 말라

한쪽만 믿음으로써 간사한 사람에게 속지 말고, 자신의 힘을 과신하여 객기를 부리지 말 것이며, 자신의 장점을 나타내기 위해 남의 단점을 들추지 말고, 자기가 졸렬하다고 남의 능숙함을 시기하지 말라.

사건의 진상을 제대로 파악하려 하지 않고 한쪽 말만 곧이곧대로 믿다가 속임을 당하는 사람이 되지 말라. 자기의 역량을 한껏 과신한 나머지 힘에 겨운 일을 맡아 그 일에 치이는 등의 객기를 부리지 말라. 자신의 장점을 내세우기 위해 남의 단점을 들추어내지 말라. 자신이 무능하다고 해서 남의 재능을 공연히 시기하지 말라.

이렇게 네 가지 마음가짐이 제시되어 있는데, 특히 지도자의 입장에 있는 사람에게 주는 금언이라 하겠다.

毋偏信而爲奸所欺하고 毋自任而爲氣所使하며
무 편 신 이 위 간 소 기　　무 자 임 이 위 기 소 사
毋以己之長而形人之短하고 毋因己之拙而忌人之能하라.
무 이 기 지 장 이 형 인 지 단　　무 인 기 지 졸 이 기 인 지 능

·毋무-無와 같다. 여기서는 안 된다란 뜻이다. ·爲奸所欺위간소기-간사한 사람에게 속다. ·自任자임-자기 힘을 과신하다. ·爲氣所使위기소사-객기를 부리는 원인이 되다.

121
남의 단점은 덮어두고, 완고함은 잘 타일러라

남의 단점은 간곡히 감싸 주어야 하니, 만약 드러내어 남들에게 알린 다면 이는 자기의 단점으로써 남의 단점을 공격하는 셈이 된다. 남이 완고하거든 잘 타일러 깨닫게 해주어야 하니, 만약 성을 내고 미워한다 면 이는 자기의 완고함으로써 남의 완고함을 구제하는 셈이 될 뿐이다.

남의 단점을 보면 꼬집고 흉보며, 남의 완고함에 부딪혔을 때는 화부 터 내는 것이 세상인심일 것이다. 하지만 이런 것은 자신의 단점이나 완고함을 드러내는 셈이니, 결국 스스로의 덕이 부족함을 말해 주는 것 이리라.

따라서 남의 단점을 보면 따뜻이 덮어주는 관용, 그리고 남의 완고함 에 부딪혔을 때 끈기 있게 타이르는 인내심은 사회생활을 원만하게 해주 는 윤활유 구실을 할 것이다. 특히 이런 관용과 인내심은 교육자한테 꼭 필요한 덕목인 것 같다.

사람들의 단점을 드러내기보다는 장점을 칭찬해 주고, 사람들이 잘 모르는 부분이나 외곬 성향에 맞닥뜨렸을 때는 끈기 있게 교화시키는 것이다. 어찌 생각하면 어떤 사람이든 가정에서는 부모나 형·언니로서, 그리고 직장에서는 윗사람으로서 어느 정도는 교육자 역할을 하는 것이 아닐까.

人之短處는 要曲爲彌縫이니 如暴而揚之면 是는 以短攻短이요,
인 지 단 처   요 곡 위 미 봉   여 폭 이 양 지   시   이 단 공 단
人有頑的이거든 要善爲化誨니 如忿而疾之면 是는 以頑濟頑이라.
인 유 완 적   요 선 위 화 회   여 분 이 질 지   시   이 완 제 완

· 曲爲彌縫곡위미봉- 간곡히 감싸 주다. · 暴而揚之폭이양지- 폭로하여 들춰내다. · 以短攻短이단공단- 단점으로 단점을 공격하다. · 頑완- 완고. · 善爲化誨선위화회- 잘 타일러 깨우치게 하다. · 忿而疾之분이질지- 성내고 미워 하다. · 疾질=嫉.

122
자기 의견을 말하지 않는 사람에게는 본심을 털어놓지 말라

음흉스럽게 말이 없는 선비를 만나거든 아직 마음을 털어놓지 말고, 발끈하기 잘하며 잘난 체하는 사람을 보거든 응당 입을 다물라.

분명한 의사 표시를 하지 않고 음흉하게 이쪽 정보만 빼가려는 사람을 만나게 되면 결국은 그 사람에게 이용당하기 마련이다. 그런 사람임을 감지했을 때에는 적당한 거리를 유지하면서 대화하는 것이 상책이다.

그런가 하면 다혈질이어서 화를 잘 내고 자기 자랑만 늘어놓는 사람도 더러 있다. 이와 같은 사람은 아예 멀리하는 것이 상책이고, 어쩌다 만나더라도 아무 실속도 없을 터이니 입을 다물고 상대도 하지 말라는 충고이다.

대화란 말만 주고받는 것이 아니라 인격도 서로 소통하는 것이며, 정보도 교류하는 것임을 명심해야겠다.

遇沈沈不語之士거든 且莫輸心하고,
우 침 침 불 어 지 사   차 막 수 심

見悻悻自好之人이거든 應須防口하라.
견 행 행 자 호 지 인   응 수 방 구

·沈沈不語침침불어-음침하여 말을 안하다. ·輸心수심-마음을 털어놓다. ·悻悻自好행행자호-화를 잘 내고 잘난 체하다. ·防口방구-입을 막다. 상대도 하지 않는다는 뜻이다.

123
마음의 균형을 확실하게 잡아라

마음이 어둡고 흐트러질 때에는 가다듬을 줄 알아야 하고, 마음이 긴장 되어 굳어질 때에는 풀어버릴 줄 알아야 한다. 그렇지 않으면 칙칙한 우울 증은 고칠지라도 흔들리는 마음에 또다시 병들까 두렵구나.

심리 상태의 긴장과 이완의 순환을 강조한 구절이다.

인생을 살아가자면 아무래도 긴장할 때가 많다. 더구나 현대처럼 과학 기술이 고도로 발달한 산업사회에서는 눈을 뜨고 활동하는 시간 모두가 긴장의 연속이라고 해도 과언이 아니다. 온갖 스트레스를 받아 심신이 딱딱하게 굳어 있거나, 아니면 산만한 심리 상태로 지내게 된다. 이런 생활이 계속되다 보면 신경쇠약증·우울증 등과 같은 마음의 질병에 걸리게 마련이다.

그러므로 간단한 레저·스포츠 활동 등으로 신경을 이완시킬 필요가 있다.

念頭昏散處에는 要知提醒하고 念頭喫緊時에는 要知放下라.
염두혼산처   요지제성   염두끽긴시   요지방하
不然이면 恐去昏昏之病이라도 又來憧憧之擾矣라.
불연   공거혼혼지병   우래동동지요의

·昏散處혼산처-혼미하고 산란할 때. ·提醒제성-흔들어 일깨움. ·喫緊끽긴-긴장되고 딱딱하다. ·放下방하-탁 풀어놓음. ·昏昏之病혼혼지병-우울증. ·憧憧동동-마음이 흔들리다. ·擾요-병病.

124
사람의 마음은 하늘처럼 수시로 변한다

갠 날 푸른 하늘도 갑자기 천둥 번개로 변하고, 거센 바람과 억수 같은 비도 홀연히 밝은 달 맑은 하늘로 변하니, 천지의 움직임이 어찌 한결같으리요? 털끝만한 응체凝滯로도 변화가 생기는 것이니 하늘의 상태가 어찌 한결같으리요? 털끝만한 막힘 때문에 이런 변화가 일진대, 사람의 마음 바탕도 마땅히 이와 같을 것이로다.

우주 자연은 한시도 쉬지 않고 조화로이 움직이며 변화해 간다. 그러면서도 그 근본은 조금도 변하지 않는다는 불변의 법칙을 지니고 있다. 인생역시 이 변화와 불변의 법칙 속에서 조화를 이루며 흘러가는 것이다.

굳이 사단칠정론四端七情論을 거론하지 않더라도, 인간은 생로병사生老病死의 변화와 희로애락애오욕喜怒哀樂愛惡慾의 감정을 되풀이하며 살아간다. 그러나 그 본심에는 언제나 사랑이란 숭고한 정신이 자리하고 있는 것이 인간의 참모습이다.

霽日靑天도 倏變爲迅雷震電하고 疾風怒雨도 倏變爲朗月晴空하니
제 일 청 천　　숙 변 위 신 뢰 진 전　　질 풍 노 우　　숙 변 위 랑 월 청 공
氣機何常이리요? 一毫凝滯니 太虛何常이리요?
기 기 하 상　　　　일 호 응 체　　태 허 하 상
一毫障塞일지니 人心之體도 亦當如是로다.
일 호 장 색　　　　인 심 지 체　　역 당 여 시

·霽日제일-갠 날. ·倏숙-갑자기. ·迅雷신뢰-우레. ·震電진전-번개. ·疾風질풍-거센 바람. ·怒雨노우-억센
비. ·朗月낭월-밝은 달. ·氣機기기-천지의 움직임. ·凝滯응체-엉기어 막힘. ·太虛태허-넓은 하늘.

125
사욕을 제어하는 노력은 악을 끊어버리는 지혜의 칼이다

　사정私情을 이겨내고 욕망을 억제하는 수양에 대해서는 '사욕이 무엇인가를 빨리 알지 않으면 억제하는 힘을 기르기가 쉽지 않다'고 말하는 사람도 있으며, 혹은 '이를 알았다 하더라도 참는 힘이 모자란다'고 말하는 사람도 있다. 대개 지식이란 악마를 밝혀내는 한 알의 밝은 구슬이요, 억제하는 힘이란 심마心魔를 베어 없애는 한 자루의 지혜로운 칼이니, 두 가지 모두 없어서는 안 되는 것이다.

　스스로 사욕에 제동을 걸지 못한다면 당사자는 말할 것도 없고 그 주변 사람들, 나아가서는 온 사회와 국가에도 막대한 손실을 끼치게 된다. 이 사욕에 제동을 거는 데는 무엇이 필요할까?

　이에 대해서는 사욕이 무엇인가를 빨리 깨달아야 한다는 주지론자主知論者가 있고, 사욕을 억제해야 한다는 주의론자主意論者가 있다. 그러나 홍자성은 주지론과 주의론을 모두 수용하고 있는 것이다.

　즉 빨리 깨달아야 하는 것도 중요하지만, 그런 사욕을 과감하게 뿌리칠 의지와 단호한 결단도 꼭 필요하다고 역설한다.

勝私制欲之功은 有口 '識不부면 力不易者라' 하고
승사제욕지공　유왈　식부조　　력불이자

有口 '識得破라도 忍不過者라' 하매, 蓋識은 是一顆照魔的明珠요
유왈　식득파　　인불과자　　　개식　시일과조마적명주

力은 是一把斬魔的慧劍이니 兩不可少也라.
력　시일파참마적혜검　　양불가소아

·勝私승사-사정私情을 이겨내다. ·功공-수양. ·識破득파-인식하여 간파하다. ·忍不過인불과-인내력이 부족하다. ·一顆일과-한 알. ·一把일파-한 자루. ·斬魔참마-악마를 베다. ·少소-결欠과 같다. 빼놓다.

126

남의 속임수나 모욕을 너그럽게 포용하라

남의 속임수를 알지라도 말로 나타내지 않고 남의 모욕을 받을지라도 안색을 변치 않는다면, 이 속에 무궁한 뜻이 있으며 또 무궁한 효능이 있는 것이다.

남이 나에게 속임수를 쓰고 있다는 걸 알고, 또 나에게 모욕감을 줄 때 분개하지 않는 사람이 어디 있을까. 하지만 상대방의 행동에 울분을 토하고 성을 내는 것은 어디까지나 그 자신이 상대방보다 나은 바가 없기 때문에 나타나는 반응인 것이다.

아량과 덕이 있는 사람이라면, 상대방이 아무리 속임수를 쓰고 거짓으로 다가오더라도 순간순간 경박하게 반응을 나타내지는 않을 것이다. 말하자면 알면서도 속는 체하는 것이다. 그리고 남이 나에게 모욕감을 주어도 성내지 않으면, 내가 도리어 그 사람을 포용하는 셈이 된다.

또 안하무인 격으로 스스로를 뽐내면서 남을 멸시하는 사람은 결국 고립되고 만다. 따지고 보면 딱하고 불쌍한 사람이 아닐 수 없으니, 그런 사람과 맞서는 것 역시 어리석은 소치 아니겠는가.

覺人之詐라도 不形於言하고 受人之侮라도 不動於色하면,
각 인 지 사   불 형 어 언   수 인 지 모   부 동 어 색
此中에 有無窮意味하며 亦有無窮受用이라.
차 중   유 무 궁 의 미   역 유 무 궁 수 용

·詐사-속임수. ·不形불형-나타내지 않다. ·侮모-모욕. ·色색-여기서는 안색이란 뜻이다. ·受用수용-쓸모, 효능.

127

역경과 곤궁은 사람을 단련시키는 용광로이다

역경과 곤궁은 호걸을 단련시키는 한 쌍의 도가니와 망치이다. 그 단련을 제대로 받으면 몸과 마음이 함께 이로울 것이지만, 그 단련을 받지 못하면 몸과 마음이 함께 손해를 볼 것이다.

부모의 과보호 속에서 자란 아이, 정부의 지원 아래 거친 풍파를 겪지 않고 성장한 기업은 흔히 온실 속의 화초로 비유된다. 그들은 보호와 지원이 이어질 때에는 별 탈 없이 성장하지만, 그것들이 끊겼을 때에는 금세 힘을 잃고 허덕인다. 그러기에 '어려서의 고생은 황금을 주고도 못 산다'는 속담도 있지 아니한가.

『맹자』에 '하늘이 큰일을 맡길 때에는 반드시 먼저 그 사람에게 가장 견디기 힘든 고통과 환란을 준다'는 말이 있다. 또 사람은 혼란을 겪지 않으면 강해지지 않는다거나, 영웅호걸은 난세에 나온다는 말도 본디 그 뜻이 같은 것이다.

곤궁과 역경을 헤치고 자란 사람이나 기업은 아무리 거센 비바람이 몰아쳐도 끄떡없는 법이다.

橫逆困窮은 是煅煉豪傑的一副鑪錘니,
能受其煅煉하면 則身心交益하고 不受其煅煉하면 則身心交損이라.

·橫逆횡역-역경. ·一副일부-한 쌍. 또는 한 개. ·鑪錘노추-도가니와 망치.

128
내 몸은 하나의 작은 천지天地이다

내 몸은 하나의 작은 천지天地라, 기뻐함과 성냄에 허물이 없게 하고 좋아함과 싫어함에 법도가 있게 하면, 이는 곧 몸을 조화롭게 다스리는 공부가 될 것이다. 천지는 하나의 위대한 어버이라, 백성들로 하여금 원망이 없게 하고 모든 사물에 나쁜 병이 없게 하면, 이 역시 화목을 돈독하게 하는 기상이다.

내 몸은 하나의 작은 천지, 소우주요 천지는 만물을 생육生育시키는 어버이, 대우주이다.

그러므로 내 몸은 대우주의 섭리와 법칙에 따라야 할 것인즉, 그것이 바로 희로애락喜怒哀樂의 감정에 어긋남이 없게 하고 절도가 있게 하는 것으로서, 내 몸의 수양이 된다. 또한 천지가 만물을 화목하게 하듯이, 내 뜻도 백성들의 원망과 사물들의 근심을 없이 하는 것인즉, 바로 천지 자연의 조화에 따르는 길이 된다.

이렇듯 만물을 포용하고 스스로도 절도에 따르게 하는 것이 바로 동양 사상의 미덕이다. 자연을 대상으로 삼고 지배하려는 욕구를 키워온 것이 근대 기술문명을 발전시켜 왔지만, 이제는 동양 사상의 원천으로 돌아가서 우리 마음의 바탕을 차분히 살펴보아야 하지 않을까. 우리가 채근담을 음미해 보는 것도 바로 그런 작업의 일환일 것이다.

吾身은 一小天地也라 使喜怒不愆하고 好惡有則이면 便是燮理的功夫요,
오신　일소천지야　사희로불건　호오유칙　변시섭리적공부

天地는 一大父母也라 使民無怨咨하고 物無氛疹이면 亦是敦睦的氣象이라.
천지　일대부모야　사민무원자　물무분진　역시돈목적기상

·愆건-허물. ·好惡호오-좋아함과 싫어함. ·有則유칙-일정한 법칙이 있다. ·燮理섭리-조화롭게 다스리다. ·怨咨원자-원망. ·氛疹분진-나쁜 병으로 고민함.

|129

차라리 남에게 속을지언정 남이 나를 속일 것이라 미리 짐작하지 말라

'남을 해치려는 마음을 가져서도 안 되지만, 남의 침해를 방어하려는 마음이 없어서도 안 된다'고 하는 말은 생각에 소홀함이 있을까 경계한 것이다. '차라리 남에게 속임을 당할지언정 남이 속일 것이라고 미리 짐작하지 말라'는 이 말은 지나치게 살피다가 덕을 해칠까 경계한 것이다. 이 두 마디 말을 아울러 마음에 간직하면 생각이 밝아지고 덕성이 두터워지리라.

앞의 구절은 가해자가 되지도 말고 피해자가 되지도 말라는 교훈이다. 가해자와 피해자는 서로 상대적이므로, 가해자가 없다면 피해자가 있을 수 없다. 당연한 말이지만 절대로 가해자는 되지 말아야겠다. 또 세상에는 까닭없이 남을 해치려는 사람들이 왕왕 있기 때문에, 늘 경계하고 방어하는 마음을 갖추고 있으란 충고이다.

뒤의 구절은 차라리 고지식하여 남에게 속을지언정 남이 나를 속일 것이라고 미리 짐작하지는 말라는 교훈이다. 이는 지나치게 살피고 미루어 의심하다 보면 의심하지 말아야 할 사람까지 의심을 하게 되어 혼란에 빠질 수도 있다는 말이다. 이것은 결코 덕이 될 수 없으며 자칫 고립되기 쉽다. 따라서 원만한 덕성도 기르라는 충고이다.

'害人之心은 不可有하고 防人之心은 不可無'라 하니 此는 戒疎於慮也요,
해 인 지 심   불 가 유   방 인 지 심   불 가 무   차   계 소 어 려 야

'寧受人之欺언정 毋逆人之詐'라 하니 此는 警傷於察也라.
영 수 인 지 기   무 역 인 지 사   차   경 상 어 찰 야

一語竝存하면 精明而渾厚矣리라.
이 어 병 존   정 명 이 혼 후 의

· 防방-방어하다. 예방하다. · 逆人之詐역인지사-남이 속일 것을 미리 대비하다. · 傷於察상어찰-추찰推察에 지나치다. · 精明而渾厚정명이혼후-생각이 밝고 덕이 두텁다.

130
공론을 이용하여 개인적인 감정을 만족시키지 말라

많은 사람들이 의심한다 하여 자신의 견해를 굽히지 말고, 자신의 뜻
만을 고집해서 다른 사람의 말을 내치지 말며, 작은 은혜에 사사로이
얽매여 대국大局을 그르치지 말고, 공론을 빌려 사사로운 감정을 만족시
키지 말라.

크게는 정치를 하는 의회에서나, 작게는 일을 하는 직장에서나 우리는
민주적인 토론에 너무나 미숙한 점이 많다. 감정에 이끌린 나머지 반대
를 위한 반대를 일삼는가 하면, 대중의 힘에 편승하여 자신의 의견을
얼른 철회해 버리곤 한다. 또 소수 의견을 무시해 버리는 것쯤은 다반사
이고 때에 따라서는 비방도 서슴지 않는다.

개인이나 자파自派를 옹호하고 욕망을 채우기 위해 상대방을 모략하
다가 마침내는 나라의 큰일까지 망치는 예를 우리는 역사와 현실 속에서
수없이 보아왔다. 개인 한 사람 한 사람이 감정을 배제하는 한편, 심사숙
고하여 진지하게 토론하는 올바른 토론 방법과 문화를 정착시켜 나가야
만 진정한 민주주의가 이루어질 것이다.

毋因群疑而阻獨見하고 毋任己意而廢人言하며,
무 인 군 의 이 조 독 견　　　무 임 기 의 이 폐 인 언
毋私小惠而傷大體하고 毋借公論以快私情하라.
무 사 소 혜 이 상 대 체　　　무 차 공 론 이 쾌 사 정

· 群疑군의-무리가 의심함. ·阻獨見조독견-자기의 생각을 굽히다. 조阻는 저沮와 같음. ·私小惠사소혜-작은
은혜에 사사로이 얽매이다. ·傷大體상대체-대국大局을 해치다.

131
악인을 간단히 물리칠 수 없을 때는 미리 폭로하지 말라

착한 사람이라도 빨리 친해질 수 없거든 미리 칭찬하지 말 것이니, 간악한 사람의 중상이 있을까 두렵다. 악한 사람이라도 가벼이 내칠 수 없다면 미리 발설하지 말 것이니, 뜻밖의 화를 초래할까 두렵다.

이 구절은 임금을 보필輔弼하는 정승들이 현자賢者를 중용하고 간인奸人을 물리치는 방도를 가르치고 있다.

대상 인물이 선인善人인 줄 알아도 빨리 친교를 맺을 수 없는 사정이 있으면, 미리 그 사람을 칭찬하는 말을 해서는 안 된다. 미리 칭찬하면 그 중간에 참언讒言과 모함으로 이간질하는 사람이 나타나게 마련이고, 이렇게 되면 장차 그 선인이 기용될 길을 미리 막는 셈이 된다.

또한 악인惡人인 줄 알아도 아직 물리칠 수 있는 힘이 없으면, 그 사람을 몰아내리라는 의중을 미리 내보여서도 안 된다. 만일 그 악인들이 들을 경우 이쪽에 대해 무슨 모함을 감행하고 어떤 화를 끼칠지 모르기 때문이다. 그렇게 되면 그 악인을 내치기는커녕 도리어 자기가 화를 당함으로써 소인배들의 득세를 부채질할 수도 있는 것이다.

善人을 未能急親이거든 不宜預揚이니 恐來讒譖之奸이요,
선인 미능급친 불의예양 공래참참지간
惡人을 未能輕去거든 不宜先發이니 恐招媒孽之禍니라.
악인 미능경거 불의선발 공초매얼지화

·預揚예양-미리 칭찬하다. ·讒譖참참-중상하고 이간하다. ·先發선발-미리 발설하다. ·媒孽매얼-뜻밖의 곳에서 재앙을 빚어내다. 원래의 뜻은 술밑과 누룩이 어울려 술을 빚는다임.

132
천하를 움직이는 경륜도 수양에서 얻어진다

청천백일青天白日같이 빛나는 절개와 의리는 본디 어두운 방 한구석에서 길러지는 것이요, 천하를 움직이는 빼어난 경륜은 깊은 못에 얼어 있는 살얼음을 밟듯이 조심스럽게 얻어지는 것이다.

우러름을 받는 세계적인 명사들의 발자취를 더듬어 보면, 하나같이 범인의 경지를 벗어나는 수양과 노력이 있었음을 발견하게 된다. 뼈를 깎는 인내와 피눈물 나는 노력 없이 명성을 드날리는 경우는 거의 없다. 그처럼 대성하고 명성을 드날릴 수 있었던 것은 결코 우연이 아닌, 불굴의 투지와 확고한 신념 그리고 냉철한 판단력과 끊임없는 실천력의 결과인 것이다.

青天白日的節義는 自暗室屋漏中培來하고,
청 천 백 일 적 절 의　자 암 실 옥 루 중 배 래
旋乾轉坤的經綸은 自臨深履薄處操出이라.
선 건 전 곤 적 경 륜　자 림 심 리 박 처 조 출

·青天白日 청천백일-푸른 하늘의 밝은 해. 여기서는 혁혁하게 빛난다는 의미. ·屋漏옥루-방의 서북쪽 구석, 컴컴한 방구석. ·旋乾轉坤선건전곤-하늘을 돌리고 땅을 굴리다. 곧 천하를 마음대로 움직인다는 뜻임. ·臨深履薄임심리박-심연深淵에 임하여 박빙薄氷을 조심스레 밟다. ·操出조출-안출案出.

|133
부모형제 간의 정애情愛에 보답을 논한다면 장사꾼의 관계나 마찬가지이다

부모가 자식을 사랑하고 자식은 부모에게 효도하며, 형이 동생을 아끼고 동생이 형을 공경하여 비록 지극한 지경에까지 이르렀다 할지라도 이는 마땅한 것일 따름이니, 털끝만큼도 감격스럽게 생각할 것이 못 된다. 만약 베푸는 쪽에서 덕으로 자임하고, 받는 쪽에서 은혜로 생각한다면 이는 길을 오가다 만난 사람과 같으니 곧 장사꾼의 관계나 마찬가지이리라.

부모의 자애慈愛와 자식의 효도, 형제간의 우애와 공경이 아무리 지극한 경지에까지 이르렀다 해도 그것은 인륜人倫의 기본적인 것이고 또한 당연한 것이기에 새삼스럽게 감격할 일이 아니다. 만약 이런 직계 혈연관계 사이에 시혜施惠와 보은을 논한다면 그것은 투자하고 거래하여 이익을 챙기려는 상인과 다를 게 무엇이겠느냐는 말이다.

산업이 고도로 발달된 오늘날까지 와서도 이러한 인륜 문제가 우리의 가슴을 울리는 것은, 우리가 무언가 큰 것을 잃고 작은 것만을 얻었다는 자괴지심自愧之心의 발로일 것이다.

父慈子孝하고 兄友弟恭하여 縱做到極處라도 俱是合當如此니,
부자자효　　형우제공　　종주도극처　　구시합당여차

著不得一毫感激的念頭라.
착부득일호감격적념두

如施者任德하고 受者懷恩하면 便是路人이니 便成市道矣라.
여시자임덕　　수자회은　　변시로인　　변성시도의

·縱종-여기서는 비록이란 뜻이다. ·做到주도-도달하다. ·極處극처-궁극점. ·著不得착부득-둘 수 없다. 볼 것이 못 되다. ·路人노인-길에서 오다가다 만난 사람. ·市道시도-장사꾼의 도리. 장사꾼과의 관계.

|134
미美를 자랑하면 반드시 남이 그 추함을 들추어낸다

고움이 있으면 반드시 추함이 있어 대비를 이루니, 내가 나의 고움을 자랑하지 않으면 누가 나를 추하다 할 수 있겠는가. 깨끗함이 있으면 반드시 더러움이 있어 짝을 이루니, 내가 깨끗함을 좋아하지 않으면 누가 나를 더럽다 할 수 있겠는가.

굳이 음양설陰陽說까지 끌어들이지 않더라도 이 세상 만물은 반드시 상대적인 면을 지니고 있다. 낮과 밤이 그렇고 여름과 겨울, 해와 달, 남과 여, 선과 악, 시작과 끝, 사랑과 미움…… 이런 것들을 열거하자면 한도 끝도 없을 것이다.

그런데 더 재미있는 것은 한 인간에게도 상대적인 면이 있다는 점이다. 아름다운 얼굴을 가진 자가 추한 마음을 지닐 수도 있고, 깨끗한 마음씨를 가진 자의 행동이 유치할 수도 있으며, 마음속에 선과 악을 공유하는 경우도 있다.

따라서 아름다움과 깨끗함을 지나치게 자랑한다면 남이 그의 추하고 더러운 면을 반드시 들춰내게 될 것이니 주의하라는 교훈이다.

有妍이면 必有醜하여 爲之對니 我不誇妍하면 誰能醜我리요?
유연   필유추   위지대   아불과연   수능추아

有潔이면 必有汚하여 爲之仇니 我不好潔하면 誰能汚我리요?
유결   필유오   위지구   아불호결   수능오아

·妍연-곱다. 예쁘다. ·仇구-여기서는 짝이란 의미이다.

135

질투와 시기는 육친간이 남남지간보다 더욱 심하다

후했다 박했다 하는 인심의 태도 변화는 부귀한 사람이 빈천한 사람보다 더욱 심하고, 질투하고 시기하는 마음은 육친간이 남남 사이보다 더욱 사납다. 이러한 처지에서 만약 냉철한 마음으로써 감당하고 평온한 기운으로써 제어하지 않는다면, 번뇌의 거리낌 속에 앉지 않는 날이 드물 것이다.

'사촌이 땅을 사면 배가 아프다'는 속담도 있듯이, 시기와 질투는 남보다 오히려 육친간이 더욱 심하다. 이것을 '근친 증오'라는 말로 표현하기도 한다.

남남지간이라면 이해관계가 끝났거나 싫어질 경우 만나지 않으면 그만이겠으나, 육친끼리는 그렇게 할 수도 없다. 더구나 육친 사이에는 나름대로 지켜야 할 도리도 있어서 불평불만을 속으로 삭일 뿐 밖으로 토로하지 못하는 경우도 허다하다. 그러다가 어느 시점에서 폭발하면 사태가 걷잡을 수 없는 지경에까지 이르기도 한다.

피차간에 재물을 놓고 다투는 싸움이 아니라면 그다지 큰 말썽이 나지는 않겠지만, 서로 다투는 대상이 지위 또는 재산이나 명성이라면 그것이 클수록 골육상쟁의 피해가 심각해진다. 그렇게 되지 않기 위해서는 평소에 늘 경계하고, 충분한 대화로 슬기롭게 넘어가야 하겠다.

炎凉之態는 富貴가 更甚於貧賤하고,
염 량 지 태   부 귀   갱 심 어 빈 천

妬忌之心은 骨肉이 尤狠於外人이니,
투 기 지 심   골 육   우 한 어 외 인

此處에 若不當以冷腸하고 御以平氣하면 鮮不日坐煩惱障中矣라.
차 처   약 부 당 이 랭 장   어 이 평 기   선 불 일 좌 번 뇌 상 중 의

·炎凉염량-더움과 싸늘함. 여기서는 인정의 변화. ·甚於심어-…보다 심하다. ·妬忌투기-질투와 시기. ·狠한-사납다. ·冷腸냉장-냉철한 마음. ·平氣평기-평정한 기운. ·鮮不선불-…하지 않음이 드물다. ·煩惱障번뇌장-번뇌의 장애.

136
신상필벌을 엄하게 하라

　공로와 과실은 조금도 혼동하지 말 것이니, 혼동하게 되면 사람들이 나태한 마음을 품으리라. 은혜와 원한은 크게 밝히지 말 것이니, 밝히게 되면 사람들이 배반의 뜻을 일으키리라.

　신상필벌信賞必罰을 엄격하게 해야 함은 지도자나 경영자의 첫째 요건이고, 또 그래야만 원성을 사지 않는다.

　혼신의 힘을 다해 공적을 올렸는데도 제대로 평가받지 못하고, 또 안일함으로 일관하거나 정신력의 해이나 무능력 등으로 조직에 해를 끼쳤음에도 문책받지 않는다면 어느 누가 열심히 일을 하겠는가. 만약 그렇게 된다면 시키는 일이나 마지못해 하고, 조직의 명운이 걸린 중대한 일도 건성으로 해나가는 피동적 분위기가 그 조직을 지배하게 되어 활력이 없어지고 말 것이다.

　한편 개인적인 이해관계나 은원관계에 얽매여 부하 직원들에게 차별대우를 한다면, 이 또한 인심을 잃게 되어 결국에는 모두들 그 조직을 떠나게 될 것이다.

功過는 不容少混이니 混則人懷惰墮之心하고,
공 과　불 용 소 혼　혼 즉 인 회 타 타 지 심

恩仇는 不可大明이니 明則人起携貳之志니라.
은 구　불 가 대 명　명 즉 인 기 휴 이 지 지

──────────

·容용-용납하다. ·混혼-혼동. ·惰墮之心타타지심-나태한 마음. ·恩仇은구-은혜와 원한. ·携貳之志휴이지지
-배반할 뜻.

137
능한 일이라고 힘을 다 쓰고 나면 쇠퇴한다

벼슬자리는 마땅히 너무 높지 말아야 할 것이니 너무 높으면 곧 위태롭고, 능한 일에는 마땅히 그 힘을 다 쓰지 말아야 할 것이니 힘을 다 쓰고 나면 곧 쇠퇴하며, 행실은 마땅히 너무 고상하지 말아야 할 것이니 너무 고상하면 곧 비방이 일어나고 욕이 몰려온다.

『주역周易』에 '항룡유회亢龍有悔'라는 말이 있다. 올라갈 대로 올라간 용은 후회만 있을 뿐이란 뜻이다. 높고 큰 나무일수록 바람을 많이 타는 법인데, 사람도 높은 지위에 오르고 나면 이내 내려와야 후회할 일도 없어지고 수치도 당하지 않는다.

그 밖에도 능력을 발휘할 때에는 그 힘이 고갈될 때까지 다 써버리는 것은 좋지 않으며, 인간관계의 마음가짐과 행실에 있어서는 지나치게 고결하면 인심을 잃는다고 강조하고 있다.

爵位는 不宜太盛이니 太盛則危하고,
작위 불의태성   태성즉위

能事는 不宜盡畢이니 盡畢則衰하며,
능사 불의진필   진필즉쇠

行誼는 不宜過高니 過高則謗興而毀來니라,
행의 불의과고   과고즉방흥이훼래

·爵位작위-벼슬의 지위. ·能事능사-특기. ·盡畢진필-끝까지 애쓰다. ·行誼행의-행실. ·過高과고-지나치게 높다.

138
악행은 눈에 띄기 쉽고, 선행은 눈에 잘 띄지 않는다

악惡은 그늘에 숨기를 꺼리고 선은 햇볕에 나타나기를 싫어한다. 그러므로 드러난 악은 화가 적고 숨은 악은 화가 깊으며, 드러난 선은 공이 작고 숨겨진 선은 공이 크다.

이 세상에 영원한 비밀이란 없다. 비밀이란 악한 것이든 선한 것이든 간에 언젠가는 분명히 드러나기 마련이다.

악행의 경우 그것이 얼른 드러나면 차라리 회개하고 돌아설 수 있겠으나, 그 악행이 숨겨지면 숨겨질수록 거듭되고 커지며 결국에는 패가망신에 이르게 하는 것이 그 속성이다.

선행의 경우 문제는 그것을 드러내어 자랑하는 경우인데, 그러한 선행은 공적을 쌓기는커녕 심지어 비난의 대상이 될 수도 있다. 「마태 복음」의 산상수훈에 나오는 '너는 구제할 때에 오른손이 하는 것을 왼손이 모르게 하여'란 구절은 그래서 진리이다.

惡忌陰하고 善忌陽이라.
악 기 음   선 기 양
故로 惡之顯者는 禍淺하고 而隱者는 禍深하며,
고   악지현자   화천   이은자   화심
善之顯者는 功小하고 而隱者는 功大니라.
선지현자   공소   이은자   공대

·陰음-그늘. 여기서는 남의 눈에 안 띈다는 뜻이다. ·陽양-양지. 여기서는 남의 눈에 띈다는 의미이다.

|139
덕은 주인이요 재능은 종이다

덕은 재능의 주인이요, 재능은 덕의 종이다. 재능은 있으면서 덕이 없다면 마치 집에 주인은 없고 종들이 마음대로 살림살이를 꾸려가는 것과 같으니, 어찌 도깨비가 날뛰지 않겠는가.

덕과 재능을 겸비하면 더 이상 이상적일 수 없다. 그러나 그렇지 못할 바에는 재능보다 덕을 갖추어야 한다. 만약 덕이 뒷받침되지 않는다면 도리어 그 재주가 화를 불러 자신은 물론 주위 사람에게까지 해를 입힐 수도 있기 때문이다.

오늘날 고도로 발달된 과학 기술과 관리 시스템으로 인하여 인류는 많은 재화財貨를 축적하게 되었다. 그러나 이 재화도 사용 방법에 따라서 인류에게 무한한 행복을 가져다줄 수도 있고, 또 파멸의 늪 속에 빠뜨릴 수도 있다. 따라서 그 열쇠를 쥐고 있는 주인인 인간들의 덕이 절실하게 요구되는 현실이다.

德者는 才之主요 才者는 德之奴이니,
덕자   재지주   재자   덕지노

有才無德은 如家無主而奴用事矣라.
유재무덕   여가무주이노용사의

幾何不魍魎而猖狂이리요?
기하불망량이창광

·德덕-덕성. 마음의 체體. ·才재-재능. 마음의 용用. ·用事용사-여기서는 살림살이란 의미이다. ·幾何기하-어찌. ·魍魎망량-도깨비. ·猖狂창광-마구 날뛰다. 놀아나다.

|140
도망갈 길을 열어줘야 자신이 다치지 않는다

　간악한 자를 제거하고 아첨하는 무리를 막으려면 한 가닥 달아날 길을 열어주어야 한다. 만약 한 군데도 몸 둘 곳이 없게 하면 이는 마치 쥐구멍을 막는 것과 같으니, 달아날 길이 다 막혀버리면 소중한 기물들을 모두 물어뜯어 못 쓰게 하리라.

　이 구절은 병법에서도 흔히 이용된다. '쥐도 다급해지면 고양이를 문다'든가, '개를 때려도 도망갈 퇴로를 보고 때리라'는 등의 속담은 모두 이 구절과 맥을 같이한다.

　인간관계에 있어서도 궁지에 몰려 있는 상대를 무턱대고 몰아세우는 것은 결코 좋은 방법일 수 없다. 때로는 속는 줄 알면서도 모르는 체 넘어가는 아량이 있어야 한다. 최소한의 관용과 아량은 결국 자신에게 도움이 된다는 교훈이다.

鋤奸杜倖에는 要放他一條去路라.
서 간 두 행　　요 방 타 일 조 거 로

若使之一無所容하면 譬如塞鼠穴者니,
약 사 지 일 무 소 용　　비 여 색 서 혈 자

一切去路都塞盡하면 則一切好物俱咬破矣라.
일 체 거 로 도 색 진　　즉 일 체 호 물 구 교 파 의

·鋤奸서간-서鋤는 호미, 奸奸은 간악. 여기서는 간악한 자를 호미질하다, 즉 제거하다란 의미이다. ·杜倖두행-두杜는 막다, 행倖은 아첨. 여기서는 아첨꾼을 막는다는 의미이다. ·一條去路일조거로-한 가닥 달아날 길. ·好物호물-소중한 기물器物.

|141
잘못은 내가 더 짊어지고, 공로는 상대가 더 갖도록 하라

마땅히 남과 더불어 허물을 같이할 것이로되 공로는 같이하지 말지니, 공로를 같이하면 서로가 시기하게 된다. 남과 더불어 환란은 같이할 수 있으되 안락은 같이하지 못할지니, 안락을 같이하려 하면 서로 원수가 된다.

누구든 실패하거나 실수했을 때 그 과실의 책임을 지지 않기 위해 안간힘을 쓴다. 그러면서도 공로는 서로 독차지하려고 상대를 시기하고 깎아내리는 것이 세상인심이다.

남과 더불어 고난을 같이하면 서로간의 정이 두터워지고 의리도 깊어지지만, 안락을 같이하려 하면 서로 견원지간犬猿之間이 되는 법이다. 그러므로 이를 아는 사람은 과실은 같이할지언정 공로는 같이하지 않고, 고난은 함께 나눌지언정 안락은 함께 누리려 하지 않는다.

잘못의 책임은 내가 더 지려 하고 공로는 상대방이 더 차지하도록 양보하는 것, 즉 눈앞의 사사로운 이익을 떠나 넓은 안목을 갖고 신뢰관계를 쌓아나가는 것이야말로 최상의 처세술이라 할 수 있을 것이다.

當與人同過로되 不當與人同功이니 同功則相忌하고,
당 여 인 동 과   부 당 여 인 동 공   동 공 즉 상 기
可與人其患難이로되 不可與人共安樂이니 安樂則相仇니라.
가 여 인 기 환 난   불 가 여 인 공 안 락   안 락 즉 상 구

·同過동과-과실의 책임을 함께 지다. ·同功동공-공로의 대가를 함께 누리다. ·相仇상구-서로 원수가 되다.

|142
말 한마디의 도움이 크나큰 공덕이 될 수 있다

선비가 가난하여 물질로써 남을 구제하지는 못할지라도, 어리석어 방황하는 사람을 만나게 되면 한마디 말로써 이끌어 깨우쳐 줘야 하고, 위급에 처해 허둥대는 사람을 만났을 때는 한마디 말로써 이를 풀어 구해 주어야 하나니 이것 역시 그지없는 공덕이다.

『탈무드』에 '자식에게 물고기를 잡아 먹이지 말고, 물고기 잡는 방법을 가르쳐 주라'는 명구가 있다. 물고기를 잡아 먹이는 것이 물질적인 도움이라면, 물고기 잡는 방법을 가르치는 것은 스스로를 책임질 수 있게 해주는 근본적인 도움이라고 할 수 있다.

남을 돕는다는 것은 꼭 물질적 도움만을 가리키는 것은 아니다. 절망 속에 빠진 자에게 희망을 불어넣어 주고, 용기를 잃은 자에게 용기를 심어주는 것은 오히려 더 큰 공덕이 될 수 있다.

士君子貧不能濟物者는 遇人癡迷處에 出一言提醒之하고,
사군자빈불능제물자   우인치미처   출일언제성지

遇人急難處에 出一言解救之하나니 亦是無量功德이라.
우인급난처   출일언해구지   역시무량공덕

·癡迷치미-어리석어 방황하다. ·提醒제성-깨우쳐 주다. ·解救해구-위급에서 구해 주다.

143
배고프면 다가오고 배부르면 떠나는 것이 세상인심이다

굶주리면 달라붙고, 배부르면 떠나가며, 따뜻하면 몰려들고, 추우면 버리나니 이것이 바로 인정의 공통된 병폐라.

얄팍한 세상인심을 고발하며 가슴 아파하는 구절이다.

배고프면 먹을 것을 주는 사람이나 돈 많은 이에게 붙고, 배부르면 언제 보았냐는 듯이 쌀쌀하게 떠나가는 법이다. 또 따뜻하다면서 몰려들다가도 추워지면 내팽개치듯 하며 떠나간다. 이것이 동서고금을 통한 세상인심인 것이다.

이러한 인정의 병폐는 세월이 지날수록 더해 간다는 느낌이 든다. 이해관계에 따라 손바닥 뒤집듯 변심·변절하는 세태 속에서 살아가는 우리로서는 통감하지 않을 수 없는 내용이다.

그러나 인간관계를 돈독히 하려면 이런 얄팍한 처세로는 곤란할 것이다. 어차피 혼자서는 살아갈 수 없는 인생이며 사회집단 속에서 함께 호흡하며 살아가야 할 터인데, 좀더 먼 앞날을 내다보며 대인관계를 맺는 것이 바람직할 게 아닌가.

饑則附하고 飽則颺하며 煖則趨하고 寒則棄는 人情通患也라.
기 즉 부　　포 즉 양　　욱 즉 추　　한 즉 기　　인 정 통 환 야

·附부-달라붙다. ·颺양-날리다. 떠나가다. ·煖욱-따뜻하다. ·趨추-모여들다. ·棄기-버리다. 등돌리다.

|144
신념을 가볍게 움직이지 말라

군자는 마땅히 냉철한 안목을 깨끗이 닦을 것이요, 삼가 굳건한 마음을 가볍게 움직이지 말지니라.

마음속 깊은 곳에 위치한 지조를 굳게 하라는 충고이다.

이해관계에 따라 조변석개朝變夕改하는 세태 속에서 지조와 의리를 지키며 살아가려면 냉철한 안목으로 사물을 보아야 하고, 또한 경거망동을 해서도 안 된다. 그리고 의지의 관철에만 집착해서 강경 일변도의 원칙만 고수해서도 안 되고, 항상 기를 평온히 해야 할 것이다.

그렇게 행동하기 위해서는 사욕을 물리쳐야 함은 물론이고 매사를 대국적인 견지에서 파악할 필요가 있다.

君子는 宜淨拭冷眼이요 愼勿輕動剛腸이라.
군 자   의 정 식 랭 안   신 물 경 동 강 장

·淨拭정식-깨끗이 닦다. ·冷眼냉안-냉철한 안목. ·剛腸강장-굳건한 마음.

145
덕은 도량이 커짐에 따라 높아진다

덕은 도량에 따라 높아지고, 도량은 식견으로 말미암아 커진다. 그러므로 그 덕을 두터이 하고자 하면 그 도량을 넓히지 않을 수 없고, 그 도량을 넓히고자 하면 그 식견을 키우지 않을 수 없다.

흔히들 말하기를 '인간의 덕성은 지식이나 학문과는 관계가 없다'고 한다. 지식을 많이 축적하고 있으면서도 인간적으로는 터럭만큼도 존경을 받지 못하는 사람이 있는가 하면, 아무 교양도 없건만 훌륭한 인격을 소유하고 있는 사람도 있으니 말이다.

하지만 사람은 식견을 넓힘으로써 도량이 커지고, 도량이 커짐에 따라서 덕이 높아진다.

우리가 훌륭한 인물을 접했을 때 느끼는 것, 즉 남을 깊이 배려해 주는 포용력과 아껴주는 자애심 등의 미덕은 폭넓은 인생 경험과 교양에 의해 배양되는 법이다. 식견이 부족하고 시야가 좁은 사람은 객관적으로 볼 때, 선의를 베푼다 하더라도 남을 이끌고 키워주는 인덕이란 면에서는 아무래도 미흡한 점이 많다.

德隨量進하고 量由識長이라.
덕 수 량 진   양 유 식 장

故로 欲厚其德이면 不可不弘其量이요,
고   욕 후 기 덕   불 가 불 홍 기 량

欲弘其量이면 不可不大其識이라.
욕 홍 기 량   불 가 부 대 기 식

· 量양-도량. · 識식-식견, 견식.

146
고요한 때에 마음의 빛을 돌이켜 보라

희미한 등불이 가물거리고 삼라만상이 소리 없으니 이는 우리가 비로소 편안한 잠에 들 때요, 새벽 꿈에서 막 깨어나 모든 것이 아직 움직이지 않으니 이는 우리가 비로소 혼돈에서 벗어날 때이다. 이때를 틈타서 한마음 빛을 돌이켜 환히 비추어 보면 비로소 이목구비가 다 질곡이요, 정욕과 기호嗜好가 모두 마음을 타락시키는 기계임을 알게 되리라.

인간을 일컬어 영적靈的 존재라고 한다. 한밤중이나 새벽녘 조용한 시간을 맞았을 때, 이때 인간의 마음은 가장 순수해지고 자신의 본심으로 돌아가는 것이다. 어제의 일이 가슴에 찔리고 양심을 괴롭히는 것도 이 때문이리라.

그러나 일단 눈을 뜨고 밖으로 나와 오관五官으로 세상을 느끼게 되면 정욕과 기호품들이 마음을 괴롭힌다. 소유하고 싶고 향락을 누리고 싶은 욕망이 불길처럼 솟아오르는 것이다.

산사山寺에서 새벽 염불을 하는 승려나 교회에서 새벽 기도를 하는 목사 등 성직자들의 염원하는 바가 무엇일지 짐작이 간다.

一燈螢然에 萬籟無聲은 此吾人初入宴寂時也요, 曉夢初醒에
일등형연   만뢰무성   차오인초입연적시야   효몽초성
群動未起는 此吾人初出混沌處也라. 乘此而一念廻光하여 炯然返照하면
군동미기   차오인초출혼돈처야   승차이일념회광   형연반조
始知 耳目口鼻는 皆桎梏이요 而情欲嗜好가 悉機械矣리라.
시지 이목구비   개질곡   이정욕기호   실기계의

·一燈螢然일등형연-등불이 반딧불처럼 가물거린다. ·萬籟만뢰-만물의 소리. ·宴寂연적-편안히 잠들다. ·一念일념-자기의 본심. ·廻光회광-빛을 안으로 들어오게 하다. 여기서는 반성한다는 뜻이다. ·炯然형연-환하게 빛나다. ·桎梏질곡-몸을 구속함. ·機械기계-여기서는 마음을 타락시키는 기계란 의미이다.

147
자기반성을 하는 사람에게는 매사가 약이 된다

　자기를 반성하는 사람은 부딪치는 일마다 모두 약이 되고, 남을 탓하는 사람은 생각하는 것마다 자신을 해치는 창과 칼이 된다. 전자는 숱한 선善의 길을 열고, 후자는 온갖 악惡의 근원을 이루나니 그 서로의 거리는 하늘과 땅처럼 멀다.

　인간에게는 자기변명이라는 방어 본능이 있다. 어떤 과실을 저질렀을 경우, 그 과실의 원인을 남의 탓으로 돌리고자 한다. 그러나 자신의 실수를 남에게 전가하는 것은 순간을 모면하는 계교가 될 수는 있을지언정 결국에는 자기 자신을 찌르는 창과 칼이 되어 돌아오기 십상이다. 그런 사람에게는 결코 자기 혁신이 있을 수 없으며, 따라서 향상이나 발전을 기대할 수도 없다.

　반면에 잘못된 그 책임을 자신에게서 찾으려는 사람에게는 자기발전과 혁신이 따르며, 그것이 곧 성공의 길로도 이어진다.

　그러므로 자기반성은 조직의 지도자일수록 더욱 깊고 철저히 해야 할 것이다. 그래야만 그 사람 주변에 유능한 인재들이 모여 성공의 초석을 쌓을 수 있기 때문이다.

反己者는 觸事가 皆成藥石이요,
반 기 자　촉 사　개 성 약 석
尤人者는 動念이 卽是戈矛라.
우 인 자　동 념　즉 시 과 모
一以闢衆善之路하고 一以濬諸惡之源하니 相去霄壤矣라.
일 이 벽 중 선 지 로　일 이 준 제 악 지 원　상 거 소 양 의

·反己반기-자기를 반성하다. ·觸事촉사-일에 부딪침. ·藥石약석-여러 가지 약. ·動念동념-생각함. ·闢벽-황무지를 개척하다. ·衆善중선-많은 선행. ·濬준-더 깊이 파내다. ·霄壤소양-하늘과 땅.

|148
부귀와 공명은 때에 따라 돌지만, 기개와 절조는 천년이 흘러도 변하지 않는다

사업과 문장은 몸을 따라 사라지되 정신은 만고에 늘 새로우며, 공명과 부귀는 세상이 변함에 따라 바뀌건만 기개와 절조는 천년이 하루 같으니, 군자는 진실로 저것[사업 문장과 공명 부귀]으로써 이것[정신과 기개 절조]을 바꾸지 말지니라.

훌륭한 사업과 글이 만고에 항상 새로운 까닭은 그 정신이 길이 살아 후세 사람의 마음을 움직이기 때문이다. 그러하기에 숭고한 정신이 배어 있지 않으면 모든 사업과 학문도 그 몸이 죽음과 함께 사라지고 마는 것이다.

한편 부귀와 공명은 때에 따라 변하고 또 돌고 돌지만, 굳은 절개와 기상은 천년의 세월이 흘러도 여간해서는 변하지 않는 것이다. 이러한 세상 이치를 자각하여, 부귀공명만을 좇아 몸이 사라짐과 동시에 모든 것이 사라지는 인물이 되기보다는, 아무리 세상이 바뀌어도 자신의 족적이 영원히 살아 숨쉴 수 있는 길을 좇는 인물이 되어야 하지 않겠는가.

事業文章은 隨身銷毁하되 而精神은 萬古如新이요,
사업문장 수신소훼 이정신 만고여신

功名富貴는 逐世轉移하되 而氣節은 千載一日이니,
공명부귀 축세전이 이기절 천재일일

君子는 信不當以彼易此也니라.
군자 신부당이피역차야

·銷毁소훼-녹아 없어지다. 사라지다. ·逐世축세-세상을 따르다. ·氣節기절-기개와 절조.

|149
계략 속에 계략이 숨겨져 있고, 이변 밖에 또 이변이 생긴다

고기를 잡으려고 그물을 쳐놓으니 기러기가 곧 그 중에 걸리고, 사마귀가 먹이를 노리니 참새도 그 뒤를 엿본다. 계략 속에 또 계략이 숨겨져 있고 이변 밖에 또 이변이 생기거늘, 사람의 지혜나 계교를 어찌 믿을 수가 있겠는가.

세상사에는 정도正道가 있고 반면에 기교라는 것이 있다.

포수가 총을 들고 밤나무 숲속에 들어가 참새를 조준했다. 그런데 그 참새는 사마귀 뒤에서 그것을 잡으려고 노리고 있는 게 아닌가. 또 사마귀는 매미를 잡으려고 잔뜩 노리고 있고……. 이처럼 내가 무엇을 노리면 그 순간 바로 내 뒤에는 나를 노리는 자가 있을 수 있다. 그것이 인생의 이변이다.

그러기에 정도를 걸어야 하며, 잔꾀나 기교 따위를 부려서는 안 된다는 교훈이다.

魚網之設에 鴻則罹其中하고 螳螂之貪에 雀又乘其後하니,
어 망 지 설   홍 즉 리 기 중   당 랑 지 탐   작 우 승 기 후

機裡藏機하고 變外生變이거늘 智巧를 何足恃哉리요?
기 리 장 기   변 외 생 변   지 교   하 족 시 재

· 魚網之設어망지설-물고기를 잡고자 하여 그물을 쳐놓다. 첫째 구절은 『시경詩經』에서 따온 것인데, '뜻밖의 수확'이란 의미로도 쓰인다. · 螳螂之貪당랑지탐-당랑은 사마귀. 둘째 구절은 『장자莊子』와 『설원說苑』 등에 있는 구절로서 '기는 놈 위에 나는 놈'이란 의미로 쓰인다. · 機기-계략. · 恃시-믿다. 의지하다.

150
성실성이 없으면 일마다 헛될 것이다

　사람으로서 한 점의 진실되고 간절한 생각이 없으면 이는 곧 거지가
되는지라, 하는 일마다 모두 헛될 것이다. 세상을 살아나감에 한 조각의
원만하고 활달한 멋이 없다면 이는 곧 하나의 장승이나 마찬가지이니,
가는 곳마다 막힘이 있을 것이다.

　진실성과 성실성이 결여되어 있는 사람에게 사람들은 한두 번쯤은 속
을는지 모른다. 그러나 결국에는 그 사람을 아예 상대하지 않게 된다.
그 자신은 우쭐대며 하찮은 자기 능력을 자랑하고 얄팍한 기교를 부릴는
지 모르지만, 도리어 그 태도가 상대방에게 경계심을 심어주기 때문이다.
　그렇다고 진실성과 성실성만 있으면 되는 것일까? 사회적 존재인 인
간으로서는 아무래도 그것만으로는 부족하다. 자신의 생각이나 행동에
거짓만 없으면 된다면서, 남의 기분이나 처지를 무시하는 독선이 넘치면
반드시 주위 사람들의 반발을 불러일으킨다. 그런 사람은 아무리 노력을
해도 고립무원의 상태에 놓이게 되기 때문에 하고자 하는 일을 성공시킬
수 없다.
　주변 사람들의 신뢰와 협조를 얻기 위해서는 진실성과 성실성, 그리고
원만성과 활달성까지 겸비해야 하는 것이다.

作人에 無點眞懇念頭면 便成個花子니 事事皆虛하고,
작인　무점진간념두　변성개화자　사사개허

涉世에 無段圓活機趣면 便是個木人이니 處處有碍라.
섭세　무단원활기취　변시개목인　처처유애

·作人작인-사람으로서. ·眞懇念頭진간념두-진실되고 간절한 생각. ·花子화자-거지. ·段단-한 조각. ·木人목
인-장승. 허수아비.

|151
괴로움을 물리치면 즐거움은 절로 찾아든다

　물은 파도만 일지 않으면 곧 절로 고요하고, 거울은 가리지만 않으면 곧 절로 밝다. 그러므로 마음도 애써 맑게 할 것이 아니라 그 흐리게 하는 것만 버리면 맑음이 절로 나타날 것이요, 즐거움도 굳이 찾을 것이 아니라 그 괴롭게 하는 것만 버리면 즐거움이 절로 있을 것이다.

　우주 만물에는 반드시 음양의 원리가 있듯이 우리 인생에도 이 음양의 원리는 적용된다. 즐거운 일이 있으면 괴로운 일이 생기게 마련이고, 마음속에 욕심이 꽉 차 있다가도 어느 때는 깨끗한 마음으로 돌아오기도 한다.

　문제는 불행이나 괴로운 일에 부딪쳤을 때, 또는 욕심이 일 때 어떻게 그것들을 수용할 것이며 대처할 것이냐이다.

　마음속에 풍파가 일지 않게 하고 티끌이 끼지 않으면 마음이 절로 맑아질 것이요, 괴로움이 침입할 때 애써 내치면 즐거움이 절로 찾아들 것이다. 이와 같이 마음을 명경明鏡과 같게 하면 괴로움도 불행도 불만도 눈 녹듯이 사라짐을 터득하게 될 것이고, 또한 과욕이 불행의 원인임도 깨닫게 될 것이다.

水不波則自定하고 鑑不翳則自明이라.
수 불 파 즉 자 정　　　감 불 예 즉 자 명
故로 心無可淸이니 去其混之者면 而淸自現하고,
고　심 무 가 청　　거 기 혼 지 자　이 청 자 현
樂不必尋이니 去其苦之者면 而樂自存이니라.
낙 불 필 심　　서 기 고 지 사　이 락 자 존

·自定자정－정定은 정靜과 같다. 즉 스스로 조용하다. ·鑑감－거울. ·不翳불예－가리지 않다. 막지 않다. ·心無可淸심무가청－굳이 마음을 깨끗이 하려고 하지 않는다. ·尋심－찾다.

152
우발적인 생각과 우연한 행동이 재앙을 부른다

한 생각으로 하늘의 금계禁戒를 범할 수 있고, 한 마디 말로 천지자연의 조화를 깨뜨릴 수 있으며, 한 가지 일로써 자칫 자손들의 재앙을 빚어낼 수 있으니, 모두 마땅히 간절하게 경계해야 할 것이다.

일거수 일투족을 삼가며 언제나 건전한 사고방식으로 임하라는 교훈이다.

아무리 큰 사건, 사고라 하더라도 그 원인을 규명해 보면 아주 사소한 것에서 잉태됨을 알게 될 때 우리는 당혹하지 않을 수 없다. 심지어는 세계대전처럼 막대한 인명과 재산의 피해를 초래케 한 큰 사건도 실상은 한두 사람의 오판에서 일어났던 것이다.

불건전한 사고방식이나 사상, 그리고 그런 말 한 마디가 역사를 바꿔 놓는다는 점을 생각할 때 이른바 지도층에 있는 사람, 조직의 경영자나 지도자들은 항상 건전한 생각을 갖도록 수양할 일이며 말 한 마디, 행동 하나에도 각별하게 신경을 곤두세울 일이다.

有一念而犯鬼神之禁하고 一言而傷天地之和하며 一事而釀子孫之禍하니,
유 일 념 이 범 귀 신 지 금   일 언 이 상 천 지 지 화   일 사 이 양 자 손 지 화
最宜切戒라.
최 의 절 계

·鬼神之禁귀신지금-천지신명의 계명. ·天地之和천지지화-천지자연의 조화. ·釀양-빚다. ·切절-간절히.

|153
느슨하게 처리하면 자연히 이루어지는 일도 있다

  일은 급하게 서두르면 드러나지 않다가도 여유 있게 하면 혹 절로 밝아지는 수가 있으니, 조급하게 서둘러서 그 분노를 불러들이지 말라. 사람은 부리고자 하면 순종하지 않되 놓아두면 혹 절로 감화되는 수가 있으니, 심하게 부리어 그 완고함을 더하지 말라.

  산업화 사회가 되면서 소위 '빨리빨리'란 말이 일상화되었고, 어떤 일이든 간에 서두르는 경향이 만연되었다. 그 결과 부실공사를 비롯하여 온갖 면에서 폐단이 일어나고 있음을 우리는 잘 안다.

  한편 인간에게는 남을 지배하려는 욕망이 있는 반면 남의 지배에서 벗어나고자 하는 욕망도 있다. 아무리 일을 시켜도 잘 복종하지 않던 사람이 그냥 내버려 두면 절로 잘못을 깨닫고 능력을 발휘하곤 한다. 따라서 똑같은 일을 시키더라도 '…을 해라'라는 명령조보다는 '…좀 해주지 않겠나'라는 협조 요청조의 명령이 효과를 크게 거두기도 하고, 또 조직의 분위기도 한결 부드럽게 만든다.

  이처럼 대단치 않게 여겨지고 자칫 지나치기 쉬운 일들까지도 리더들은 세심하게 챙길 줄 알아야 한다.

事有急之不白者로되 寬之或自明하니 毋躁急以速其忿하고,
사 유 급 지 불 백 자   관 지 혹 자 명   무 조 급 이 속 기 분

人有操之不從者로되 縱之或自化하니 毋操切以益其頑하라.
인 유 조 지 부 종 자   종 지 혹 자 화   무 조 절 이 익 기 완

·不白불백-명백하지 않다. ·速其忿속기분-남의 분노를 사다. ·操조-부리다. 시키다. ·縱종-놓아두다. 방치하다. ·化화-감화. ·操切조절-마구 부리다. ·頑완-완고함.

|154
덕성으로 도야陶冶된 학문이라야 진정한 학문이다

절의節義가 청운青雲을 내려다보고 문장이 백설白雪보다 높을지라도, 만약 덕성으로써 도야된 것이 아니라면 결국엔 혈기의 사행私行이 되며 얄팍한 재주가 되고 말 뿐이다.

절개와 의리, 깊은 학문 등을 아무리 겸비하고 있다 하더라도 그것들이 덕성을 갖춘 바탕 위에서 이루어진 것이 아니라면 빛을 발할 수 없다는 경고의 문구이다. 스스로를 어느 정도로 도야했느냐 하는 결과로 인격자인지의 여부가 판가름된다는 것이니, 이 얼마나 두려운 말인가.

현대 교육을 꼬집어, 기능인을 만들어 낼 수는 있지만 인격자는 만들어 내지 못한다고 한다. 덕성, 즉 인간성을 제대로 교육시키지 못한다는 비아냥일 것이다. 모두들 깊이 생각해 볼 문제가 아닌가.

節義가 傲青雲하고 文章이 高白雪이라도
절 의   오 청 운   문 장   고 백 설
若不以德性陶鎔之면 終爲血氣之私요 技能之末이라.
약 불 이 덕 성 도 용 지   종 위 혈 기 지 사   기 능 지 말

·傲青雲오청운-푸른 구름도 내려다본다. 즉 고관대작의 자리도 깔본다는 의미이다. ·白雪백설-흰눈. 여기서는 뛰어난 시문詩文이란 뜻이다. ·陶鎔도용-도야. 수양. ·私사-사행私行.

155
일자리에서 물러나려면 전성기에 물러나라

일에서 물러나려거든 마땅히 전성기 때에 물러나야 하고, 몸을 두려거든 마땅히 홀로 뒤처진 자리에 두어야 한다.

『노자老子』에 '재물과 보화가 가득 차 있을지라도 언제까지나 그것을 지켜낼 수는 없다. 부귀한 지위에 만족하고 교만에 차 있으면 스스로 화를 불러들이게 될 것이다. 공을 이루고 이름을 떨쳤으면 몸을 빼는 것이 하늘의 도道이다.'란 말이 있다.

현실사회에서 활동하고 있는 한, 경쟁을 피할 수는 없다. 어떤 자리에 앉아 있든 간에 그 지위, 그 일자리를 부러워하고 원하는 상대는 있게 마련이고, 그래서 그 자리를 노리게 마련이다. 본인 자신은 충분히 그 지위를 누릴 만한 자격이 있고 떳떳하다고 자신할지라도 질투와 선망의 표적이 될 뿐 아니라, 기회만 생기면 밀어내려는 자가 주변에는 반드시 있다는 것을 잊지 말 일이다.

그렇다면 어떻게 하는 것이 현명할까? 스스로 사회적 책임을 충분히 이행했다고 생각되는 시점에서 가급적 빨리 몸을 빼어 후진에게 길을 터주는 것이 성공적인 처세라는 것이다. 그런 다음 명성에서 멀리 떨어진 평탄한 말년을 보내는 것이 좋다는 말이다.

謝事는 當謝於正盛之時하고
사사　당사어정성지시
居身은 宜居於獨後之地라.
거신　의거어독후지지

·謝事사사-일을 그만두고 물러나다. ·正盛정성-전성全盛. ·居身거신-몸을 두다. 지위를 차지하다. ·獨後之地 독후지지-홀로 뒤처진 자리.

|156
은혜를 베풀려거든 갚지 못할 사람에게 베풀라

덕을 삼가려면 모름지기 아주 작은 일에도 삼가고, 은혜를 베풀려면 갚지 못할 사람에게 힘써 베풀라.

지극히 사소한 일이라고 해도 소홀히 다루지 않고 삼가는 습관, 이런 습관을 길러나가다 보면 큰 문제에 봉착하더라도 당황하는 일 없이 올바르게 처리할 수가 있다.

또 남에게 도움을 줄 경우, 대개의 범인들은 반드시 자기가 베푼 것에 대해 상대방이 감읍할 것을 은근히 바라면서 돕는다. 그런 기대를 갖는다면 그 자체가 장사꾼의 행위와 다를 바 없어서 순수한 선행이라고 말할 수 없는 것이다.

진정한 선행을 하려면 도저히 보답할 능력이 없을 만큼 어려운 처지에 놓여 있는 사람을 택해야 한다. 그러면 무의식중에라도 보답을 원하는 욕심이 싹틀 여지가 없을 것이기 때문이다.

謹德은 須謹於至微之事하고
근 덕   수 근 어 지 미 지 사
施恩은 務施於不報之人하라.
시 은   무 시 어 불 보 지 인

·謹德근덕-덕행을 삼가서 과실이 없도록 함. ·至微之事지미지사-아주 사소한 일.

157
시정市井 잡배와 사귀느니 산골 늙은이를 사귀는 편이 낫다

시중市中 사람을 사귐은 산골 늙은이를 벗함만 못하고, 권문세가權門勢家에 굽실거림은 오막살이와 친함만 못하며, 거리에 떠도는 말을 듣는 것은 나무꾼과 목동의 노래를 듣는 것만 못하고, 지금 사람의 부덕과 그릇된 행실을 말함은 옛 사람의 훌륭한 말씀과 아름다운 행실을 이야기함만 못하다.

사람들은 두 사람 이상이 모이면 으레 이해관계에 대해 논하는가 하면 현실에 대한 비판을 빼놓지 않는다. 자기 자신만이 대표적인 선량인 양 목청을 돋워서 정치와 정치인들을 비판하고 조직의 상사를 헐뜯는다. 하지만 그러면서도 자기의 이익과 지위를 위해 권문세가를 드나든다면, 이는 실로 이율배반이자 자기모순이 아니겠는가.

인생을 뜻 있게 살아가기 위해서는 시류에 영합하거나 남을 헐뜯기보다는 고전을 가까이하며 담백한 생활을 추구하는 것이 바람직하다.

交市人은 不如友山翁하고 謁朱門은 不如親白屋하며,
교시인   불여우산옹   알주문   불여친백옥
聽街談巷語는 不如聞樵歌牧詠하고
청가담항어   불여문초가목영
談今人失德過擧는 不如述古人嘉言懿行이라.
담금인실덕과거   불여술고인가언의행

·市人시인-시중市中 사람. ·謁알-절을 하고 뵙다. 여기서는 굽실거린다는 뜻이다. ·朱門주문-고관대작의 집. 옛날 고관대작의 집 대문은 붉게 칠했었다. ·白屋백옥-오막살이. 흰 띠[茅]로 지붕을 이었다는 데서 나온 말이다. ·街談巷語가담항어-거리에 떠도는 소문. ·樵歌牧詠초가목영-나무꾼과 목동의 노랫소리. ·過擧과거-잘못된 행실. ·嘉言懿行가언의행-아름다운 언행.

158
기초가 약한 집이 오래 간 적은 없다

덕이란 사업의 기초이니, 기초가 튼튼하지 못한 채 그 집이 견고하여 오래 간 적은 없다.

기초가 튼튼하지 못하면 그 집은 오래 가지 못한다. 이내 기울고 일그러지고 무너지기 쉬운 까닭이다.

덕은 사업의 기초이다. 덕을 닦고 쌓아서 그 기초를 튼튼하게 하지 않으면, 그 위에 짓는 어떠한 사업도 번성하지 못할 것이다.

德者는 事業之基니
덕 자   사 업 지 기
未有基不固而棟宇堅久者니라.
미 유 기 불 고 이 동 우 견 구 자

· 基기-기초. · 棟宇동우-棟棟은 대들보이고 우宇는 지붕. 여기서는 합쳐서 가옥이란 뜻이다. · 堅久견구-굳고 오래 가다.

159
마음은 자손을 위한 뿌리이다

마음이란 자손의 뿌리이니, 뿌리를 깊이 내리지 않고서 가지와 잎이
무성한 것은 없다.

나무에는 줄기가 있고 가지가 뻗었으며, 잎과 꽃이 달렸고 열매가 맺
혀 있다. 이것이 우리 눈에 보이는 나무의 모습이다.

그러나 눈에 안 보이는 땅 밑에는 뿌리가 있다. 뿌리는 그 나무의 생명
의 원천이다. 뿌리가 튼튼하게 착근着根하고 있지 못하면 그 나무의 줄기
는 말라 비틀어질 것이고, 잎은 시들며 꽃과 열매는 열리지 않을 것이다.
이것이 대자연의 법칙이다.

부모의 인격이 엉망인데 어찌 그 자손에게서 인격자가 나오기를 바라
겠는가. 그기에 「용비어천가龍飛御天歌」에도 '뿌리 깊은 나무가 바람에
아니 움직일새, 꽃 좋고 열매 많나니'라고 하지 않았던가.

心者는 後裔之根이니
심 자   후 예 지 근
未有根不植而枝葉榮茂者니라.
미 유 근 불 식 이 지 엽 영 무 자

· 後裔후예─자손, 후손. · 榮茂영무─무성하다, 번성하다.

|160

제 마음속의 보물은 내버려 두고 거지 흉내를 낸다

옛 사람이 이르되 '제 집의 무진장한 재산은 내버려 두고 남의 집 문전에서 밥그릇을 들고 거지 흉내를 낸다'라고 했으며, 또 이르되 '벼락부자가 된 가난뱅이여, 꿈 이야기는 그만두어라. 누구네 부엌인들 불 때면 연기 안 날까?'라고 하였다. 전자는 스스로 가진 것에 어두움을 경계함이요, 후자는 가진 것을 스스로 자랑함을 경계한 것이니 가히 학문의 절실한 계명으로 삼을 일이다.

자신의 참된 바탕을 깨닫지 못한 채 남의 것을 구걸하듯이 탐낸다거나, 조그만 재능을 터득하고서 그것을 자랑하는 어리석음을 경계한 잠언이다.

금방 귀로 들은 것을 입으로 나불거리는 경박함을 일컬어 '구이지학口耳之學'이라고 하는데, 엄히 경계해야 할 일이다. 배운 바를 충분히 이해하고 몸에 익혀 실천하지 않는다면, 그것은 마치 미식美食을 먹었음에도 소화를 못 시키고 배설하는 것과 같아서 조금도 득이 될 수 없기 때문이다.

前人이 云하되 '抛却自家無盡藏하고 沿門持鉢效貧兒라' 하고,
전인 운   포각자가무진장   연문지발효빈아

又云하되 '暴富貧兒休說夢하라! 誰家竈裡火無烟이리요?'하니,
우운   폭부빈아휴설몽   수가조리화무연

一箴自昧所有요 一箴自誇所有니 可爲學問切戒니라.
일잠자매소유   일잠자과소유   가위학문절계

·前人전인-왕양명王陽明을 가리키며 「영량지시제생詠良知示諸生」이란 시에 있는 내용이다. ·抛却포각-내어 버리다. ·沿門연문-남의 집 대문을 따라 다니다. ·鉢발-밥그릇. ·效효-흉내내다. ·貧兒빈아-거지. ·又云우운-무량수수선사를 가리키며 『오등회원 속략五燈會元 續略』 권3에 있는 글을 인용한 것이다. ·暴富폭부-벼락부자. ·箴잠-경계하다. ·切戒절계-간절한 훈계.

161
도덕과 배움에 정진하라

도덕은 일종의 공중의 것이니 마땅히 사람마다 이끌어 접하게 하고,
배움은 날마다 먹는 밥과 같으니 마땅히 일마다 깨우치고 삼가라.

도道다, 학문이다 하면 어떤 특수층, 즉 성현이나 학자들만의 전유물
로 생각하기 쉬운데 결코 그렇지 않다. 인간이 인간답게 살아가는 것이
도이고, 우주 자연의 원리를 탐구하는 것이 학문이다.

그러므로 누구나 학문과 도를 닦을 수 있는 것이고, 또 도와 학문을
닦는 사람들은 이 사람 저 사람 가리지 말고 이끌어서 이행하게 하는
것이 마땅하다.

道는 是一重公衆物事니 當隨人而接引하고,
도   시 일 중 공 중 물 사   당 수 인 이 접 인

學은 是一個尋常家飯이니 當隨事而警惕하라.
학   시 일 개 심 상 가 반   당 수 사 이 경 척

· ·一重일중-일종. ·隨人수인-사람마다. ·尋常家飯심상가반- 날마다 집에서 먹는 보통 끼니. ·警惕경척-깨우치
고 조심하다.

|162
남을 신뢰하는 사람은 그 자신이 성실하기 때문이다

남을 믿는 것은 남들이 반드시 다 성실해서가 아니라 저 혼자만은 성실하기 때문이요, 남을 의심하는 것은 남들이 반드시 다 속여서가 아니라 저 스스로가 먼저 속이기 때문이다.

남을 믿고 일을 한다면, 비록 상대방의 마음이 성실하지 못하여 속임을 당했다 하더라도 이쪽은 성실하게 대한 결과가 된다. 반면에 남을 의심한다면, 상대방은 정직하게 대하고 있는데도 이쪽은 거짓으로 대한 결과가 된다.

그러나 전자처럼 우직愚直하라고 권하는 것은, 어쩐지 행하기 어려운 것을 강권한다는 느낌이 든다. 왜냐하면 속는 쪽보다 속이는 쪽이 언제나 득을 보기 때문이다. 사람을 대할 때 한 번쯤 의심해 보라는 말이 설득력을 지니는 것은 그래서인 것 같다.

믿었던 사람으로부터 배신을 당하면 참기 어려울 정도로 화가 나겠지만, 그래도 성실한 사람을 처음부터 의심하면서 그 선의를 무시하거나 짓밟는 것보다는 차라리 낫지 않을까.

信人者는 人未必盡誠이나 己則獨誠矣요,
신 인 자   인 미 필 진 성   기 즉 독 성 의
疑人者는 人未必皆詐나 己則先詐矣라.
의 인 자   인 미 필 개 사   기 즉 선 사 의

·盡誠진성-진실로 성실을 다하다. ·詐사-속이다.

|163
마음이 따뜻한 사람은 만물을 소생케 하는 봄바람과 같다

마음이 너그럽고 후한 사람은 봄바람이 따뜻하게 길러주는 것과 같아서 만물이 그를 만나면 살아나고, 마음이 모질고 각박한 사람은 차가운 눈보라가 음산하게 얼어붙게 하는 것과 같아서 만물이 그를 만나면 죽게 된다.

산야의 초목들은 주변 환경에 따라서 무럭무럭 자라기도 하고, 금방 시들어 버리기도 한다. 사람도 마찬가지로 부모 슬하의 어린이, 혹은 조직 속의 직원을 대할 때 봄바람과 같이 훈훈하게 대하느냐, 북풍한설과 같이 모질고 각박하게 대하느냐에 따라 상대방의 의욕이 생멸生滅하는 것은 누구나 알고 있는 이치이다.

그러나 부모든 교사이든, 혹은 직장의 상사든 모처럼 비치는 성장의 싹을 틔워 주기는커녕 찬물을 끼얹는 태도를 취하는 경우가 왕왕 있다. 마음에 여유가 없다든지 포용력이 부족한 경우에 북풍한설과 같은 대응이 나타나고, 그렇게 애정이 결여된 대응은 자신도 모르는 사이에 큰 상처와 피해를 초래하기 십상이다.

모름지기 리더는 모든 것을 얼리고 죽이는 북풍한설의 마음을 갖지 않도록 각별히 조심해야 할 일이다.

念頭寬厚的은 如春風煦育하여 萬物이 遭之而生하고,
염 두 관 후 적   여 춘 풍 후 육   만 물   조 지 이 생

念頭忌刻的은 如朔雪陰凝하여 萬物이 遭之而死니라.
염 두 기 각 적   여 삭 설 음 응   만 물   조 지 이 사

·煦育후육-따뜻하게 하고 길러주다. ·忌刻기각-시기하고 각박하다. ·朔雪삭설-북녘 땅의 눈. 북풍한설. ·陰凝음응-음산하고 얼어붙다.

164
인과응보는 분명히 있다

선한 일을 했을 때 그 이익은 보이지 않지만 마치 풀 속의 동과冬瓜와 같아서 모르는 사이에 저절로 자라나고, 악한 일을 했을 때 그 손해는 보이지 않지만 마치 앞뜰의 봄눈과 같아서 반드시 슬그머니 녹게 될 것이다.

불교의 인과응보因果應報 사상에 의하면 모든 일은 인因과 연緣과 과果의 관계로 성립된다는 것이다. 먼저 원인이 있으며 그것이 어떤 조건, 즉 연緣으로 인하여 일정한 결과를 낳는다. 그리고 선한 원인은 선한 결과를, 악한 원인은 악한 결과를 낳는다고 가르쳐 왔다.

『명심보감明心寶鑑』에도 '착한 행실에는 좋은 보답이 있고 악한 행동에는 나쁜 보답이 있으니, 만약에 아직 보답이 없다면 때가 일러 보답이 오지 않는 것이다[善有善報 惡有惡報, 若還不報 時還不到]'라고 했다.

그런데 문제는 선인이 고통을 받는 데 반하여 악인은 번영한다는 것이다. 그리고 이런 일은 예나 지금이나 흔하게 볼 수 있다. 이런 모순점에 대하여 저자 홍자성은 근시안적으로 보지 말고 긴 안목으로 보아야 한다고 말한다. 그러면 역시 선행은 그 선행에 대한 보응을 받게 되고, 악행은 그것에 대한 대가를 필히 치르게 된다는 것이 그의 주장이다.

爲善에 不見其益이나 如草裡冬瓜하여 自應暗長하고,
위선   불견기익   여초리동과   자응암장

爲惡에 不見其損이나 如庭前春雪하여 當必潛消니라.
위악   불견기손   여정전춘설   당필잠소

·冬瓜동과-박과의 한해살이 덩굴성 식물, 동아. ·暗長암장-모르는 사이에 자라나다. ·潛消잠소-슬그머니 사라지다.

165
옛 친구한테는 우정을 더욱 돈독히 하라

옛 친구를 만나면 의기를 더욱 새롭게 하여야 하고, 비밀스런 일에 처하면 마음가짐을 더욱 뚜렷이 나타내야 하며, 쇠락한 사람을 대할 때에는 은혜와 예우를 더욱 융숭하게 해야 한다.

옛 친구일수록 우정을 더욱 두터이 하여야 한다는 것쯤은 모두가 알고 있는 상식이다. 자칫 소홀하게 대했다가는 옛 정이 퇴색되고 서운해지는 것은 물론, 도저히 이전 상태로 회복될 수 없을 만큼 우정에 깊은 금이 가기 때문이다. 『순자荀子』 「권학편勸學篇」에도 '군자는 친구를 융숭하게 대한다君子隆而親友'라고 했다.

또 비밀스런 일일수록 공명정대하게 처신해야만 사람들의 오해나 질시를 받지 않는다.

쇠퇴하여 어려움을 겪고 있는 사람에게는 예전에 번창할 때보다 더욱 정중하고 융숭하게 대해야 한다. 그러한 사람을 소홀하게 대하면 덕이 깎이고, 들어오던 복도 다시 나간다.

遇故舊之交거든 意氣要愈新하고,
우 고 구 지 교   의 기 요 유 신

處隱微之事거든 心迹宜愈顯하며,
처 은 미 지 사   심 적 의 유 현

待衰朽之人이거든 恩禮當愈隆이라.
대 쇠 후 지 인   은 례 당 유 륭

·故舊之交고구지교-옛 친구. ·隱微之事은미지사-은밀히 하는 일. ·心迹심적-마음의 자취. 마음가짐. ·愈顯유현-더욱 분명히 나타내다. ·衰朽之人쇠후지인-불우한 사람. ·恩禮은례-은혜와 예우.

166
근면은 본디 도덕과 의리를 열심히 수행하는 것이다

근면이란 도덕과 의리에 민첩한 것이거늘 세상 사람들은 근면의 이름을 빌려 그 가난함을 구제하고, 검약儉約이란 재물과 이익에 담담한 것이거늘 세상 사람들은 검약의 이름을 빌려 그 인색함을 꾸미나니, 군자의 몸가짐을 지키는 방법이 도리어 소인이 사욕을 영위하는 도구가 되어버렸다. 이 어찌 안타까운 일이 아니겠는가.

근면이란 본디 덕의德義를 실천하는 데 부지런하다는 뜻이고, 검약이란 물질적 이익에 초연하다는 뜻이다. 요컨대 마음을 닦는 수양의 자세인 것이다.

그런데 세상 사람들은 이런 가치들을 물질주의적으로 해석하여, 부지런히 재물을 모으고 또 재물에 인색하다는 뜻으로 쓰고 있다. 그리하여 군자의 수양 계명들이 오히려 사리사욕을 꾀하는 도구로 뒤바뀌고 말았다는 것이다.

이 구절에서도 드러나듯이, 우리는 물질주의적이고 세속적인 가치관에 너무 사로잡혀 있다 보니, 정신적인 가치들을 소홀히 하는 경향이 짙다. '근면'이나 '검약'이라는 말에서 그 정신적인 뜻을 읽어내는 사람들이 얼마나 될까.

물질주의에서 정신주의로, 바로 이것이 채근담의 가르침이다.

勤者는 敏於德義거늘 而世人은 借勤以濟其貧하고,
근 자　　민어덕의　　　이세인　　차근이제기빈

儉者는 淡於貨利거늘 而世人은 假儉以飾其吝하니,
검 자　　담어화리　　　이세인　　가검이식기린

君子持身之符가 反爲小人營私之具矣라 惜哉로다.
군자지신지부　　반위소인영사지구의　석재

·德義덕의-도덕과 의리. ·借勤차근-근면을 악용하다. ·貨利화리-재물과 이익. ·假儉以飾其吝가검이식기린-
검약을 이용하여 자신의 인색을 꾸미다. ·持身지신-몸을 지키다. ·符부-부절. 여기서는 방법이란 뜻이다.

167
앞뒤 생각하지 않고 하는 행동은 결과를 알 수 없다

즉흥적인 생각에 의해 시작하는 일은 시작하자마자 곧 멈추나니, 이 어찌 멈추지 않고 돌아가는 수레바퀴라고 할 수 있겠는가. 감정적인 지식으로 얻은 깨달음은 깨달았는가 하면 금방 헷갈리게 되나니, 끝내 늘 밝은 등불은 될 수 없느니라.

즉흥적으로 하는 일, 감정적인 지식으로 얻는 깨달음은 결국 오래 지속되지 못한다. 일이란 심사숙고한 끝에 착수해야 하며, 끈기 있게 밀고 나갈 때 좋은 결과를 얻을 수 있는 법이다.

깨달음이란 감정이 아닌 이성으로, 머리가 아닌 마음으로 체득할 때라야 진정한 깨달음이 될 것이며, 확고부동한 신념이 되어 자신의 가치관을 형성하는 데 도움이 되는 법이다. 그렇지 못할 경우에는 사상누각격인 관념으로 끝나므로 도리어 혼란을 일으켜 미혹에 빠질 것이니, 손損은 있을지언정 득得은 없게 된다.

매사에 크게, 많이 생각하고 치밀하게 계획한 다음 열심히 노력하라는 교훈이다.

憑意興作爲者는 隨作則隨止하니 豈是不退之輪이리요?
빙 의 흥 작 위 자   수 작 즉 수 지   기 시 불 퇴 지 륜
從情識解悟者는 有悟則有迷하니 終非常明之燈이니라.
종 정 식 해 오 자   유 오 즉 유 미   종 비 상 명 지 등

·憑빙-의지하다. ·意興의흥-일시적인 생각. ·作爲작위-일을 하다. ·豈기-어찌. ·不退之輪불퇴지륜-물러나지 않고 앞으로만 굴러가는 수레바퀴. ·情識정식-감정으로 얻는 일시적인 지식.

168
자신의 과오에 냉엄하라

남의 과오는 마땅히 용서하되 자기의 과오를 용서해서는 안 될 것이요, 자기의 곤욕은 마땅히 참을 것이지만 남의 곤욕을 방관해서는 안 된다.

자기 자신에게는 무한한 관용을 베풀면서 남에게는 얼음장처럼 차가운 것이 인간이다. 그러기에 으레 남의 과오는 냉혹하게 비판하면서 자신의 과오는 숨기기에 급급하다. 남이 처해 있는 곤경은 하찮게 보면서도 자신이 처해 있는 곤경은 침소봉대, 확대 해석하고 비약시키며 가장 고통스러운 척한다.

이는 이기심의 전형적 발로로서 비인간성의 대표적인 경우이다.

「마태 복음」의 산상수훈에도 '어찌하여 형제의 눈 속에 있는 티는 보고 네 눈 속에 있는 들보는 깨닫지 못하느냐'라 했고, 『논어』에도 '네가 하기 싫은 일을 남에게 시키지 말라己所不欲 勿施於人'고 했다. 요컨대 스스로에게는 엄격하되, 남에게는 좀더 너그러워질 필요가 있겠다.

人之過誤는 宜恕로되 而在己則不可恕요,
인 지 과 오   의 서   이 재 기 즉 불 가 서

己之困辱은 當忍이로되 而在人則不可忍이라.
기 지 곤 욕   당 인   이 재 인 즉 불 가 인

·不可忍불가인-참아서는 안 된다.

|169
일부러 기인奇人인 척하는 자는 이상한 사람일 뿐이다

능히 속세를 초탈할 수 있는 이가 바로 기인奇人이니, 일부러 기행奇行을 숭상하는 이는 기인이 아니라 괴이한 사람인 것이다. 더러움에 물들지 않은 사람이면 이가 곧 청렴한 사람이니, 세속을 끊고 맑음만 찾는 사람은 청렴한 사람이 아니라 과격한 사람인 것이다.

세상을 초탈한다는 것은 자기 마음속에 있는 아욕我慾과 집착을 있는 그대로 인정하고 그것을 극복하려는 내면의 수양이다. 그것이 참된 기奇, 즉 비범非凡의 도道라고 강조하고 있다.

또 세상의 오염에서 벗어나 청결을 지키고자 하면 외톨이가 되고, 세상 사람들에게서 손가락질을 당한다. 이 세상에서 살아가는 이상, 세상과의 인연을 끊을 수는 없는 것이다. 따라서 세상 속에서 속인으로 살아가는 사람을 비판하며 책망할 것이 아니라, 속세를 살면서도 시류에 휩쓸려 몸을 더럽히지 않는 것이 중요하다.

能脫俗하면 便是奇니 作意尙奇者는 不爲奇而爲異하고,
능 탈 속   변 시 기   작 의 상 기 자   불 위 기 이 위 이
不合汚하면 便是淸이니 絶俗求淸者는 不爲淸而爲激이라.
불 합 오   변 시 청   절 속 구 청 자   불 위 청 이 위 격

·脫俗탈속-세속을 벗어나다. ·奇기-기인奇人. ·作意작의-뜻을 일부러 지어내다. ·合汚합오-혼탁한 세속과 어울리다. ·激격-과격하다.

|170

은혜를 베풀 때에는 처음에는 박하게 하다가 차츰 후하게 하라

은혜는 마땅히 박하게 시작해서 두터운 쪽으로 나아가야 하니, 처음에 두텁게 하다가 나중에 박하게 하면 사람들이 그 은혜를 잊어버리게 된다. 위엄은 마땅히 엄격하게 시작해서 관대한 쪽으로 나아가야 하니, 먼저 관대하게 하다가 나중에 엄격하게 하면 사람들이 그 가혹함을 원망할 것이다.

실로 인정의 흐름을 잘 설명한 명언으로서 경영인, 또는 지도자들이 항상 마음속에 새겨 두어야 할 구절이다. 현실적으로는 이와 반대로 행동하는 경영인 또는 지도자들이 많다.

신임 관리자와 경영인일수록 직원들을 자기 사람으로 만들기 위해 당근을 주고, 자신의 주가株價를 높이기 위해 처우를 잘해 주는 반면 규율은 허술하게 하는 경향이 짙다. 그러나 그렇게 행한 결과 비용이 과다하게 지출된다든가 규율이 문란해지기 시작하면 허겁지겁 대우를 박하게 하고 규율을 엄하게 고치다가 아랫사람들로부터 반발을 사게 되는 것이다.

한편 담淡보다 농濃, 엄嚴보다 관寬으로 옮기는 것은 조직의 협력에 대한 포상褒賞으로 하는 것이 바람직하다.

恩宜自淡而濃이니 先濃後淡者는 人忘其惠하고,
은 의 자 담 이 농   선 농 후 담 자   인 망 기 혜
威宜自嚴而寬이니 先寬後嚴者는 人怨其酷이라.
위 의 자 엄 이 관   선 관 후 엄 자   인 원 기 혹

·濃농-짙다. 후하다. ·淡담-엷다. ·酷혹-냉혹하다, 잔혹하다.

171
뜻이 맑으면 마음도 맑아진다

마음이 비어야 본성이 나타나니, 마음을 쉬지 않고서 본성을 보고자 함은 마치 물결을 헤치면서 달을 찾는 것과 같다. 뜻이 깨끗해야 마음이 맑아지나니, 뜻을 밝게 하지 않고서 밝은 마음을 구하는 것은 마치 거울을 찾으려고 하면서 티끌을 더하는 것과 같다.

『맹자』에 '연목구어緣木求魚'란 말이 있다. '나무 위에서 물고기를 구한다'는 뜻으로, 불가능한 것을 구하는 어리석음을 꼬집은 말이다. 하지만 우리는 때로 이런 어리석음을 범하며 살아간다.

더욱 곤란한 것은 목표에 전적으로 상반되는 행위를 하면서도 목표를 달성코자 하는 어리석음이다. 자신의 본성을 알고 싶다면 마음을 비우면 되겠는데, 욕심으로 마음을 가득 채워 놓고서는 본성을 보려고 하는 것이 이런 경우이다. 뜻을 맑게 하면 마음은 저절로 맑아질 것인데, 뜻은 혼탁한 채 놓아두고 마음이 맑아지기를 바라는 것도 앞뒤가 바뀐 경우이다.

원인을 제대로 다스리고 나서 원하는 결과를 찾는 것이 현명한 처사임을 강조한 문구이다.

心虛則性現하나니 不息心而求見性은 如撥波覓月이요,
심 허 즉 성 현   불 식 심 이 구 견 성   여 발 파 멱 월
意淨則心淸하나니 不了意而求明心은 如索鏡增塵이라
의 정 즉 심 청   불 료 의 이 구 명 심   여 색 경 증 진

·撥波발파-물결을 헤치다. ·覓月멱월-달을 찾다. ·了意요의-뜻을 밝게 하다. ·索鏡색경-거울을 찾다. 여기서는 거울이 깨끗하기를 원한다는 뜻이다.

|172
높은 지위에 있을 때의 존경은 그 지위를 존경하는 것이다

　내가 귀할 때 사람들이 나를 받드는 것은 이 높고 큰 감투를 받드는 것이요, 내가 천할 때 사람들이 나를 업신여기는 것은 이 베옷과 짚신을 업신여기는 것이다. 그렇다면 원래 나를 받든 것이 아님이니 내 어찌 기뻐할 것이며, 원래 나를 업신여김이 아닌 것을 내 어찌 노여워할 것인가.

　내가 높은 자리에 있을 때 뭇 사람들이 받드는 것은 나보다 나의 권력과 지위를 받드는 것이다. 그것을 알면서 내 어찌 기뻐할 것인가. 내가 가난하고 힘없으매 사람들이 깔보는 것은 나보다 나의 비천함과 궁핍을 깔보는 것이다. 그것을 알면서 내 어찌 분개할 것인가.

　되새겨 볼 구절이다.

我貴而人奉之는 奉此峨冠大帶也요,
아 귀 이 인 봉 지　봉 차 아 관 대 대 야

我賤而人侮之는 侮此布衣草履也라.
아 천 이 인 모 지　모 차 포 의 초 리 야

然則原非奉我니 我胡爲喜하며, 原非侮我니 我胡爲怒리요?
연 즉 원 비 봉 아　아 호 위 희　　　 원 비 모 아　아 호 위 노

·奉之봉지-받들다. 존경하다. ·峨冠大帶아관대대-높은 관과 큰 띠. 고관의 예복. ·侮모-업신여기다. ·布衣草履포의초리-베옷과 짚신. 천한 사람의 의복. ·胡호-어찌. 하何와 같다.

|173
온갖 미물들에게까지 따뜻이 대하는 것이 진정한 사랑이다

'쥐를 위해 항상 밥을 남겨두고 나방을 가엾게 여겨 등불을 켜지 않는다'고 하였으니, 옛 사람의 이러한 생각이야말로 우리 인생이 태어나고 자라는 한 점 기틀이다. 만약 이것이 없다면 이른바 흙이나 나무와 같은 형체에 불과할 따름이니라.

모든 생명체를 긍휼히 여기는 것이 곧 자비심의 출발점이라는 뜻이다. 진정한 사랑은 사람끼리만 주고받는 것이 아니다. 동물과 식물, 그리고 온갖 미물들, 세상 만물에 이르기까지 전부 따뜻하게 대해야 한다.

굶주린 쥐를 위하여 항상 음식을 남겨두고, 나방이 등불에 날아들어서 생명을 잃을까 봐 불을 켜지 않는 마음이 곧 진정한 사랑이다. 그것은 인간만이 가질 수 있는 심오한 마음인 것이다.

'爲鼠常留飯하고 憐蛾不點燈이라' 하니
위 서 상 류 반   연 아 부 점 등
古人此等念頭는 是吾人一點生生之機라.
고 인 차 등 념 두   시 오 인 일 점 생 생 지 기
無此며 便所謂土木形骸而已니라.
무 차   변 소 위 토 목 형 해 이 이

·常留飯상류반-항상 밥을 남겨두다. ·憐蛾연아-나방을 불쌍히 여기다. ·點燈점등-등불을 켜다. '쥐를 위해 항상 밥을 남겨두고 나방을 가엾게 여겨 등불을 켜지 않는다'는 구절은 소동파蘇東坡의 시구이다. ·生生之機생생지기-나고 자라게 하는 작용. ·便변-문득, 곧. ·土木形骸토목형해-흙·나무와 같이 무신경한 형체.

|174
인간의 마음 바탕은 하늘의 바탕과 똑같다

마음의 본체는 곧 하늘의 본체이다. 일념一念의 기쁨은 빛나는 별과 상서로운 구름과 같고, 일념의 분노는 성난 우레나 폭우와 같으며, 일념의 자비심은 부드러운 바람과 달콤한 이슬과 같고, 일념의 엄격함은 뜨거운 햇볕과 찬 서리 같으니 그 어느 것인들 없어서 될 것인가. 다만 때에 따라 일어나고 스러질 때에 스러져서 가없이 넓어 거리낌이 없어야 하나니, 이럴 수만 있다면 곧 하늘과 더불어 한 몸이 되리라.

우주는 변화무쌍하다. 춘하추동 사철의 변화가 그렇고, 일월성신日月星辰의 회전이 그러하며, 또 풍운청우風雲晴雨의 날씨가 그렇다.

인간도 이와 똑같다. 희로애락애오욕喜怒哀樂愛惡慾, 칠정七情의 변화가 수시로 일어나는데, 그 변화를 우주의 변화와 대비시키고 있다. 다만 때와 장소에 따라 그런 칠정七情의 변화를 조절할 수 있어야만 인격자라고 할 수 있다는 단서를 붙이고 있다. 우주의 변화가 일정한 법칙에 따라 생성, 소멸하듯이 말이다.

心體는 便是天體라. 一念之喜는 景星慶雲이요 一念之怒는 震雷暴雨요
심체   변시천체   일념지희   경성경운   일념지노   진뢰폭우
一念之慈는 和風廿露요 一念之嚴은 烈日秋霜이니,
일념지자   화풍감로   일념지엄   열일추상
何者少得이리요? 只要隨起隨滅하여 廓然無碍면 便與太虛同體니라.
하자소득   지요수기수멸   확연무애   변여태허동체

·心體심체-마음의 본체. ·景星경성-빛나는 별. ·慶雲경운-상서로운 구름. ·震雷진뢰-진동하는 우레. ·廓然확연-텅 비어 있는 모양. 널찍함의 비유. ·太虛태허-하늘.

175
한가한 때일수록 마음이 흐려지고 어두워지기 쉽다

일이 없을 때에는 마음이 어두워지기 쉬우니 마땅히 정적 속에서도 깨어나 밝게 비추어볼 것이요, 일이 있을 때에는 마음이 흐트러지기 쉬우니 마땅히 깨어난 속에서도 고요함을 주인으로 삼아야 한다.

긴장과 이완의 조화를 강조한 구절이다. 우리는 일이 바쁠 때에는 긴장한 나머지 실수가 따르게 되고, 또 한가할 때에는 신경이 이완되어 창의성과 집중력이 떨어지고 의욕이 사라진다.

일상생활에서 긴장과 이완의 심리상태는 어느 정도 일정한 주기週期를 가지고 반복된다. 밤에 숙면을 취하고 아침부터 열심히 일하는 것이 대표적인 반복이다.

그러나 그런 주기적 반복이 아니라, 어떤 상황으로 인하여 며칠씩 혹은 몇 달씩 쉬는 경우도 있고 철야를 해가며 일에 몰두할 때도 있다. 이런 경우, 일이 없다 해서 지나치게 늘어져 있기만 한다든가 일이 바쁘다 하여 지나치게 긴장하는 것은 모두 안 좋다는 뜻이다.

바쁠수록 침착하게, 한가할수록 긴장하며 다음 일에 대비하는 마음자세가 중요하다.

無事時에는 心易昏冥이니 宜寂寂而照以惺惺하고,
무 사 시   심 이 혼 명   의 적 적 이 조 이 성 성

有事時에는 心易奔逸이니 宜惺惺而主以寂寂하라.
유 사 시   심 이 분 일   의 성 성 이 주 이 적 적

·昏冥혼명-어둡다. 혼미하다. ·惺惺성성-깨닫다. 마음의 밝은 지혜. ·奔逸분일-갈피 없이 흩어지다.

176
일을 맡은 바에는 이해利害를 잊고 힘써 실행하라

일을 의논하는 사람은 몸을 일 밖에 둠으로써 마땅히 이해利害의 실정을 모두 살펴야 하고, 일을 맡은 사람은 몸을 그 일 안에 둠으로써 마땅히 이해에 관한 생각을 잊어야 한다.

일을 기획하거나 논의하는 사람은 모름지기 제3자의 눈으로 그 일 전체를 살피고 이해득실을 면밀하게 따져야 한다. 만약 스스로가 그 일 안에 매몰된다면, 자칫 주관적으로 판단하거나 흥분하게 되어 사리를 보는 눈이 흐려질 것이다.

반면 실제로 일을 맡은 사람은 이해관계를 따질 필요도 없이, 온 힘을 기울여 최선을 다해야 한다. 만약 그 일에 대한 이해관계를 따진다면, 추진력을 잃고 말 것이다.

이 같은 사정을 농구 경기에 비유해 보자. 감독이나 해설자는 경기장을 넓게 보면서 객관성을 유지해야 하는 반면, 선수들은 자기 맡은 바 직무에 최선을 다할 필요가 있다. 만약 선수들이 감독의 작전에 시시콜콜 토를 단다면, 어찌 경기가 일관성 있게 진행될 수 있겠는가.

議事者는 身在事外하여 宜悉利害之情하고,
의 사 자　 신 재 사 외　 의 실 리 해 지 정

任事者는 身居事中하여 當忘利害之慮하라.
임 사 자　 신 거 사 중　 당 망 리 해 지 려

·議事의사-일을 의논하다. ·任事임사-일을 맡다. ·慮려-관념.

177

높은 자리에 오를수록 소인배들의 독침을 조심하라

선비가 권세 있는 요직에 있을 때에는 그 지조와 행실이 엄격하면서도 공명정대해야 하고, 마음가짐은 온화하고 평이平易하게 가져야 한다. 조금이라도 사리사욕에 눈먼 아첨배들을 가까이하지 말 것이며, 또한 너무 과격하여 벌이나 전갈과 같은 사악한 무리의 독침을 건드리지도 말아야 한다.

경영인이나 조직의 윗사람들에게 주는 교훈이라고 생각하면 어떨까?

리더들은 모름지기 지조와 행실을 엄정하게 하여 사리사욕에 눈먼 아첨꾼들을 멀리해야 하고, 반면에 마음가짐은 온화하게 가짐으로써 적대 세력의 모함을 불러들이지 말아야 한다. 공명정대함과 온화함은 어찌 보면 이율배반적인 덕목이다. 따라서 이 가르침대로 행하는 것은 쉬운 일이 아니다.

이렇듯 한데 조화시키기 어려운 덕목을 실천하려면, 무엇보다도 먼저 스스로의 사욕을 가라앉히고 권세를 휘두르려는 방종을 제어해야 한다. 한마디로 스스로의 욕심부터 다스려야 한다는 것이다.

리더가 스스로의 욕심을 다스리지 못해, 아첨꾼들이 득세하거나 반대 세력의 독침이 난무함으로써 스스로도 파멸에 빠지고 조직을 위태롭게 하는 예는 얼마나 수두룩한가.

士君子가 處權門要路면 操履要嚴明하고 心氣要和易하여,
사군자 처권문요로 조리요엄명 심기요화이

毋少隨而近腥羶之黨하고 亦毋過激而犯蜂蠆之毒이라.
무소수이근성전지당 역무과격이범봉채지독

·操履조리-지조와 행실. ·嚴明엄명-엄정과 공명. ·和易화이-온화와 평이平易. ·腥羶之黨성전지당-비린내 나는 무리. 아첨배. ·蜂蠆之毒봉채지독-벌과 전갈의 독. 여기서는 소인배에 의해 해를 받는다는 의미이다.

|178
절의節義를 표방하는 사람은 그로 인해 비방을 받는다

　절개와 의리를 표방하는 사람은 반드시 절개와 의리 때문에 비방을 받고, 도덕과 학문을 표방하는 사람은 늘 도덕과 학문으로 말미암아 원망을 불러들인다. 그러므로 군자는 나쁜 일을 가까이하지 않고 또한 좋은 이름도 세우지 않으니, 오직 혼연渾然한 화기和氣만이 곧 몸을 보전하는 보배가 된다.

　어떠한 안건이든 지나치게 자기 주장만을 고집하면 그 근본적인 뜻은 온데간데없이 사라지고 허물만 남는다. 더구나 좋은 일을 함에는 남의 시기와 질시를 받기 십상이고 또 원망을 불러들이기 쉬우니, 모난 돌이 정을 맞는 격이다. 이를 아는 현명한 사람은 자기 생각을 지나치게 주장하여 미움을 사지 않는다.

　군자의 생활태도로서는 조금이라도 냄새 나는 곳에는 얼씬도 하지 말아야겠거니와, 선행을 내세워 이름을 높이는 일도 하지 말아야 한다. 절개와 의리를 표방하는 곳에 절의節義가 없고, 도덕과 학문을 자랑하는 곳에 오히려 도학道學이 없는 법이다.

　그러므로 군자는 지나친 주장을 하거나 명예를 탐하지 않으며, 지식이 깊다 하여 자랑하지 않는다. 오직 혼연히 온화한 기운을 지님으로써 그 몸 둘 자리를 삼는다.

標節義者는 必以節義受謗하고 榜道學者는 常因道學招尤라.
표 절 의 자　　필 이 절 의 수 방　　방 도 학 자　　상 인 도 학 초 우
故로 君子는 不近惡事하고 亦不立善名하니,
고　 군 자　 불 근 악 사　　　 역 불 립 선 명
只渾然和氣가 纔是居身之珍이라.
지 혼 연 화 기　　재 시 거 신 지 진

·標표-표방하다. 내세우다. ·節義절의-절개와 의리. ·謗방-비방하다. 헐뜯다. ·榜방-표방하다. 내세우다. ·道學도학-도덕과 학문. ·招尤초우-원망을 불러들이다. ·珍진-보배.

179
거짓말쟁이에게는 진심을 보여주어 감동시켜라

속이는 사람을 만나거든 정성스런 마음으로 감동시키고, 포악한 사람을 만나거든 온화한 기운으로 감화시키며, 마음이 비뚤어지고 사욕에 눈먼 사람을 만나거든 대의 명분과 기개 절조로 격려하라. 이렇게 하면 천하에 나의 교화敎化 안에 들어오지 않을 자가 없으리라.

정도正道를 걷지 않는 사람을 설득하고 감동·감화시켜 새사람으로 거듭 태어나게 하기란 결코 쉬운 일이 아니다. 사실상 실패할 확률이 높다. 그러나 저자는 그런 사람에게도 기회를 주자고 한다.

그 방법은 진실된 사랑과 온유와 겸손, 그리고 대의명분과 기개절조氣概節操로 대해 줌으로써 상대방으로 하여금 스스로 깨우치게 하자는 것이다.

遇欺詐的人이거든 以誠心感動之하고 遇暴戾的人이거든 以和氣薰蒸之하며
우 기 사 적 인   이 성 심 감 동 지   우 폭 려 적 인   이 화 기 훈 증 지

遇傾邪私曲的人이거든 以名義氣節激礪之하면,
우 경 사 사 곡 적 인   이 명 의 기 절 격 려 지

天下에 無不入我陶冶中矣리라.
천 하   무 불 입 아 도 야 중 의

·欺詐기사-속임수와 거짓말. ·暴戾폭려-포악하고 도리에 어긋나다. ·薰蒸훈증-감화시키다. ·傾邪私曲경사사곡-마음이 사악하고 사리사욕을 탐하다. ·名義氣節명의기절-명예와 의리와 기개와 절조. ·激礪격려-격려하여 힘쓰게 하다. ·陶冶도야-감화시켜 자라게 하는 것. 여기서는 교화敎化의 뜻.

|180
자비의 마음은 세상을 온화하게 만들 수 있다

자비스러운 하나의 생각은 가히 천지간의 온화한 기운을 빚어낼 수 있고, 한치의 결백한 마음은 가히 맑고 향기로운 이름을 백대百代에 밝게 드리울 것이다.

세상의 물질은 나누면 줄어든다. 그러나 나누면 배가되는 것이 있으니 그것이 곧 자비요, 사랑이다. 나누면 줄어드는 물질마저도 자비와 사랑으로 나눈다면 그것은 결코 손損이 아니라 득得이 된다. 이것이 자비와 사랑의 공식인 것이다.

한편 청사靑史에 이름을 남기는 방법은 여러 가지가 있을 터인데, 그중에서 제일 아름다운 이름은 결백으로 남기는 것이라고 강조하고 있다. 피 묻거나 거짓된 이름보다 깨끗한 이름이어야 값어치 있는 방명芳名이 아니겠는가.

一念慈祥은 可以醞釀兩間和氣요,
일 념 자 상   가 이 온 양 량 간 화 기
寸心潔白은 可以昭垂百代淸芬이라.
촌 심 결 백   가 이 소 수 백 대 청 분

·醞釀온양-술을 빚다. ·兩間양간-천지간. ·昭垂소수-밝게 드리우다. ·淸芬청분-맑은 향기. 여기서는 꽃다운 이름이란 의미이다.

181
계략, 괴이한 습관, 기이한 재주 등은 재앙의 근본이다

음흉한 모략과 괴상한 습관, 이상한 행동과 기이한 능력은 모두 세상을 살아가는 데 화근이 된다. 다만 한 가지 평범한 덕성과 행실만이 곧 인간의 본성을 완전히 하고 화평을 부를 수 있다.

진정한 행복은 가장 평범한 생활 속에서 찾을 수 있다는 교훈이다. 빼어난 권모술수라든가 남다른 행동과 습관 등은 자칫 화를 불러들이는 근본이 될 수 있다. 그러한 행동들이 뭇 사람들의 시선을 끌기도 하고, 당장의 효과도 생겨 욕심을 채울 수 있을지는 모르지만 결국에는 스스로의 본성을 잃게 만들기 때문이다. 오직 평범한 덕성과 평범한 행실이 몸을 온전히 지키고 험난한 세상을 탈없이 사는 데 으뜸이라는 것을 명심하자.

陰謀怪習과 異行奇能은 俱是涉世的禍胎라.
음 모 괴 습   이 행 기 능   구 시 섭 세 적 화 태
只一個庸德庸行이 便可以完混沌而召和平이라.
지 일 개 용 덕 용 행   변 가 이 완 혼 돈 이 소 화 평

·涉世섭세-세상을 살아나가다. ·禍胎화태-재앙의 근본. ·庸德庸行용덕용행-평범한 덕과 평범한 행위. ·混沌혼돈-창세創世 때의 상태. 여기서는 사람이 타고난 소박한 덕德이란 뜻이다.

|182
산에 오를 때에는 험한 길을 이겨내라

옛말에 이르되 '산에 오를 때에는 험한 비탈길을 견뎌내고, 눈을 밟을 때에는 위험한 다리 건너는 걸 견뎌내라'고 하였으니, 이 '견딜 내耐' 한 자는 심오한 뜻을 지니고 있다. 만약 이 사나운 인정과 험난한 세상길 에서 이 '견딜 내耐' 한 자를 얻어 붙잡고 지나가지 않는다면, 어찌 가시 덤불과 구렁텅이에 빠지지 않으리요.

인생을 비유하여 '일엽편주一葉片舟에 몸을 싣고 망망대해를 저어가는 항해航海'라고 했다. 때로는 거센 파도와 싸워야 하고, 때로는 태풍과 폭우를 견뎌내야 한다.

요는 그런 역경에 처했을 때 얼마나 잘 견뎌내느냐가 그 인생을 성공 적으로 사느냐, 아니면 좌절의 나락으로 떨어지느냐를 좌우한다는 것이 다. 이에 비추어 보면 인내는 그 사람의 삶을 행복으로 인도해 주는 예인 선曳引船이라 할 만하겠다.

語에 云하되 '登山耐側路하고 踏雪耐危橋라' 하니 一耐字는 極有意味라.
어 운 등산내측로 답설내위교 일내자 극유의미

如傾險之人情과 坎坷之世道에 若不得一耐字하여 撑持過去면
여경험지인정 감가지세도 약부득일내자 탱지과거

幾何不墮入榛莽坑塹哉리요?
기하불타입진망갱참재

·側路측로-비탈지고 험한 길. ·傾險경험-마음이 비뚤어지고 음험하다. ·坎坷감가-울퉁불퉁하다. 여기서는 역 경이란 의미이다. ·撑持탱지-붙잡고 의지하다. ·榛莽진망-가시덤불. ·坑塹갱참-구렁텅이나 도랑.

|183
공적을 자랑하지 말고 학문을 과시하지 말라

공적을 자랑하고 문장文章을 뽐내는 사람은 모두가 겉보기의 외물에만 치우쳐 이루어졌기 때문이다. 이런 사람은, 마음의 본체가 밝게 빛나서 본래의 모습을 잃지 않는다면 사소한 공적조차 없고 글자 한 자도 모를지라도 스스로 정정당당한 사람이 될 수 있다는 것을 알지 못한다.

이 구절에서 저자는 '인간의 가치는 무엇에 의해 결정되는가?'를 설명하고 있다.

모든 것을 눈에 보이는 결과와 표면에 나타나는 현상만으로 평가한다면, 공적도 없고 내세울 만한 교양도 갖추지 못한 사람은 하잘것없는 존재가 되고 말 것이다.

그러나 그 이름을 드날리는 사람에게서 그의 공적과 교양을 모두 제거해 버렸을 때 그들은 과연 일개 인간으로서 어느 만큼이나 존경받는 대상이 될까? 저자는 이렇게 결론을 내린다.

'외관外觀의 허식에 치우치지 말라. 인간을 볼 때에는 그 내면을 보아야 한다.'

誇逞功業과 炫耀文章은 皆是靠外物做人이라.
과 령 공 업   현 요 문 장   개 시 고 외 물 주 인

不知 心體瑩然하여 本來不失이면
부 지 심 체 형 연   본 래 불 실

卽無寸功隻字라도 亦自有堂堂正正做人處라.
즉 무 촌 공 척 자   역 자 유 당 당 정 정 주 인 처

·誇逞과령-자랑하다. ·炫耀현요-빛나다. 자랑하다. ·靠고-의지하다. ·外物외물-자기 이외의 물건. ·做人주인-사람이 됨. 위인爲人. ·瑩然형연-구슬이 아름답게 빛나는 모양. ·寸功촌공-작은 공적. ·隻字척자-한 글자. 적은 지식.

|184
시끄러움 속에서 고요함을 취하려면 먼저 마음의 줏대를 세워라

바쁜 가운데 한가로움을 얻으려면 모름지기 먼저 한가한 때에 그 마음의 자루를 찾아놓아야 하고, 시끄러움 속에서 고요함을 취하려면 모름지기 먼저 고요한 때에 그 줏대를 세워두어라. 그렇지 않으면 상황에 따라 움직이고 일에 따라 흔들리지 않을 수 없으리라.

망중한忙中閑과 동중정動中靜을 설명한 구절이다. 한가한 때에 자기 마음을 잘 다스려 중심을 잡아두어야만 바쁠 때에도 그 중심이 흐트러지는 일이 없고, 고요한 때에 마음을 다스리고 각오를 다져야만 시끄러운 와중에서도 자기 주체성을 지켜나갈 수 있다는 것이다.

인간은 환경의 지배를 받기 쉽기 때문에, 한가할 때와 조용할 때 더욱 자기 성찰에 힘쓰고 독서와 수양 등으로 자기 계발에 노력하라는 권고이다.

忙裡에 要偸閒이면 須先向閒時討個欛柄하고,
망리   요투한   수선향한시토개파병
鬧中에 要取靜이면 須先從靜處立個主宰하라.
뇨중   요취정   수선종정처립개주재
不然이면 未有不因境而遷하고 隨事而靡者리라.
불연   미유불인경이천   수사이미자

·忙裡망리-분주 다망한 가운데. ·偸閒투한-한가한 틈을 내다. ·討토-찾다. ·欛柄파병-자루. 마음의 자루. ·因境而遷인경이천-경우에 따라 바뀌다. ·靡미-나부끼다.

|185
마음을 어둡게 하지 말고, 남에게 인정人情을 베풀라

자기 마음을 어둡게 하지 말고, 남을 너무 박정하게 대하지 말며, 재물의 힘을 다 쓰지 말라. 이 세 가지로써 가히 천지를 위하여 마음을 세우고, 백성을 위하여 목숨을 세우며, 자손을 위하여 복을 지어낼 수 있다.

자신의 마음을 속이지 말라. 인정을 메마르게 하지 말라. 한도를 넘는 낭비와 혹사를 하지 말라. 이 세 가지를 지켜나감으로써 마음이 천지의 도道에 따르고, 민생의 안전을 지키며, 자손에게는 행복을 누리게 해줄 수가 있다.

이 구절은 정치에 임하는 사람들이 기본적으로 지녀야 할 자세를 지적한 것이리라. 공명정대한 정치를 하기 위한 첫째 요건은 지도자의 자기 양심에 대한 성찰이다.

물론 정치에는 방편도 책략도 필요할 것이다. 그러나 당리당략이나 사리사욕을 그럴듯한 구실로 위장하려고 한다면 하늘의 음성인 국민들의 여론에 밀려 자멸하고 말리라.

不昧己心하고 不盡人情하며 不竭物力하라.
불 매 기 심　　　부 진 인 정　　　불 갈 물 력

三者로써 可以爲天地立心하고 爲生民立命하며 爲子孫造福이라.
삼 자　　가 이 위 천 지 립 심　　위 생 민 립 명　　위 자 손 조 복

·昧己心매기심-자기 마음을 어둡게 하다. ·不盡人情부진인정-남에게 박정하게 굴지 않는다. ·不竭物力불갈물력-물질의 능력을 다 써버리지 않는다. ·爲天地立心위천지립심-천지를 위하여 내 마음을 세우다. ·造福조복-복을 이루게 하다.

186
공평하면 명료해지고 청렴하면 위엄이 선다

관직에 있는 자에게 이르는 두 마디 말이 있으니 '오직 공평하면 밝은 지혜가 생기고, 오직 청렴하면 위엄이 생긴다'이며, 집안에 있는 사람에게 이르는 두 마디 말이 있으니 이는 '오직 용서하면 불평이 없고, 오직 검소하면 살림이 넉넉해진다'이다.

'공公'은 '사私'의 반대 개념이다. 다시 말해서 '사'를 버리지 않고는 '공'의 자리에 있을 수 없다. 그 자리가 높으면 높을수록 철두철미하게 '사'를 버려야만 비로소 그 자리에 앉을 자격이 있는 것이다.

한편 관공서건 사기업私企業이건 의사결정을 담당하는 사람이 사정私情에 치우치면 공정한 판단을 내릴 수 없고, 리더로서의 신뢰를 잃게 된다. 의사결정에서의 사사로운 정은 유형 무형의 이해관계와 타산 속에서 생겨난다. 이것만큼 지도자의 권위를 손상시키는 것도 없다. 그리고 결백은 곧 권위의 기반이다.

가정의 행복을 이루는 기본 요건은 경제적 안정과 화목에 있다. 그것은 가족 상호간의 관용과 이해, 그리고 근검절약하는 생활습관에 의해 유지된다고 할 수 있다.

居官에 有二語하니 曰 '惟公則生明하고 惟廉則生威요',
거관 유이어 왈 유공즉생명   유렴즉생위
居家에 有二語하니 曰 '惟恕則情平하고 惟儉則用足이라'.
거가 유이어 왈 유서즉정평   유검즉용족

·居官거관-관직에 있다. ·公공-공평 무사하다. ·明명-밝은 지혜. 여기서는 공명정대한 판단이란 말이다. ·恕서-용서. 이해. ·情平정평-정情이 고르다. 여기서는 불평불만이 없다는 뜻이다. ·用용-비용. 살림.

187
젊은 시절에는 노쇠한 처지의 괴로움을 생각하라

부귀한 처지에 있을 때에는 마땅히 빈천한 처지의 고통을 알아야 하고, 젊은 시절에는 모름지기 늙었을 때의 괴로움을 생각해야 한다.

부유한 가정에서 태어나 고생 모르고 성장하며 순조롭게 엘리트 코스를 달린 사람, 이러한 사람들 대부분은 빈천한 사람들의 괴로운 심정을 이해하기는커녕 동정심도 가지지 않는 경향이 있다. 그러니 세상사에서 가장 필요한 인仁과 덕德이 모자란 것이라 세정世情을 살필 수 없다. 결코 진정한 지도자가 될 수 없다는 말이다.

또 현대의 핵가족 제도 속에서 성장한 젊은이들은 늙고 병듦으로써 죽어가는 사람들을 생생하게 겪어보지 못한 까닭에 노인을 위하는 마음과 환자에 대한 동정심이 결여되어 있다. 젊음을 과시하며 노인을 경멸하는 풍조는 이 효율 만능의 세상에서 점차 높아만 가는데, 그들도 머지 않아서 노쇠의 쓰라림을 맞게 된다는 사실을 알아야 한다.

處富貴之地에는 要知貧賤的痛癢하고,
처 부 귀 지 지   요 지 빈 천 적 통 양
當少壯之時에는 須念衰老的辛酸하라.
당 소 장 지 시   수 념 쇠 로 적 신 산

·痛癢통양-고통. ·辛酸신산-괴로움.

|188
남과 교제할 때는 지나치게 분명해서는 안 된다

몸가짐은 지나치게 결백하게 할 일이 아니니 일체의 더러움과 욕됨을 용납할 줄 알아야 하고, 사람을 사귐에 있어서는 너무 분명하지 말아야 할 것이니 선한 사람과 악한 사람, 현명한 사람과 어리석은 사람 모두 포용할 수 있어야 한다.

『논어論語』에 나와 있는 증자曾子의 말 중에 '공자님의 도道는 충서忠恕 뿐이었다'라는 구절이 있다. 여기서 충忠이란 자기 양심에 대한 성실성이며, 서恕란 타인에 대한 관용 즉 이해理解를 가리킨다.

자신에게도 엄격하고 남에게도 엄격한 사람은 융통성이 없는 사람이다. 또 자신과 남에게 너무 너그러운 사람은 줏대가 없는 사람이다. 그리고 제일 나쁜 사람은 자신에게는 너그러우면서 남에게는 엄격한 사람이다.

持身에 不可太皎潔이니 一切汚辱垢穢를 要茹納得이요,
지신   불가태교결   일체오욕구예   요여납득
與人에 不可太分明이니 一切善惡賢愚를 要包容得이라.
여인   불가태분명   일체선악현우   요포용득

·太태-너무, 지나치게. ·皎潔교결-결백하다. ·垢穢구예-때와 더러운 것. ·茹納여납-함께 받아들이다. ·與人여인-남과 사귐.

|189
소인과 원수를 맺지 말라

소인과는 원수를 맺지 말라. 소인에게는 상대가 따로 있다. 군자에게
아첨하지 말라. 군자는 원래 사사로운 은혜를 베풀지 않는다.

싸움을 한다는 것은 처지와 가치관이 같은 사람끼리 우열을 다투는
일이다. 따라서 하잘것없는 사람과 다투는 것은 상대방과 자신을 똑같은
반열에 올려놓는 일이니, 결국 자신의 인격을 깎아내리는 결과가 될 뿐
이다. 정의를 지키기 위해 벌이는 싸움이라면 아무리 저열低劣한 사람이
더라도 상대할 수밖에 없겠지만, 개인적인 이해득실이나 감정에 의한
싸움이라면 피하는 편이 좋다.

한편 '아첨을 하려면 상대방을 잘 파악하고 난 후에 하라'는 말도 설득
력이 있다. 아첨에 넘어가는 사람은 비록 지위가 높을지라도 인격의 수
준은 보잘것없는 인물이다. 인격을 제대로 갖춘 인물이라면 아무리 아첨
을 해보았자 역효과만 날 것이니 말이다.

休與小人仇讐하라. 小人은 自有對頭니라.
휴 여 소 인 구 수   소 인   자 유 대 두
休向君子諂媚하라. 君子는 原無私惠니라.
휴 향 군 자 첨 미   군 자   원 무 사 혜

·休휴-하지 말라. ·對頭대두-상대. ·諂媚첨미-아첨하다. ·私惠사혜-사사로운 정에 이끌리어 베푸는 은혜.

190
이론을 고집하는 병은 고치기가 힘들다

    욕심을 부리는 병은 고칠 수 있으나 이론을 고집하는 병은 고치기 어려우며, 사물의 장애는 없앨 수 있으나 의리에 얽매인 장애는 없애기 어렵다.

    이해타산에 밝은 사람은 득得 되는 일에는 손발 걷어붙이고 앞장서지만 손損이 되는 일에는 결코 나서지 않기 때문에, 주변 정세가 변해서 악행을 해도 득이 없다면 하던 짓을 곧 중단한다. 그러나 편협하고 독선적인 사람, 광적인 사람은 그렇지가 않다. 그들은 고립되면 고립될수록 안달을 하며, 수단과 방법을 가리지 않고 행동하므로 주변이나 조직에 큰 해를 끼친다. 자기 자신만이 올바르다며 자기 이론에 집착하고 제 주장을 굽히지 않는 병은 진정 고치기 어렵다.

    물질적인 장애는 쉽게 없앨 수 있지만 의리에 얽매인 정신적인 장애는 좀처럼 제거하기 힘들다. 욕망과 사물로 빚어진 장애는 보통 사람들의 병이지만, 자기 이론에 집착하고 의리만 고집하는 병은 학문을 닦는 사람들의 병폐이다. 그것이야말로 진정 제거하기 어려운 고질적인 장애인 것이다.

縱欲之病은 可醫나 而執理之病은 難醫요,
종 욕 지 병　　가 의　　이 집 리 지 병　　난 의

事物之障은 可除나 而義理之障은 難除라.
사 물 지 장　　가 제　　이 의 리 지 장　　난 제

·縱欲종욕-욕심을 따르다. ·醫의-고치다, 치료하다. ·執理집리-이론에 집착하다. ·障장-장애.

수양修養을 하려면 쇠를 수없이 단련하듯 하라

　마음을 갈고 닦는 것은 마땅히 백 번 단련하는 쇠처럼 해야 하니, 급하게 이룬 것은 깊은 수양이 아니다. 일을 실행함에는 마땅히 3만 근의 활처럼 해야 하니, 가벼이 쏘는 것은 큰 공이 없다.

　'전력투구'란 말은 원래 야구 용어이지만, 모든 힘을 다 기울여 최선을 다한다는 뜻으로 널리 쓰이고 있다. 마음을 수양하는 경우든, 사업을 하는 경우든 전력투구하지 않고서는 뜻을 이룰 수가 없다.

　명검名劍은 수없는 담금질 끝에 만들어지게 마련이다. 마찬가지로 어느 분야에서든 성공자가 되기 위해서는 그처럼 끊임없는 자기 연마를 거쳐야 한다. 더하여 무거운 활을 다루듯이 혼신의 힘을 다하지 않고서야 어찌 성공자가 될 수 있겠는가.

磨礪는 當如百煉之金이니 急就者는 非邃養이요,
마 려　당여백련지금　급취자　비수양

施爲는 宜似千鈞之弩니 輕發者는 無宏功이라.
시 위　의사천균지노　경발자　무굉공

·磨礪마려-갈고 닦음. 여기서는 마음을 수양하다란 의미이다. ·百煉백련-백 번 단련하다. ·邃養수양-깊은 수양.
·千鈞천균-무거운 것을 의미한다. 1균鈞은 30근. ·弩노-쇠뇌. 석궁石弓. ·輕發경발-가벼이 쏘다. ·宏功굉공-
큰 공.

|192
소인배들에게 아첨받는 대상이 되지 말라

차라리 소인에게 시기와 헐뜯음을 받을지언정 소인의 아첨과 칭찬은
받지 말라. 차라리 군자에게 꾸짖음을 받아 바로잡힐지언정 군자의 포
용은 받지 말라.

인간은 누구나 자기 자신의 인기에 신경을 쓴다. 칭찬을 좋아하지 않
는다면 그는 이미 상당한 수준에 오른 사람이다. 또한 '저 사람에게는
아첨을 해보았자 아무 득得도 없고 도리어 꾸중만 듣게 된다'면서 소인
배들이 그를 기피한다면, 자못 청렴한 인품의 소유자이리라.

한편 지도를 받는 사람의 입장에서 본다면 가급적 잔소리 따위는 듣지
않는 편이 좋을 것이다. 하지만 상사 혹은 스승이 '이놈에게는 잔소리를
해보았자 소용없겠다'면서 입을 다물었는데도 그것을 깨닫지 못한다면,
그 사람은 여간 불쌍한 사람이 아닐 수 없다.

상사와 부하, 스승과 제자 사이에는 좋은 의미로서의 첨예한 긴장관계
가 필요하다. 향상의 의욕과 일으켜 주려는 열의가 서로 맞부딪쳐야만
비로소 성장을 기대할 수 있기 때문이다.

寧爲小人所忌毀이언정 毋爲小人所媚悅하고,
영 위 소 인 소 기 훼   무 위 소 인 소 미 열
寧爲君子所責修이언정 毋爲君子所包容하라.
영 위 군 자 소 책 수   무 위 군 자 소 포 용

·忌毀기훼-꺼려하고 헐뜯다. ·媚悅미열-아첨하고 좋아하다. ·責修책수-꾸짖고 바로잡다. ·包容포용-감싸 주
고 용서하다.

193
명성을 탐내는 것은 이익을 추구하는 것보다 훨씬 해롭다

이익을 좋아하는 자는 도의道義 바깥에 멀리 벗어나 있으므로 그 해로움이 나타나도 얕지만, 명성을 좋아하는 자는 도의 안에 깊이 숨어 있으므로 그 해로움이 보이지 않지만 깊으니라.

이익을 좇는 사람은 애초부터 도의道義 밖에서 일을 벌이는지라 그 실체가 드러나기 때문에 금방 알아볼 수 있지만, 명성을 좇는 사람은 도의 안에 깊이 숨어서 일을 벌이는지라 의중을 쉬이 알 수가 없다. 즉 이익을 좇는 사람의 행위가 양증陽症이라면, 명성을 좇는 사람의 행위는 음증陰症인 것이다.

따라서 이익을 좇는 사람이 사회에 끼치는 해독은 명성을 좇는 사람의 그것보다 덜하다는 것이 저자의 지적이다. 명성을 좇는 사람은 좀처럼 마각을 드러내지 않기 때문에 그들이 끼치는 해독은 실로 무섭다.

好利者는 逸出於道義之外라 其害顯而淺이나,
호 리 자   일 출 어 도 의 지 외   기 해 현 이 천
好名者는 竄入於道義之中이라 其害隱而深이라.
호 명 자   찬 입 어 도 의 지 중   기 해 은 이 심

·好利호리-이익을 좋아하다. ·逸出일출-벗어나다. 뛰어나다. ·好名호명-명성을 좋아하다. ·竄入찬입-숨어 들다.

|194

은혜는 쉬이 잊어도 원한은 꼭 갚는다

　남에게 입은 은혜는 비록 깊더라도 갚지 않으나 원한은 얕아도 필히 갚고, 남의 악함을 들으면 비록 명백하지 않더라도 의심치 않으나 착함은 분명한데도 의심을 한다. 이것이야말로 각박함의 극치요, 야박함의 극단이니 각별히 경계할 일이다.

　'은혜 입은 것은 물에 쓰고, 원한을 산 것은 돌에 새긴다'는 말이 있다. '입은 신세는 빨리 잊어버리고, 한번 산 원한은 두고두고 잊지 않는다'는 심리를 풍자한 말이다. 이것이 속인俗人들의 공통심리라면 실로 슬픈 일이 아닐 수 없다.

　또 '남의 불행으로 자신의 행복을 삼는다'는 이른바 상대적 심리 또한 속인들의 공통된 심리라면 이것 역시 비극이다. 그렇건만 다른 이에 대한 악평은 검증 없이 믿으려 하면서도, 선평善評은 잔뜩 의심하는 세태이다. 실로 경계해야 할 일이다.

受人之恩에는 雖深不報나 怨則淺亦報之하고,
수 인 지 은　　　수 심 불 보　　　원 즉 천 역 보 지

聞人之惡에는 雖隱不疑나 善則顯亦疑之하니,
문 인 지 악　　　수 은 불 의　　　선 즉 현 역 의 지

此는 刻之極이요 薄之尤也라 宜切戒之니라.
차　 각 지 극　　　박 지 우 야　 의 절 계 지

·隱은-은밀하다. 명확하지 않다. ·顯현-명백하게 나타나다. ·刻之極각지극-각박함의 극치. ·薄之尤박지우-야박함이 심함.

195
아양과 아첨은 틈새로 스며드는 바람과 같아서 병이 들게 한다

남을 참소하는 자와 헐뜯는 자는 마치 조각구름이 해를 가리는 것과 같아서 오래지 않아 저절로 밝혀지나, 아양을 떨고 아첨하는 사람은 마치 틈새로 스며드는 바람이 살갗에 닿는 것과 같아서 그 해로움을 깨닫지 못한다.

악의에 찬 헛소문이나 모략 따위에 휘말리는 것은 분명 심각한 일이긴 하지만, 그래도 그것은 밖으로부터 생겨난 재액이다. 따라서 자기 자신만 동요되지 않고 견디어낸다면 한낱 뜬소문들은 오래지 않아 수그러들고, 이윽고는 사실도 저절로 밝혀지기 마련이다.

하지만 아부하고 아양을 떨며 살살거리는 사람들은 각별히 조심을 해야 한다. 귀에 듣기 좋고 입에 달콤한 말은 마치 문틈으로 새어 들어오는 실바람이 은근히 살갗을 파고들듯, 그 해로움이 내부 깊숙이 스며드는 것이다. 계속해서 그 바람을 맞다 보면 자신도 모르는 사이에 병이 들게 마련이다.

또한 예로부터 그 지위를 잃는 권력자들의 대부분은 믿었던 측근들의 감언이설에 현혹되어 상황을 잘못 판단하는 바람에 스스로 무덤을 파곤 했었다. 리더들은 이런 틈새 바람에 특히 주의해야 할 것이다.

讒夫毀士는 如寸雲蔽日하여 不久自明이나,
참 부 훼 사   여 촌 운 폐 일   불 구 자 명
媚子阿人은 似隙風侵肌하여 不覺其損이라.
미 자 아 인   사 극 풍 침 기   불 각 기 손

·讒夫참부-참소하는 사람. 훼방하는 사람. ·毀士훼사-헐뜯는 사람. ·寸雲촌운-조각구름. ·蔽日폐일-해를 가리다. ·媚子미자-아양떠는 소인小人. ·阿人아인-아첨하는 사람. ·隙風극풍-틈새로 스며드는 바람. ·侵肌침기-살갗에 스미다.

196
지나치게 고고한 행동과 과격한 마음을 경계하라

산이 높고 험준한 곳에는 나무가 없으나, 골짜기가 굽이굽이 감도는 곳에는 초목이 무성하다. 물살이 세고 급한 곳에는 물고기가 없으나, 연못이 고요하고 깊으면 물고기와 자라들이 모여든다. 그러한즉 이처럼 지나치게 고고한 행동과 편협하고 급한 마음은 군자가 깊이 경계해야 할 것이다.

『후한서後漢書』에 '물이 너무 맑으면 큰 물고기가 없다[水淸無大魚]'라는 구절이 있다. 즉 지나치게 고상한 사람 곁에는 사람들이 모여들지 않는다는 뜻이다.

이런 이치를 망각한 채 지나친 강직과 깨끗함만을 강조하며 사는 사람이 상당히 있다. 이런 사람은 여러 사람들 앞에서 굳이 지루한 설교를 늘어놓거나 사소한 실수까지 지적하는 경우가 많다. 그러나 강직은 자칫 과격해지기 십상이고, 굳은 절개는 자칫 오만해지기 쉽다는 점을 알아야 한다.

완만한 골짜기처럼, 깊은 물을 담고 있는 못처럼, 드넓은 포용력을 갖는 것이야말로 조직원들의 소질과 능력을 발휘시키는 원동력이 될 터인즉, 이 또한 리더들이 명심해야 될 일이다.

山之高峻處에는 無木이나 而谿谷廻環하면 則草木叢生하고,
산 지 고 준 처   무 목   이 계 곡 회 환   즉 초 목 총 생

水之湍急處에는 無魚나 而淵潭停蓄하면 則魚鼈聚集하니,
수 지 단 급 처   무 어   이 연 담 정 축   즉 어 별 취 집

此高絶之行과 褊急之衷은 君子重有戒焉이라.
차 고 절 지 행   편 급 지 충   군 자 중 유 계 언

·廻環회환-굽이굽이 감돌다. ·叢生총생-무성하게 자라다. ·湍急단급-물살이 세고 급하다. ·淵潭연담-못. ·停蓄정축-머물러 쌓이다. 곧 고요하고 깊다는 뜻임. ·魚鼈어별-물고기와 자라. ·聚集취집-모여들다. ·高絶고절-너무 고고하다. ·褊急之衷편급지충-좁고 급한 마음. 과격한 마음.

197
허심탄회하고 원만해야 성공한다

큰 공적을 세우고 큰 사업을 이루는 사람은 대개 허심탄회하고 원만하나, 일에 실패하고 기회를 놓치는 사람은 반드시 집착이 강하고 고집이 세다.

허원사虛圓士, 즉 허심탄회하고 원만한 사람은 어떤 고정관념에서 벗어나 안테나를 사방으로 펼쳐놓고 있으면서 풍부한 정보를 수집하고, 또 그 풍부한 정보를 바탕으로 통괄적인 판단을 내리게 되므로 오류를 범하는 일이 적다.

그러나 집요인執拗人, 즉 집착이 강하고 고집이 센 사람은 자기 마음에 드는 정보만을 취하고 그 외의 것은 잘라버린다. 부하들도 그런 상사가 좋아할 만한 정보밖에 제공해 주지 않는다. 그러므로 판단은 점점 편협해지고 흐려지며, 현실에서 유리되어 간다.

허원사 주위에는 뛰어난 능력과 인격을 갖춘 인재들이 모여들어 사업을 이끌어 나가지만, 집요인 주위에는 윗사람의 비위나 맞추는 무능한 인물들만이 모여들어 오히려 훼방만 한다. 그 결과가 어떻게 나타날지는 불문가지不問可知 아니겠는가.

建功立業者는 多虛圓之士요,
건 공 립 업 자   다 허 원 지 사

債事失機者는 必執拗之人이라.
분 사 실 기 자   필 집 요 지 인

· 虛圓허원 - 허심탄회하고 원만하다. · 債事분사 - 일에 실패하다. · 執拗집요 - 욕심에 매달리고 고집이 세다.

|198
세속에 휩쓸리는 것도, 세속과 담을 쌓는 것도 처세에 좋지 않다

세상을 살아감에는 마땅히 세속과 같게 하지도 말고, 또한 다르게 하지도 말라. 일을 함에는 마땅히 남으로 하여금 싫어하게 하지도 말고, 또한 기뻐하게 하지도 말라.

이 또한 중용中庸의 정신을 강조한 구절이다. 잘못 해석하면 소극적이란 느낌을 받을 수도 있겠으나, 조화를 강조하는 것에 핵심이 있다.

인간은 사회적인 동물이기 때문에 지나치게 고고한 척하는 것은 사회 공동체로부터 따돌림을 받게 되며, 그렇다고 해서 세속에 물들기보다는 세속에 있으면서 세속을 떠나는 것, 그것이 좋다는 것이다.

무슨 사업을 할 때는 남이 싫어하게 해서도 못쓰고, 그렇다고 좋아하게만 해서도 안 된다. 왜냐하면 사업은 많은 사람을 상대하는 것이므로 남의 미움을 받아서도 안 되지만, 모든 사람을 다 즐겁게 하려다가는 일에 줏대가 없어져서 성공하기가 어렵기 때문이다.

處世에는 不宜與俗同하고 亦不宜與俗異하며,
처세   불의여속동   역불의여속이
作事에는 不宜令人厭하고 亦不宜令人喜하라.
작사   불의령인염   역불의령인희

·作事작사-일을 함. ·令人厭영인염-남이 싫어하도록 하다.

199
군자는 만년晩年을 맞아도 한층 더 정신을 가다듬는다

하루 해가 이미 저물었으나 오히려 안개와 노을은 아름답고, 한 해가 장차 저물려고 하는데 등자와 귤은 더욱 향기롭다. 그러므로 군자는 인생의 만년晩年에 다시금 정신을 백 갑절 가다듬어야 하리라.

인생의 황혼을 아름답게 장식하고 뜻있게 누리려면 모름지기 정신이 또렷해야 한다. 만절晩節이란 만년晩年의 절조節操란 의미이다.

사람은 만년의 좋은 사업과 훌륭한 죽음으로써 빛나는 일생으로 마감할 수도 있다. 그러므로 군자는 만년이 되면 그 정신을 마땅히 전보다 백 갑절 더 가다듬어야 한다. 해질녘 노을의 아름다움이나 동짓달 귤의 향기로움 같은 것을 통해서 우리는 만절의 미를 배울 수 있다.

日旣暮而猶烟霞絢爛하고 歲將晚而更橙橘芳馨이라.
일 기 모 이 유 연 하 현 란   세 장 만 이 갱 등 귤 방 형

故로 末路晚年에 君子는 更宜精神百倍하라.
고   말 로 만 년   군 자   갱 의 정 신 백 배

·烟霞연하-안개와 노을. ·橙橘등귤-등자와 귤. ·芳馨방형-꽃다운 향기.

|200
매는 마치 조는 것처럼 앉아 있다 먹이를 낚아챈다

매의 앉아 있는 모습은 조는 것 같고 범의 걸음은 병든 듯하니, 이것이 바로 저들이 사람을 움키고 물어뜯는 수단이다. 그러므로 군자는 총명을 드러내지 말고 재주를 나타내지 말아야 하니, 그래야만 비로소 큰 임무를 어깨에 짊어질 수 있는 역량을 갖추느니라.

속담에도 '사나운 매는 발톱을 감춘다'고 했다. 자신의 역량을 함부로 드러낸다면 큰일을 해낼 수 없다는 뜻이다. 평소에 말이 많고 재능을 버릇삼아 자랑하던 사람이 때가 되어서는 실력 발휘를 못하고, 그와는 반대로 평상시에는 존재조차 미미하던 사람이 일단 사태가 발생할 경우, 조직력과 지휘력을 발휘하여 큰일을 이루어 내는 예를 우리는 역사와 현실 속에서 많이 본다.

아무리 자기광고 시대라고는 하지만 총명과 재주는 필히 비장해 두는 것이 좋다. 그래야만 일단 약동하면 대임大任을 완수해 낼 수 있는 것이다.

鷹立如睡하고 虎行似病하니 正是他攫人噬人手段處라.
응 립 여 수　　 호 행 사 병　　 정 시 타 확 인 서 인 수 단 처
故로 君子는 要聰明不露하고 才華不逞하니 纔有肩鴻任鉅的力量이라.
고　 군 자　 요 총 명 불 로　　 재 화 불 령　　 재 유 견 홍 임 거 적 력 량

·鷹立응립-매가 앉아 있는 모습. ·虎行호행-범의 걸음걸이. ·他타-저것. 매와 호랑이를 가리키는 대명사. ·攫확
-움키다. 붙잡다. ·噬서-깨물다. ·不逞불령-겉으로 나타내지 않다. ·肩鴻任鉅견홍임거-어깨에 대임大任을 지
다.

|201
검약이 지나치면 인색해지고, 겸양이 과하면 비굴해진다

검소함은 미덕이나 지나치면 인색하고 잘디잘아져 도리어 정도正道를 손상시키고, 겸양은 미행美行이나 과하면 지나친 공손이 되고 비굴함이 되어 꾸미는 마음이 많아진다.

어떤 일이든 간에 도가 지나치면 좋지 않다는 뜻인데, 왜 도가 지나치게 되는 것일까? 그것은 목적과 수단이 뒤바뀌기 때문이다.

검약이 가지는 본래의 목적은 재물이나 자원을 낭비하지 않고 있다가 꼭 필요할 때 사용함으로써 사람들의 행복을 증진시키는 데 있다. 이러한 목적으로 검약하는 것인데, 너무 지나치면 오히려 인색함이 되어 바른 도리를 해치는 수가 많다. 이것은 목적이 수단으로 변해 버렸기 때문이다.

겸양은 인간 상호간의 존중을 말과 행동으로 표현하는 미덕임이 분명한데, 너무 지나치거나 그 형식만을 중시하게 되면 이 또한 비굴한 태도로 비치기 쉽다. 따라서 무슨 속셈이 있지나 않을까 하는 의심을 타인들에게 살 여지가 있는 것이다. 서비스 업계의 종업원들이 하는 접객이 어딘지 모르게 어색해 보이는 것도 바로 이 때문일 것이다.

儉은 美德也나 過則爲慳吝하고 爲鄙嗇하여 反傷雅道하며,
검   미덕야   과즉위간린   위비색   반상아도

讓은 懿行也나 過則爲足恭하고 爲曲謹하여 多出機心이라.
양   의행야   과즉위족공   위곡근   다출기심

·慳吝간린-굳고 인색하다. ·鄙嗇비색-더럽고 잘달다. ·雅道아도-정도正道. ·懿行의행-아름다운 행실. ·足恭족공-지나치게 공손하다. ·曲謹곡근-지나치게 조심하다. 여기서는 비굴하다란 뜻이다. ·機心기심-꾸미는 마음.

|202
오랫동안의 평안함을 믿지 말고, 고난에 주눅들지 말라

뜻대로 안 된다고 걱정하지 말고, 마음에 흡족하다고 기뻐하지 말라.
오랫동안의 무사함을 믿지 말고, 처음 맞는 어려움을 꺼리지 말라.

인생도 그리고 사업도 모두 유위변전有爲變轉하는 법이다. 더구나 오늘날처럼 모든 것이 빠르게 변화되는 시대에는 실로 한치 앞을 예측하기가 어렵다.

그렇다면 짐작되는 최악의 사태 속에서도 살아남을 수 있는 능력을 평소에 길러두는 것이 최선의 길이다. 그런 마음가짐을 다지기 위해서는 이 구절의 교훈을 마음속 깊이 새겨두어야겠다.

급변하는 정세의 소용돌이 속에서 휘청거리는 기업은 아마도 호황을 누리고 있을 때의 유쾌함을 기뻐했거나, 오래도록 편안할 거라 믿었던 기업일 것이다. 그러나 호황이라 해서 기뻐하지 않고, 불황이라 해서 당황하지도 않으며 당면한 어려움을 당당하게 받아들인 기업은 어떠한 시련 속에서도 반드시 살아남되 도리어 불황을 발전의 계기로 삼을 것임이 분명하다.

毋憂拂意하고 毋喜快心하며,
무 우 불 의   무 희 쾌 심
毋恃久安하고 毋憚初難하라.
무 시 구 안   무 탄 초 난

·拂意불의-뜻에 거슬리다. 뜻대로 되지 않다. ·恃시-믿다. ·憚탄-꺼리다.

|203
공명심이 지나치게 강한 사람은 훌륭한 선비가 아니다

술잔치의 즐거움이 잦으면 훌륭한 집안이 아니요, 명성 떨치기를 좋아하면 훌륭한 선비가 아니요, 높은 벼슬자리를 탐내면 훌륭한 신하가 아니다.

피땀 흘려 번 돈으로 성대한 술잔치를 즐기는 사람은 아마도 흔치 않을 것이다. 그럼에도 자주 파티를 열어 질탕하게 마시고 즐긴다면 좋은 집안이 아니요, 그 배경에는 무슨 흑막이 개재되어 있기 마련이다.

군자는 높은 지위를 얻기 위해 부정한 짓을 저지르거나, 화려한 명성에 정신이 팔리지 않는다. 이렇듯 높은 자리를 탐하고 연연하는 신하는 충신이 아닌 것이다. 이 구절은 오늘날의 세태를 질타하는 채찍질 같아서 가슴이 뜨끔하다.

飲宴之樂多하면 不是個好人家요,
음 연 지 락 다   불 시 개 호 인 가
聲華之習勝하면 不是個好士子요,
성 화 지 습 승   불 시 개 호 사 자
名位之念重하면 不是個好臣士라.
명 위 지 념 중   불 시 개 호 신 사

·飲宴음연-주연酒宴, 술잔치. ·聲華성화-명성과 평판. 명성과 호사. ·勝승-심하다. ·士子사자-선비. ·名位명위-높은 벼슬자리. ·臣士신사-신하.

204
달관한 사람은 욕망을 억누르는 것을 즐거움으로 삼는다

세상 사람들은 마음에 흡족한 것을 즐거움으로 삼는지라 도리어 즐거운 마음에 이끌리어 괴로운 곳에 있게 되고, 통달한 선비는 마음에 어긋나는 것을 즐거움으로 삼는지라 마침내 괴로운 마음이 바뀌어 즐거움이 된다.

자기 마음에 흡족한 것, 곧 욕망을 만족시키는 것을 즐거움으로 삼는 성향은 어찌 생각하면 인간의 본능과도 같으리라. 하지만 그 끝은 어디인가? 결국은 욕망의 사슬에 사로잡힌 나머지 괴로운 곳에서 헤매게 마련이다.

그러므로 달관한 선비는 마음에 어긋나는 것, 곧 욕망을 만족시키지 못하는 것을 즐거움으로 삼는 수양을 쌓는다. 이렇듯 무욕無慾의 마음을 벗삼아 욕망을 억누르다 보면, 그 괴로운 마음이 마침내 즐거움으로 바뀌는 역설이 성립하는 것이다.

우리네 인생살이도 비슷한 것 같다. 부귀공명을 인생의 목표로 삼고 치닫다가 결국은 좌절하는 사람들은 그 얼마나 불행한가. 반면에 자기 분수를 지키고 근검절약하며 과욕을 부리지 않는 사람은 도리어 행복을 누리는 경우가 많다.

어느 쪽이 인생의 진정한 승리자이겠는가?

世人은 以心肯處爲樂이라 却被樂心引在苦處하고,
세 인   이 심 긍 처 위 락   각 피 락 심 인 재 고 처
達士는 以心拂處爲樂이라 終爲苦心換得樂來라.
달 사   이 심 불 처 위 락   종 위 고 심 환 득 락 래

·心肯심긍-마음에 만족스럽다. ·却각-도리어. ·樂心낙심-즐거운 마음. ·達士달사-달관한 선비. ·心拂심불-마음에 어긋나다.

205
가득 찬 사람은 한 방울이라도 더 가해지는 것을 싫어한다

가득 찬 데 있는 사람은 마치 물이 넘칠 듯 말듯 하는 것과 같아서 다시 한 방울을 더하는 것도 몹시 꺼리고, 위급한 상황에 처한 사람은 마치 나무가 부러질 듯 말듯 하는 것과 같아서 다시 조금이라도 더 누르는 것을 몹시 꺼린다.

이 말의 바탕에는 '궁하면 통한다[窮則通]', 또는 '올라갈 데까지 올라간 용은 후회밖에 할 것이 없다[亢龍有悔]'라는 철학이 흐르고 있다.

정상이란 내리막길만 있는 그런 지점이다. 더 오르려 해도 오를 데가 없는 지점이니, 이제는 내려갈 수밖에 없다. 또 가득 차 있는 상태는 넘치기 직전의 상태이다. 거기에다 단 한 방울의 물이라도 가하게 되면 흘러넘쳐서 몰락해 버릴 우려가 있다.

절체절명의 궁지는 떨어질래야 더 이상 떨어질 곳이 없는 지점이다. 만약 그런 처지에 놓여 있는 사람을 밀어붙였다가는 도리어 이쪽에 큰 위해가 닥칠지도 모른다. 상대방을 그런 궁지에 몰면 이판사판의 심리가 작용하여 무서운 힘으로 역습해 올 수 있기 때문이다. 쫓기는 쥐도 궁지에 몰리면 고양이를 문다고 하지 않던가.

居盈滿者는 如水之將溢未溢하여 切忌再加一滴이요,
거 영 만 자　여 수 지 장 일 미 일　절 기 재 가 일 적

處爲急者는 如木之將折未折하여 切忌再加一搦이라.
처 위 급 자　여 목 지 장 절 미 절　절 기 재 가 일 닉

·盈滿영만-가득 차다. ·將溢未溢장일미일-장차 넘칠 것이로되 아직은 넘치지 않는다. ·一搦일닉-조금 누르다.

|206
모든 일을 냉철하게 판단하고 처리하라

냉철한 눈으로 사람을 보고, 냉철한 귀로 말을 들으며, 냉철한 심정으로 느낌을 감당하고, 냉철한 마음으로 이치를 생각하라.

냉철하게 보고 듣고 느끼고 생각하라 했는데, 그럼 냉철이란 어떻게 해야 얻을 수 있는 것일까?

첫째, 이제까지의 선입견과 호불호好不好의 감정을 깨끗이 버리고 마음을 비워야 한다. 그렇지 않으면 보이는 것도 보지 못하고, 들리는 것도 듣지 못하는 수가 있다.

둘째, 이해득실의 계산에서 일단 떠나야 한다. 이해타산에 사로잡혀 있으면 아무래도 가진 쪽에 유리한 자료만을 선택해서 보고 듣게 되어, 공정하고 객관적인 판단을 할 수 없게 된다.

셋째, 일부분에 사로잡히지 말고 대국적으로 사물을 바라보아야 한다. 특정한 정보원情報源, 특정한 의견 이외에는 보지도 않고 듣지도 않는 편협한 태도를 버리고 여러 견해를 종합적으로 바라보는 훈련이 필요하다. 자신의 주관으로 내린 결론을 내세워 놓고 그것을 입증시키기 위한 정보나 재료를 수집하는 방법으로는 현실적이고 올바른 판단을 내릴 수 없는 것이다.

冷眼觀人하고 冷耳聽語하며
냉 안 관 인   냉 이 청 어
冷情當感하고 冷心思理하라.
냉 정 당 감   냉 심 사 리

·冷眼냉안-냉정한 눈. ·當感당감-느낌을 감당하다.

|207

어진 사람은 그 마음이 너그럽고 여유가 있어서 복이 두텁다

　어진 사람은 마음씨가 너그럽고 느긋한지라 복이 두텁고 기쁜 일도 오래 가서, 일마다 너그럽고 느긋한 기상氣象을 이룬다. 비천한 사람은 생각이 좁고 급한지라 복록福祿이 박하고 은택이 짧아서, 일마다 좁고 급한 모양새를 이루게 된다.

　인간은 누구나 이기적인 면과 자기중심적인 면을 가지고 있다. 그러나 이것을 바꾸어 타인 중심적으로 그리고 이타적으로 산다면 누리는 복이 다르다는 것이다. 왜 그렇게 되는 것일까?

　이기적인 사람은 인생의 시야가 좁다. 자기중심적인 사람은 매사에 불평과 불만이 많을 수밖에 없다. 따라서 그 성격도 급하고 과격해진다. 이런 사람은 당장은 이익을 얻고 성공하는 것 같아도, 주변 사람들이 차츰 떠나게 되어 결국에는 고립무원孤立無援의 처지에 놓이고 만다.

　그러나 이타적인 사람은 자기를 내세우기보다 남을 먼저 이해하려고 애쓴다. 그런 사람의 주위에는 유능한 사람들이 모여들게 마련이며, 그 결과 성공과 행복이 보장된다는 것이다.

仁人은 心地寬舒라 便福厚而慶長하여 事事成個寬舒氣象하고,
인인　심지관서　변복후이경장　사사성개관서기상

鄙夫는 念頭迫促이라 便祿薄而澤短하여 事事得個迫促規模니라.
비부　염두박촉　변록박이택단　사사득개박촉규모

· 寬舒관서-너그럽고 느긋하다. · 鄙夫비부-마음이 비천한 사람. · 迫促박촉-좁고 급하다. · 祿녹-천록天祿. 여기서는 의식주. · 澤택-은택. 자손이 누리는 복. · 規模규모-생김새. 모양.

208

어떤 사람이 악하다는 말을 듣더라도 즉시로 미워하지 말라

남의 악한 이야기를 들을지라도 금방 미워하지 말지니, 중상하는 자가 제 분을 풀까 두렵다. 남의 선한 이야기를 들을지라도 급히 친해지지 말지니, 간사한 자의 출세를 이끌어 줄까 두렵다.

이 구절은 특히 인사 청탁을 받는 지도자들, 또는 인사 관리자들이 유념해야 할 계명이다.

남의 나쁜 일을 들었더라도, 이를 쉬이 믿고서 그 죄를 미워해서는 안 된다. 혹시라도 모함하기 좋아하는 사람이 제 분풀이를 하려고 거짓으로 남의 나쁜 일을 지어낼 수도 있기 때문이다.

마찬가지로 남의 선한 일을 들었더라도, 이를 쉬이 믿고서 친하게 사귀어서는 안 된다. 혹시라도 간사한 자가 짐짓 선한 일을 꾸며 입신출세를 꾀할 수도 있기 때문이다.

그렇다면 이런 속임수들에 넘어가지 않으려면 어떻게 해야 할까? 나쁜 일을 듣든, 선한 일을 듣든 간에, 아무런 선입견 없이 백지 상태에서 판단해야 하리라. 자기와의 모든 이해관계를 떠나 공정하게 판단해야만 실수를 줄일 수 있을 것이다.

聞惡이라도 不可就惡니 恐爲讒夫洩怒요,
문 악   불 가 취 오   공 위 참 부 설 노

聞善이라도 不可急親이니 恐引奸人進身이라.
문 선   불 가 급 친   공 인 간 인 진 신

·就惡취오-금방 미워하다. ·讒夫참부-참소하는 사람. ·洩怒설노-노여움을 풀다.

|209
마음이 조급하고 성질이 거친 사람은 한 가지 일도 이루어내지 못한다

성질이 급하고 마음이 거친 자는 한 가지 일도 이루어내지 못하고, 마음이 온화하고 기질이 평안한 자는 백 가지 복이 저절로 모인다.

『논어』「술이편述而篇」에 '포호빙하暴虎馮河'라는 말이 있다. '포호'란 맨주먹으로 범을 잡는 것을 말하고, '빙하'는 황하黃河를 걸어서 건너는 것을 말한다.

맨주먹으로 호랑이에게 달려들고 큰 강을 걸어서 건너려는 것은 만용인 동시에 조급함이다. 성질이 조급하니 행동 또한 경박하다. 이런 사람이 어떻게 큰일을 이루겠는가?

심기가 화평하고 침착한 사람은 신중하여 용의주도하게 앞뒤를 헤아리므로 실패하는 일이 적을 뿐 아니라, 백 가지 복을 모으는 바탕을 지닌 것이다.

性燥心粗者는 一事無成이요,
성조심조자 일사무성
心和氣平者는 百福自集이라.
심화기평자 백복자집

·性燥성조-성질이 조급하다. ·心粗심조-마음이 거칠다.

210
너무 각박하게 사람을 부리면 공을 세울 사람이 떠나 버린다

사람을 부림에는 마땅히 각박하지 말아야 하니, 각박하게 대하면 성과를 올리려던 사람이 떠난다. 친구를 사귐에는 마땅히 마구 구하지 말아야 하니, 마구 사귀면 아첨하는 자가 모여든다.

『송사宋史』에 '의심이 나면 쓰지 말고, 썼으면 의심하지 말라[疑勿用 用勿疑]'는 말이 있다. 사람을 일단 썼으면 모든 것을 믿고 맡기되, 자발적으로 일할 수 있도록 여건을 갖추어 주는 것이 중요하다. 그렇게 하지 못하고 의심을 하면서 이것저것 간섭하면, 유능한 사람들이 모두 떠나 버린다는 경고이다.

또 사람을 사귈 때에는 그 사람 됨됨이를 잘 파악하고 사귀어야만 한다. 만일 함부로 사귀다가는 음으로 양으로 큰 피해를 보게 된다. 특히 아첨하기 좋아하는 사람은 가까이하지 말아야 하는데, 이처럼 대인관계란 결코 쉬운 일이 아니다.

用人에는 不宜刻이니 刻則思效者去하고,
交友에는 不宜濫이니 濫則貢諛者來니라.

·用人용인-사람을 쓰다. 사람을 부리다. ·刻각-각박하다. 가혹하다. ·思效者사효자-공적을 올리고자 생각하는 사람. ·濫람-마구 넘치다. 여기서는 마구 대한다는 뜻이다. ·貢諛공유-아첨을 바치다.

|211
위험한 곳에 처해서는 재빨리 방향을 전환하라

바람이 비껴 불고 빗발이 급한 곳에서는 다리를 꼿꼿하게 세워야 하고, 꽃 향기 무르녹고 버들이 탐스러운 곳에서는 눈을 높이 두어야 하며, 길이 위태롭고 험한 곳에서는 머리를 일찌감치 돌려야 한다.

한평생을 살아가노라면 평탄한 순경順境만이 있는 게 아니다. 세찬 비바람 같은 어려움을 만났을 때에는 대지 위에 두 다리를 단단히 딛고 서듯 꼿꼿하게 버텨나가야만 한다.

울긋불긋한 꽃과 하늘거리는 버들가지처럼 유혹이 손을 뻗쳐올 때에는 당초에 세웠던 높은 이상과 숭고한 뜻을 마음에 되새기며 전진해야 한다. 즉 여색女色 따위에 현혹되어서는 안 된다는 말이다.

도저히 지나갈 수 없는 위험한 난관에 봉착했을 때에는 쓸데없이 헤매지 말고 얼른 돌아설 줄도 알아야 한다고 권하고 있다.

風斜雨急處에는 要立得脚定하고,
풍 사 우 급 처   요 립 득 각 정
花濃柳艶處에는 要著得眼高하며,
화 농 류 염 처   요 착 득 안 고
路危徑險處에는 要回得頭부니라,
노 위 경 험 처   요 회 득 두 조

·風斜雨急풍사우급-폭풍과 폭우. 여기서는 살아가기 어려운 세상을 비유한 것이다. ·花濃柳艶화농류염-꽃이 진하게 피어 있고 버들이 아름답다. 여기서는 세상의 온갖 유혹을 비유한 것이다. ·路危徑險노위경험-위태롭고 험한 길. 여기서는 막다른 난관을 비유한 것이다.

|212
공명심이 강한 자는 겸양을 쌓아야 질시를 당하지 않는다

절개와 의리가 굳센 사람은 온화한 마음을 길러야 비로소 분쟁의 길을 열지 않을 것이요, 공명심이 강한 선비는 겸양의 덕을 체득해야 바야흐로 질투의 문을 열지 않을 것이다.

결백한 이상주의자의 눈에 보이는 현실사회는 너무나 많은 모순으로 가득 차 있을 것이다. 그러나 이 세상 대부분의 사람들은 그 모순과 타협함으로써 그날그날 밀려드는 거센 파도를 넘고 있다. 그런 세태를 한탄하면서 마치 자기 홀로 정의正義의 대변인인 양 괴로워해 본들 무슨 소용이 있겠는가? 대중들은 그를 오히려 경원할 뿐이다.

한편 이루어 놓은 성공이 크면 클수록 존경과 함께 질투의 시선이 집중된다. 이것은 인지상정으로서 어쩔 수 없는 일이다. 공적이란 자기 혼자서 이룰 수 있는 것이 아니라 많은 사람들의 덕택으로 쌓아 올려진 것임을 명심해야겠다. 당唐나라 때의 시인 조송曹松의 「기해세己亥歲」란 시詩에서도 '한 장군이 공을 세워 출세하는 이면에는 수많은 병사들의 희생이 따른다[一將功成萬骨枯]'고 하였다.

리더로서 이러한 충고를 잊고 교만을 떨다가는 뜻하지 않은 봉변을 당하게 될 것이다.

節義之人은 濟以和衷하면 纔不啓忿爭之路하고,
절 의 지 인   제 이 화 충   재 불 계 분 쟁 지 로

功名之士는 承以謙德하면 方不開嫉妬之門이라.
공 명 지 사   승 이 겸 덕   방 불 개 질 투 지 문

·濟제-구제하다. 여기서는 단점을 보충한다란 뜻이다. ·和衷화충-온화한 마음. ·承승-체득體得하다. ·謙德겸덕-겸양의 덕. ·方방-바야흐로.

|213
공직자는 편지 한 장을 써 보낼 때도 절도가 있어야 한다

　사대부가 벼슬자리에 있을 때에는 편지 한 장에도 절도가 없어서는 안 되니, 사람들로 하여금 본심을 읽어내기 어렵게 함으로써 요행을 잡으려는 단초를 막아야 할 것이다. 시골에 돌아와서는 몸가짐을 너무 높게 가져서는 안 되니, 사람들로 하여금 쉽게 만날 수 있게 해줌으로써 옛정을 두터이 해야 할 것이다.

　예산을 배분하는 자리, 또는 인허가의 권한을 쥐고 있는 자리에 앉아 있는 공직자가 부정사건에 연루되었다는 보도가 심심치 않게 나온다. 엄청난 고액을 받고 부정사건에 관련된 결과, 자기 자신은 말할 것도 없고 가족들의 삶까지 손상시키는 패가망신의 일이 번번이 우리를 놀라게 만든다.

　공직에 있는 동안에는 답답하다는 말을 들어도 좋으니 조금이라도 틈을 보여서는 안 된다. 그러나 아무 권한이 없는 야인野人으로 일단 돌아간 다음에는 지난날의 화려했던 직함 따위는 깨끗이 잊어버리고, 마음이 통하는 사람이라면 누구하고도 친교를 도모하는 자세가 바람직하다. 그것이 선비의 처세이다.

士大夫는 居官에 不可竿牘無節이니 要使人難見하여 以杜倖端이요,
사 대 부　　거 관　　불 가 간 독 무 절　　요 사 인 난 견　　이 두 행 단
居鄕에 不可崖岸太高니 要使人易見하여 以敦舊好니라.
거 향　　불 가 애 안 태 고　　요 사 인 이 견　　이 돈 구 호

·竿牘간독-편지. ·杜두-막다. ·倖端행단-요행의 단서. ·崖岸애안-벼랑. 위엄. ·太태-너무.

214
백성을 두려워하면 횡포한 마음이 없어진다

대인은 두려워하지 않으면 안 되니, 대인을 두려워하면 방종한 마음이 없어질 것이다. 서민 또한 두려워하지 않으면 안 되니, 서민을 두려워하면 횡포하다는 평판을 듣지 않을 것이다.

특히 정치가들에게 주는 경종의 구절이다. 학문과 덕망이 있는 사람, 즉 사회의 원로라 할 사람들을 경외해야 함은 물론이고 일반 서민들까지도 경외해야 한다는 것이다.

저자 홍자성이 살아가던 시대는 민주주의 시대가 아니었으니 선거라는 제도가 있었을 리 없고, 그러니 당락을 결정짓는 표票도 필요치 않았을 것이다. 그러나 민심民心이 곧 천심天心이라고 했다. 그렇다면 일반 서민, 즉 백성을 경외하는 것은 하늘을 경외함이 아닌가.

민주주의가 꽃피었다는 오늘날에도 국민 위에 군림하려는 지도자가 세계 각처에 있음을 볼 때 홍자성의 식견은 실로 뛰어나다 하겠다.

大人은 不可不畏니 畏大人하면 則無放逸之心하고,
대인   불가부외   외대인   즉 무 방 일 지 심
小民도 亦不可不畏니 畏小民하면 則無豪橫之名이라.
소 민   역 불 가 불 외   외 소 민   즉 무 호 횡 지 명

·大人대인-학문과 덕망이 높은 사람. ·放逸방일-방종. ·豪橫호횡-횡포.

|215
자기보다 못한 사람과 견주면 불평불만이 사라진다

일이 조금이라도 뜻한 바대로 되지 않거든 문득 나만 못한 사람을 생각하라. 이내 원망이 절로 사라질 것이다. 마음이 조금이라도 게을러지고 거칠어지거든 문득 나보다 나은 사람을 생각하라. 곧 정신이 절로 분발할 것이다.

어떤 역경에 처했을 때는 자기보다 더 어려운 사람을 생각해 보라. 그러면 원망하는 마음과 불평불만이 저절로 사라질 것이다. 또 마음이 어쩐지 해이해지거든 자기보다 위에 있는 사람을 생각해 보라. 그러면 스스로 긴장되고 저절로 용기가 생길 것이다.

여기서 '나만 못한 사람을 생각하라'는 것은 어디까지나 위안을 얻고 분발하려는 의욕을 불러일으키기 위한 것이지, 잘난 척하며 내려다보라는 뜻도 아니요, 지금의 처지에 주저앉으려는 안일함을 꾀하기 위해서도 아니다. 또 '나보다 나은 사람을 생각하라'는 것 역시 의욕을 불러일으키는 촉진제로 삼으라는 뜻이다.

요컨대 아래와 위를 두루 살펴보면서 자기 마음을 다잡으라는 가르침이다.

事稍拂逆이거든 便思不如我的人하면 則怨尤自消하고,
사 초 불 역   변 사 불 여 아 적 인   즉 원 우 자 소
心稍怠荒이거든 便思勝似我的人하면 則精神自奮이라.
심 초 태 황   변 사 승 사 아 적 인   즉 정 신 자 분

·稍초-조금이라도. ·拂逆불역-뜻대로 안 되다. ·怨尤원우-원망. ·怠荒태황-게으르고 거칠다.

|216
기쁨에 도취한 나머지 가볍게 승낙해선 안 된다

기쁨에 들떠서 가벼이 승낙하지 말고, 술에 취하여 성내지 말며, 유쾌함에 들떠서 많은 일을 만들지 말고, 싫증난다 하여 끝맺음을 소홀히 하지 말라.

『노자老子』에도 '가벼이 승낙하는 것은 반드시 믿음성이 적고, 너무 쉬운 일에는 반드시 어려움이 많다[輕諾必寡信, 多易必多難]'라고 했다. 마음이 기쁠 때는 일이 쉽게 여겨져 가벼이 승낙했다가 낭패를 당하는 수가 많다. 또 자신의 역량을 헤아리지 않고 함부로 일을 맡았다가 이러지도 저러지도 못하는 경우도 허다하다.

한편 뛰어난 능력을 갖추었음에도 일을 사양하다가 친구나 상사의 권고로 일을 맡은 결과, 자신도 예상치 못했던 큰 성과를 올리는 경우도 상당히 있다. 또 마지못해 손을 대보기는 했지만 짜증이 나기도 하고 득도 없어서 도중하차하는 경우도 종종 있는데, 이런 경우 역시 자기 자신에게 적합한 일인지의 여부, 그리고 지속할 수 있는지 등에 대한 인식 부족에서 생기는 수가 많다. 어쨌든 자기 자신을 정확히 알아야 하는데, 그것을 안다는 것이 어려운 법이다.

不可乘喜而輕諾하고 不可因醉而生嗔하며,
불가승희이경낙   불가인취이생진
不可乘快而多事하고 不可因倦而鮮終이라.
불가승쾌이다사   불가인권이선종

· 輕諾경낙-경솔하게 승낙하다. · 生嗔생진-화를 내다. · 鮮終선종-일을 제대로 끝내지 못하다.

217
책 속의 진리를 알아 기뻐 춤추는 경지에 이르도록 하라

독서를 잘하는 사람은 마땅히 책을 읽되 기쁨에 겨워 춤이 절로 추어지는 경지에까지 이르러야 바야흐로 문자의 도구에 얽매이지 않는다. 사물을 잘 살피는 사람은 마땅히 정신이 사물과 하나로 융합될 때까지 이르러야 바야흐로 사물의 외형外形에 구애받지 않게 된다.

책을 읽을 때에는 문자에 사로잡혀 그 천착에만 고심하지 말고, 그 진수에까지 이르도록 읽어야 한다. 사물을 관찰할 때에는 스스로의 정신이 그것과 일체가 되어 그 본질을 꿰뚫어 볼 수 있을 때까지 관찰해야 한다. 그렇게 해야만 외부의 형태에 사로잡히지 않게 된다.

고전古典에 흥미를 느끼지 못하는 수험생들은 대개 시험 공부를 하느라 문법 어구를 해석하는 것 등에 구애받아서 고전 그 자체의 진수를 제대로 맛보지 못한다. 이처럼 수단에 마음을 빼앗기면 사물의 본질을 제대로 맛보지 못하는 우를 범하게 마련이다. 수단은 필요한 것이기는 하지만 그것에 얽매이면 학문의 즐거움을 알 수도 없고, 나아가서는 인생의 양식으로 삼을 수도 없다.

善讀書者는 要讀到手舞足蹈處라야 方不落筌蹄하고,
선 독 서 자   요 독 도 수 무 족 도 처   방 불 락 전 제

善觀物者는 要觀到心融神洽時라야 方不泥迹象이라.
선 관 물 자   요 관 도 심 융 신 흡 시   방 불 니 적 상

·手舞足蹈수무족도-손이 춤추고 발이 뛰다. 너무 기뻐서 저절로 춤이 나오는 모양. ·筌蹄전제-물고기를 잡는 통발과 토끼를 잡는 올무. 도구나 수단. 여기서는 문자와 구절에 얽매임을 뜻함. ·心融神洽심융신흡-정신이 융합되다. 여기서는 보는 사람의 마음이 대상과 일체가 된다는 뜻이다. ·泥니-구애되다. ·迹象적상-사물의 외형.

218
제 가진 바를 믿고 남의 가난함을 깔보지 말라

하늘은 한 사람을 현명하게 하여 이로써 뭇 사람의 어리석음을 깨우치게 하거늘, 세상은 도리어 제 잘난 것을 뽐내어 남의 모자람을 들춰낸다. 하늘은 한 사람을 부유하게 하여 이로써 뭇 사람의 곤궁함을 구제하거늘, 세상은 도리어 제 가진 것을 자랑하여 남의 가난함을 업신여긴다. 참으로 하늘의 벌을 받을 백성이로다.

유교에서는 신분제도를 인정하기는 했지만 높은 지위에 있는 자에게는 마땅히 그에 어울리는 사회적 책임을 부여했었다. 이 구절에 나타나 있는 저자의 분노는 이른바 엘리트층에 있는 사람들 중 특권은 충분히 누리면서도 그와 동시에 져야 하는 책임은 전혀 지지 않는 사람들을 겨냥하고 있다.

백성의 목소리를 하늘의 소리라고 생각하는 중국 사상에 의하면 천벌이 곧 민벌民罰이었다. 다시 말해서 국민들에게 버림받고 권좌에서 쫓겨나는 것을 의미한다. 저자 홍자성이 살다 간, 강성했던 그 명제국明帝國의 말로야말로 좋은 예였다.

天賢一人하여 以誨衆人之愚거늘 而世反逞所長하여 以形人之短하며,
천 현 일 인   이 회 중 인 지 우   이 세 반 령 소 장   이 형 인 지 단

天富一人하여 以濟衆人之困이거늘 而世反挾所有하여 以凌人之貧하니,
천 부 일 인   이 제 중 인 지 곤   이 세 반 협 소 유   이 릉 인 지 빈

眞天之戮民哉로다.
진 천 지 륙 민 재

·誨회-깨우치다. 가르치다. ·逞所長영소장-장점을 휘두르다. ·挾所有협소유-소유에 의지하다. ·凌릉-능멸하다. ·天之戮民천지륙민-천벌을 받을 백성.

219

재능이 어중간한 사람은 억측과 시기가 많아서 함께 일하기 어렵다

도가 높은 경지에 이른 사람은 무엇을 생각하고 무엇을 근심하랴. 어리석은 사람은 아무것도 모르는지라 가히 더불어 학문을 논할 수도 있고 함께 공을 세울 수도 있다. 다만, 재주가 어중간한 사람은 나름대로 생각과 지식이 많은지라, 곧 한편으로는 억측과 시기도 많은지라, 매사에 함께 일하기가 어렵다.

도에 통달한 지인至人이나 아무것도 모르는 우인愚人과는 학업을 같이 할 수도 있고, 또 함께 공을 세울 수도 있다. 왜냐하면 지인과 우인은 지혜나 덕에 있어서는 양 극단이지만, 인위적인 꾸밈이 없이 자연 그대로이고 허심탄회한 점에서는 일치하기 때문이다.

이를테면 낙서한 종이에는 그림을 그리기 어렵지만 백지白紙에는 그리기 쉬운 이치라고나 할까. '천재와 백치白痴는 종이 한 장 차이'라는 말이 있는데, 바로 이런 데서 연유한 것이 아니겠는가.

반면 덕과 지혜가 어중간한 사람들은 매사에 지레짐작하는 습관이 있고 의심과 시기도 많은지라, 큰일을 함께 하기가 어려운 법이다. 요컨대 어설픈 지혜와 덕을 경계하는 가르침이다.

이런 어설픔을 피하려면 어떻게 해야 할까? 바로 마음을 자연 그대로 백지 상태로 놓아두는 것, 다시 말하면 마음을 비우는 것이다.

至人은 何思何慮리요? 愚人은 不識不知라 可與論學하고 亦可與建功이라.
지인   하사하려   우인   불식부지   가여론학   역가여건공

唯中才的人은 多一番思慮知識이라 便多一番億度猜疑하여
유중재적인   다일번사려지식   변다일번억탁시의

事事難與下手니라.
사사난여하수

·至人지인-지덕智德을 겸비하고 도道에 통달한 사람. ·何思何慮하사하려-무엇을 생각하고 무엇을 근심하겠는가. ·不識不知불식부지-아무것도 모르다. ·中才중재-재주가 어중간함. ·一番일번-한편, 한번. ·億度억탁-억측하다. 億=臆. ·下手하수-착수하다. 일하다.

|220
입을 엄히 단속하지 않으면 마음속의 기밀이 누설된다

입은 곧 마음의 문이니, 입 단속을 엄밀히 하지 않는다면 진정한 기밀이 모두 새나갈 것이다. 뜻은 곧 마음의 발이니, 뜻을 엄격히 지키지 않는다면 옳지 못한 길로 내닫게 된다.

인간의 사고思考와 행동의 근원인 마음, 그것은 언어를 통해 표출되며 뜻은 실천으로 옮겨진다. 여기서 말하는 수구守口, 즉 입을 지킨다는 것은 단순히 심중의 비밀을 밖으로 간단히 내뱉지 말라는 뜻만이 아니다. 흔히 '언중유골言中有骨'이니 '취중본심醉中本心'이니 하는 말에서도 알 수 있듯이 말이란 것은 좀체 붙잡기 힘든 것이어서, 정신을 바짝 차리지 않으면 이성적인 의지를 떠나 제멋대로 떠돌아다니며 혼란을 일으키는 근본이 되어버린다.

말을 한 당사자는 '그 말은 무심코 튀어나온 것이지 진정코 본심은 아니었소'라며 변명을 하지만, 대부분의 경우 무의식중에 본심이 드러난 것으로 취급당한다. 능변인 데다가 재치까지 있다고 뽐내는 사람일수록 그런 실수를 저지르기 쉽다. 그러므로 '입은 만 가지 재화災禍의 문'이라고 했다.

口乃心之門이니 守口不密하면 洩盡眞機하고,
구 내 심 지 문　　수 구 불 밀　　설 진 진 기

意乃心之足이니 防意不嚴하면 走盡邪蹊니라.
의 내 심 지 족　　방 의 불 엄　　주 진 사 혜

·洩盡설진-모두 누설되다. ·眞機진기-진정한 기밀. ·邪蹊사혜-비뚤어진 길. 엉뚱한 길.

221
남에게는 관대하고 자기에게는 엄격하라

남을 꾸짖는 사람은 허물이 있는 가운데서도 허물 없음을 찾아내야 감정이 평온해질 것이다. 자기를 꾸짖는 사람은 허물 없는 속에서도 허물 있음을 찾아내야 덕이 자라날 것이다.

오늘날의 기업 세계에서는 사람의 능력을 평가할 때 성과 제일주의가 만연하고 있다. 예컨대 어떤 일의 결과가 나쁘다면 능력 없는 자라고 몰아붙이기 일쑤인데, 이것은 올바른 평가 방법이라고 할 수 없다. 자칫 좌절감을 불러일으킬 수 있기 때문이다.

스스로는 혼신의 힘을 다해 노력했는데도 불의의 사태가 발생했다든지 환경의 변화에 의해 성과를 얻지 못했을 경우, 그 책임만을 추궁받게 된다면 견뎌내기 어려울 것이다. 실패한 가운데서도 엿보이는 향상의 싹을 올바르게 평가해서 업무에 자신감을 갖게 해줘야 하지 않을까.

한편 뜻하는 일 모두가 잘 풀려 나간다고 해서 방심하거나 자만하는 것도 금물이다. 때마침 순풍이 불어주었던 것을 깨닫지 못하고 마치 전적으로 자력自力에 의한 것으로 착각한다면, 나중에 엄청난 실패를 불러들일 수 있겠으니 말이다. 성공했을 때일수록 세심하게 자기 단점을 찾아 고치는 데 마음을 써야겠다.

責人者는 原無過於有過之中하면 則情平하고,
책 인 자   원 무 과 어 유 과 지 중   즉 정 평
責己者는 求有過於無過之內하면 則德進이라.
책 기 자   구 유 과 어 무 과 지 내   즉 덕 진

· 原원-찾아내다. · 情平정평-감정이 평온하다.

|222
청소년기에 잘 담금질해야 훌륭한 그릇이 된다

어린이는 어른의 싹이요, 수재秀才는 사대부의 씨앗이다. 이때에 만약 불길이 약해서 담금질을 완전하게 하지 못하면, 훗날 세상을 살아나가거나 조정朝廷에 설 때에 마침내 훌륭한 그릇을 이루기가 어렵다.

인간의 대뇌大腦 세포는 약 20세까지 형성되다가 그 후로는 차츰 파괴되어 간다고 한다. 그리고 그 사람의 성격 형성과 가치관 정립도 이때까지 완성된다는 것이다. 즉 청소년기를 보내면서 인간은 장차 살아나갈 인생관을 비롯하여 직업관, 국가관, 세계관, 심지어는 사생관死生觀까지도 갖추게 된다. 이 시기야말로 한 사람의 인생에서 가장 소중한 시기인 것이다.

그 청소년기에 철두철미한 교육과 수양을 쌓지 못한다면 그 사람은 낙오될 것이며, 설령 좋은 기회가 주어지더라도 대성大成할 수 없다. 어떤 의미에서는 그런 사람은 공직의 요직에 앉아서는 안 된다는 뜻이기도 하다. 작은 그릇밖에 안 되는 자가 분에 넘치는 자리를 차지하고 있을 때 그 나라의 앞길은 암담할 뿐이기 때문이다.

子弟者는 大人之胚胎요 秀才者는 士夫之胚胎니,
자 제 자　　대 인 지 배 태　　수 재 자　　사 부 지 배 태

此時에 若火力不到하여 陶鑄不純하면,
차 시　　약 화 력 부 도　　도 주 불 순

他日에 涉世立朝하여 終難成個令器니라.
타 일　　섭 세 립 조　　종 난 성 개 령 기

· 胚胎배태-싹, 아이나 새끼를 뱀. · 秀才수재-과거에 급제한 사람. · 陶鑄도주-단련하다. · 不純불순-불완전.
· 令器영기-훌륭한 그릇.

|223
군자는 환난을 근심하지 않고 부와 권력을 두려워하지 않는다

군자는 환난에 처해서는 걱정하지 않지만 즐거운 잔치를 맞아서는 근심하고, 권세 있거나 부유한 사람을 만나서는 두려워하지 않지만 의지할 곳 없는 사람을 대하면 안타까워한다.

군자는 온갖 역경과 고난에 처해도 근심하지 않지만, 도리어 안일과 쾌락 속에서는 해이해지고 방탕해질까 근심한다. 또한 부자나 권세가들을 만나도 두려울 것이 없으나, 다만 의지할 곳 없고 외로운 사람을 만나면 안타까워한다. 즉 여기서 말하는 군자란 지위라든가 부와는 관계없이 고귀한 인품을 갖춘 사람을 뜻한다는 걸 알 수 있다.

퇴계 이황李滉 선생은 34세에 과거에 급제한 후 궁궐에서 베푸는 주연에 참석했었다. 이때 궁녀들이 버들가지 같은 가는 허리를 하느작거리며 술을 따르자 자신도 모르게 마음이 구름에 뜬 것같이 흔들렸다 하여, 평생 술을 조심했다는 일화가 전해진다. 이처럼 쾌락에는 어둠이 따르는 법이다.

君子는 處患難而不憂하나 當宴遊而惕慮하고,
군자   처환난이불우   당연유이척려

遇權豪而不懼하나 對惸獨而驚心이라.
우권호이불구   대경독이경심

·宴遊연유-잔치를 벌이고 놂. ·惕慮척려-두려워하고 근심하다. ·惸獨경독-고독. ·驚心경심-마음으로 놀라다. 동정하다.

|224

젊어서 조금 뛰어나느니 늦으나마 크게 성취하는 것이 낫다

복숭아꽃과 오얏꽃이 아무리 아름답다 한들 어찌 저 푸른 송백松柏의 굳은 절개만 할 수 있으며, 배와 살구가 아무리 달다 한들 어찌 노란 등자와 푸른 굴의 맑은 향기만 할 수 있겠는가. 진실로 알겠노라. 아름다우면서 일찍 시드는 것은 담백하면서 오래 가는 것에 미치지 못하며, 일찍 빼어난 것은 늦게 이루어지는 것만 못함을.

화려하고 아름답더라도 그 수명이 짧은 것은 비록 아름답지는 못하더라도 생명이 긴 것에 미치지 못하고, 조숙한 것은 서서히 성숙되어 가는 것을 따를 수가 없다. 결론적으로 조수早秀하는 것은 만성晩成을 뛰어넘지 못한다는 의미일 것이다.

『노자』에 '큰 그릇은 늦게 이루어진다[大器晚成]'라고 하였고, 『사기』「진섭세가陳涉世家」에 '제비와 참새가 어찌 기러기와 고니의 뜻을 알랴?[燕雀安知鴻鵠之志哉]'라고 했으며, 『논어』「자한편子罕篇」에 '날씨가 추운 연후에야 소나무·잣나무가 늦게 시듦을 안다[歲寒然後 知松柏之後凋也]'라고 한 구절들이 이 글과 관련된 명구들이라 하겠다.

桃李雖艶이나 何如松蒼柏翠之堅貞이며,
도 리 수 염   하 여 송 창 백 취 지 견 정

梨杏雖甘이나 何如橙黃橘綠之馨冽이리요?
이 행 수 감   하 여 등 황 귤 록 지 형 렬

信乎라! 濃夭不及淡久하며 早秀不如晚成也로다.
신 호   농 요 불 급 담 구   조 수 불 여 만 성 야

松蒼柏翠송창백취-푸른 소나무와 잣나무. ·堅貞견정-굳은 정조. ·橙黃橘綠등황귤록-노란색 등자와 연두색 굴. ·馨冽형렬-맑은 향기. ·信乎신호-진실로 알겠도다. ·濃夭농요-아름답지만 일찍 죽음. ·早秀조수-조숙. 일찍 뛰어남.

225
소리가 드문 곳에서 마음의 본래 모습을 알 수가 있다

바람 자고 물결 고요한 가운데에서 인생의 참 경지를 보고, 맛이 담백하고 소리 드문 곳에서 마음 바탕의 본 모습을 안다.

저자 홍자성은 『채근담』 전집前集에서 주로 세상을 살아가는 처세의 마음가짐을 설명해 왔는데, 그것을 마무리짓는 데 썩 잘 어울리는 내용을 맨 끝 구절로 담아냈다.

격렬한 폭풍과 파도에 휩싸이면서 한순간도 마음을 놓지 못한 채 키를 잡고 돛을 펴야 했던 젊은 시절, 곰곰이 생각해 보면 용케도 그 시절을 넘겨왔다.

그러나 어느새 썰물 때가 되었다. 경쟁의 소용돌이 속에서 몸을 빼고 이제 뜻한 바에 따라 평온하고 자유로운 삶을 누릴 때가 온 것이다. 사방이 짙푸른 전원 속에서 자연을 벗삼으며 노년의 여생을 즐기면 족하다. 읽고 싶었던 책을 읽다가 눈이라도 아프면 낚싯대 둘러메고 강가로 나가는 것도 좋을 것이다.

이런저런 충족감이 넘쳐흐르는 구절이다.

風恬浪靜中에 見人生之眞境하고,
풍 념 랑 정 중   견 인 생 지 진 경
味淡聲希處에 識心體之本然이라.
미 담 성 희 처   식 심 체 지 본 연

· 風恬풍념-바람이 잔잔하다. · 希희-드물다. · 本然본연-본래의 모습.

채근담 菜根譚 후집 後集

『채근담』후집 134개 항은 주로 은퇴한 다음 전원 속에서
한가로이 세월을 보내는 즐거움에 대해서 서술한 내용이다.

|001
자연의 즐거움을 말하는 사람은 아직 진정한 자연의 맛을 모르는 사람이다

산림山林의 즐거움을 이야기하는 사람은 아직 산림의 맛을 참으로 깨닫지 못한 것이요, 명리名利를 말하기 싫어하는 사람은 아직 명리의 정情을 다 잊어버린 것이 아니다.

자연 속에 살면서 산림을 벗삼고 그 오묘한 이치에 푹 빠져들어 자연과 대화를 할 수 있는 경지에 오른 사람은 자연에 대해 함부로 말하지 않는다. 자연을 어설프게 아는 사람, 즉 온갖 공해와 몰인정한 도시에서 벗어나 시골에 와보니 공기 좋고 산천 좋고 운운하는 사람은 실은 자연의 진정한 아름다움과 무한한 포용력을 모르는 사람이다.

인간 역시 자연의 한 부분에 지나지 않는 존재가 아닌가. 자연에서 왔다가 종래에는 자연으로 돌아가 한줌의 흙으로 변해 버리는 것이 인간이다. 그런 점에서는 왕후장상王侯將相이나 빈천貧賤한 자나 다름이 없으며, 자연은 그 누구도 탓하지 않고 묵묵히 받아준다. 그래서 자연을 일컬어 어머니의 품속과 같다 하였다.

이런 오묘한 진리까지 터득한 사람은 외람되이 전원생활의 즐거움을 운운하지 않는다는 것이다.

談山林之樂者는 未必眞得山林之趣요,
담 산 림 지 락 자   미 필 진 득 산 림 지 취

厭名利之談者는 未必盡忘名利之情이라.
염 명 리 지 담 자   미 필 진 망 명 리 지 정

· 山林산림-자연, 전원생활. · 名利명리-명성과 이욕利慾.

|002
유능한 것보다는 무능하더라도 진심을 보전하는 것이 더 낫다

낚시질은 한가로운 일이건만 오히려 생살권을 부여잡고 있고, 장기와 바둑은 맑은 놀이이긴 하나 또한 전쟁의 마음을 일으키게 한다. 이로써 볼 때, 일을 기뻐함은 일을 덜어 마음에 알맞도록 하는 것만 못하고, 재주가 많은 것은 재능이 없되 참된 마음을 온전히 보전함만 못하다는 것을 알 수 있노라.

전원생활의 대표적인 소일거리라면 한가로운 낚시질과 정자나무 그늘에서 두는 장기와 바둑을 꼽을 수 있겠다. 그러나 낚시질은 물고기를 유혹해서 살생을 하는 일이고, 또 장기와 바둑은 승부의 세계인즉 자기도 모르는 사이에 다투는 마음이 불 일듯 할 것이라고 지적했다.

그렇다면 어떻게 하는 것이 이상적인 전원생활일까? 가급적 깊은 사색과 독서로 정신세계를 연마해 나가는 것이다. 인간 본연의 마음을 찾기 위해서는 비록 재능이 있더라도 마구 휘두르지 말고 평범한 자처럼 행동하면서 말이다. '재능 있는 자는 재능 없는 자의 종이다[能者拙之奴]'라는 말도 있지 않은가.

釣水는 逸事也나 尙持生殺之柄하고 奕棋는 淸戲也나 且動戰爭之心하니,
조 수 일 사 야   상 지 생 살 지 병   혁 기 청 희 야   차 동 전 쟁 지 심

可見 喜事는 不如省事之爲適하고 多能은 不若無能之全眞이라.
가 견 희 사   불 여 생 사 지 위 적   다 능   불 약 무 능 지 전 진

·釣水조수-낚시질. ·逸事일사-속세를 초월한 일. ·生殺之柄생살지병-살리고 죽이는 권한. ·奕棋혁기-바둑과 장기. ·淸戲청희-고상한 놀이. ·省事생사-일을 덜다. ·適적-자적하다.

|003
낙엽이 지고 바위가 앙상할 때라야 천지의 참모습을 볼 수 있다

꾀꼬리 지저귀고 꽃이 만발하여 산과 골짜기가 아무리 아름다워도 이모두 천지의 거짓된 모습일 뿐이다. 물 마르고 낙엽이 져서 돌이 앙상하고 벼랑이 메마를 때에야 비로소 천지의 참모습을 볼 수 있는 것이다.

비유를 들어 허상虛像과 실상實像을 대조한 구절이다. 초목이 우거지고 꽃이 만발한 산천, 그 속에서 각종 새들이 지저귀는 자연은 분명 아름답다. 그러나 그것이 자연 본연의 실상은 아니라는 것이다. 낙엽이 지고 물도 말라서 기암괴석이 그대로 노출된 모습, 그것이야말로 자연 본연의 실상이라고 주장한다.

인간도 이와 같아서 그럴듯한 직함을 가지고 화려한 의상으로 치장한 모습은 그 사람의 허상에 지나지 않는다. 그 지위를 내놓고 치장했던 허울을 모두 벗어버렸을 때 비로소 인간의 참모습을 볼 수 있는 것이다.

鶯花茂而山濃谷艷은 總是乾坤之幻境이요,
앵 화 무 이 산 농 곡 염   총 시 건 곤 지 환 경
水木落而石瘦崖枯는 纔見天地之眞吾니라.
수 목 락 이 석 수 애 고   재 견 천 지 지 진 오

·鶯花茂앵화무-꾀꼬리 자주 울고 꽃이 만발하다. ·幻境환경-거짓 모습. ·水木落수목락-물이 마르고 낙엽이 지다. ·石瘦석수-돌이 앙상하게 드러나다. ·崖枯애고-벼랑이 메마르다. ·眞吾진오-참모습.

|004
천지는 광활하건만 속된 자가 스스로 좁다고 한다

세월은 본디 길건만 마음 바쁜 자가 스스로 짧다 하고, 천지는 본디 광활하건만 비천한 자가 스스로 좁다 하며, 바람과 꽃과 눈과 달은 본디 한가롭건만 일에 악착같은 자가 스스로 분주하다 하느니라.

봉급을 받는 근로자는 한 달이란 세월이 길게 느껴지고, 봉급을 지급하는 경영주는 똑같은 한 달이건만 그것이 짧게 느껴진다고 한다. 인간은 처해 있는 환경과 입장에 따라 똑같은 사물을 놓고도 느끼는 바가 이토록 다르다.

비행기 조종사는 공중을 나는 새가 방해물로 보이지만, 감옥 속에 갇혀 있는 죄수에게는 그 새가 선망의 대상이 되는 것처럼 말이다.

그렇다면 이 아름답고 유구한 자연현상도 보는 이의 각도에 따라 지겹게 보일 수도 있고, 짧게 느껴질 수도 있을 것이다. 문제는 내 자신이 의지하고 살아가는 이 삼라만상을 아름답게 느끼려고 얼마나 노력하며 사느냐 하는 것이다. 그와 더불어 유유자적하며 인생을 살아간다면 얼마나 좋겠는가.

歲月은 本長이나 而忙者自促하고,
세 월   본 장   이 망 자 자 촉

天地는 本寬이나 而鄙者自隘하며,
천 지   본 관   이 비 자 자 애

風花雪月은 本閑이나 而勞攘者自冗이라.
풍 화 설 월   본 한   이 로 양 자 자 용

·本長본장-본래 장구長久하다. ·促촉-재촉하다. ·寬관-광대廣大하다. ·鄙者비자-마음이 천한 사람. ·風花雪月풍화설월-봄 꽃, 여름 바람, 가을 달, 겨울 눈. ·勞攘者노양자-악착같은 사람. ·冗용-분주하다. 빠르다.

풍정風情을 얻는 데 반드시 많아야 할 필요는 없다

풍취風趣를 얻음은 많음에 있는 것이 아니니, 동이만한 못[池]과 주먹만 한 돌 사이에도 안개와 노을이 깃든다. 훌륭한 경치는 먼 곳에 있는 것이 아니니, 쑥대 우거진 창문과 대나무로 엮은 집 아래에도 맑은 바람, 밝은 달이 스스로 한가롭다.

자연을 모태로 하여 태어난 우리이기에 자연을 동경하는 것은 당연한 일이다. 그러기에 휴가철만 되면 온통 산과 바다로 달려가는 것이 아니 겠는가. 이렇게 며칠 동안만 자연을 만끽해도 풍취를 즐겼다고 할 수 있는 것이다. 풍취를 얻음은 오래고 많음을 즐기는 데 있는 것이 아니기 때문이다.

아파트의 좁은 공간이라도 아담한 분재와 수석을 진열하고, 어항 속에 물고기 몇 마리를 길러보라. 정원이 있는 집에서는 아담한 못을 파고 조그만 동산을 조성해 보라. 다시 말해서 대자연의 축소판을 가정 속 공간에 마련해 놓고 그 싱그러움을 접하며 자연의 오묘한 이치를 깊이 생각해 보자는 것이다. 그것만으로도 충분한 즐거움과 큰 깨우침이 있을 것이다.

得趣不在多하니 盆池拳石間에 煙霞具足하고,
득 취 부 재 다   분 지 권 석 간   연 하 구 족
會景不在遠하니 蓬窓竹屋下에 風月自賒니라.
회 경 부 재 원   봉 창 죽 옥 하   풍 월 자 사

·盆池분지-동이만한 못[池]. ·拳石권석-주먹만한 돌. ·煙霞연하-안개와 노을. 여기서는 산수의 경치란 의미이다. ·會景회경-좋은 경치. ·蓬窓봉창-쑥대 우거진 창. ·竹屋죽옥-대나무로 지붕을 이은 집. 여기서는 초가집이란 의미이다. ·賒사-한가하다.

|006
고요한 밤 종소리를 듣고는 꿈속의 꿈에서 깨어난다

　　고요한 밤의 종소리를 듣고는 꿈속의 꿈을 불러 깨우고, 맑은 못에 담긴 달 그림자를 보고는 몸 밖의 몸을 엿본다.

　　깊은 밤 고요한 가운데 들려오는 종소리, 그 종소리를 듣고 이 세상은 꿈속의 꿈임을 알게 되며, 연못에 비치는 달 그림자를 보고는 천지에 펼쳐지는 나 자신의 생명을 깨닫게 된다. 자기 자신과 자연이 하나로 융합되는 것처럼 느껴질 때, 사람들은 절실한 적막감과 더불어 끝없이 깊은 평안함을 얻게 된다.

　　분주하고 복잡하고 불분명한 이 현대 생활 속에서 그와 같은 기회는 그다지 흔한 것이 아니지만, 빼어난 예술품을 접했을 때나 또는 깊은 명상 속으로 빠져들 때 그러한 마음이 문득 들게 되는 법이다.

聽靜夜之鍾聲에 喚醒夢中之夢하고,
청 정 야 지 종 성　　환 성 몽 중 지 몽
觀澄潭之月影에 窺見身外之身이라.
관 징 담 지 월 영　　규 견 신 외 지 신

・喚醒환성-불러 깨우다. ・澄潭징담-맑은 못[池]. ・窺見규견-엿보다. ・身外之身신외지신-육신 이외의 몸. 여기서는 우주의 본체와 같은 몸이란 의미이다.

|007

새 소리, 벌레 울음은 모두 마음을 전해 주는 비결秘訣이다

　새의 지저귐과 벌레의 울음소리는 모두 마음을 전해 주는 비결秘訣이요, 꽃봉오리와 풀빛은 진리를 나타내는 문장文章 아닌 것이 없다. 배우는 사람은 마땅히 본마음을 맑고 밝게 하고 가슴을 영롱하게 하여, 듣고 보는 것마다 모두 마음에 깨닫는 바가 있어야 한다.

　자연의 삼라만상은 깊이 관찰하면 할수록 신비스럽기만 하다. 새들의 지저귀는 소리, 벌레의 울음소리, 이슬 머금은 풀의 빛깔……. 어디 그뿐인가. 떠오르는 태양과 지는 노을, 치솟은 기암괴석 사이에 가냘프게 피어난 이름 모를 꽃 등등을 헤아리자면 한도 끝도 없다. 그것이 유기물이든 무기물이든 간에 모두 존재의 의미가 있고, 활동의 맥락이 있으며, 또 원인과 결과가 있다.

　누구든지 그 자연을 깊이 관찰하면 거기에는 대우주의 진리가 있음을 알게 되고, 그것이 서로 연관되어 대자연을 형성해 나가며 모든 생명의 순환을 이루고 있음을 깨닫게 된다. 천지만물이 곧 그대로 우주의 진상이니, 진리는 오직 스스로 느끼고 스스로 깨달을 수밖에 없다.

鳥語蟲聲은 總是傳心之訣이요 花英草色은 無非見道之文이니,
조 어 충 성　총 시 전 심 지 결　　화 영 초 색　　무 비 견 도 지 문
學者는 要天機淸徹하고 胸次玲瓏하여 觸物에 皆有會心處니라.
학 자　요 천 기 청 철　　흉 차 령 롱 하여　촉 물　개 유 회 심 처

·傳心之訣전심지결-이심전심의 비결. ·見道之文견도지문-우주의 진리를 나타내는 글. ·天機천기-본연적인 마음의 작용. ·淸徹청철-맑고 밝다. ·胸次흉차-가슴. ·會心회심-마음에 맞는다.

008
문자 없는 책을 읽을 줄 알아야 책의 참맛을 안다

사람들은 글자 있는 책은 읽을 줄 알되 글자 없는 책은 읽을 줄 모르며, 현絃 있는 거문고는 탈 줄 알되 현 없는 거문고는 탈 줄을 모른다. 이렇듯 형체만 쓰려 들고 정신을 쓸 줄 모르니, 어찌 거문고며 책의 참맛을 얻을 수 있겠는가.

기록된 문장이나 읽고 이해하고, 줄이 있는 거문고나 타서 소리를 낸다면 그것으로는 학문과 예술의 진수에 이르지 못한다는 뜻이다.

진晉나라 때의 시인 도연명陶淵明은 실제로 줄이 없는 거문고를 들고 다니면서, 술에 취해 흥에 겨우면 그 거문고를 탔다고 한다. 학문과 예술은 형태나 소리로 표현되어야만 비로소 그 가치가 입증되는 것이므로, 어떻게 하면 정확하고 아름답게 표현할 것인지에 대해 고민하는 것은 당연하다.

그러나 수단인 표현에만 마음을 빼앗겨서는 보이는 것만 볼 줄 알고 형체 있는 것만 쓸 줄 아는 것과 같기에 진정한 참맛을 모른다. 실로 제대로 된 맛을 알기 위해서는 줄이 없는 거문고를 탈 수 있어야, 즉 형상의 내면에 존재하는 본질을 다룰 수 있어야 한다는 것이다. 이는 어느 분야에서든 대가가 되고자 하는 사람이라면 결코 무심히 넘길 얘기가 아니다.

人은 解讀有字書하되 不解讀無字書하며 知彈有絃琴하되 不知彈無絃琴인지라,
인   해독유자서   불해독무자서   지탄유현금   부지탄무현금
以跡用하고 不以神用하니 何以得琴書之趣리요?
이적용   불이신용   하이득금서지취

·無字書무자서-글자가 쓰여 있지 않은 책. 여기서는 우주의 삼라만상을 뜻한다. ·無絃琴무현금-줄이 없는 거문고. 여기서는 천지자연의 모든 소리란 의미이다. ·跡用적용-형체를 사용하다. 즉 도구나 형식에 얽매임. ·神用신용-정신을 사용하다.

|009
곁에 거문고와 책이 있으면 그곳이 바로 선경仙境이다

마음에 물욕이 없으면 그것이 곧 가을 하늘이나 잔잔한 바다요, 곁에 거문고와 책이 있으면 그곳이 바로 선경仙境이다.

인간의 마음에 물욕이 이는 것을 하늘에 먹구름이 끼는 것에 비유했고, 그런 먹구름을 제거하기 위해서는 고상한 독서와 음률에 의지하는 수밖에 없다고 했다. 오욕五慾 중에서도 이 물욕은 제동이 걸리지 않는 것이어서, 이 물욕에 사로잡히면 인간이 아닌 동물의 근성을 드러낸다 하였다. 따라서 그런 사람의 가슴속에는 갈등과 번뇌와 망상이 떠날 줄을 모른다.

물론 육체를 지니고 살아가야 하는 인간이기에 의·식·주의 기본생활에 필요한 물질은 있어야 하며, 그런 것을 조달하기 위해 열심히 노력해야 함은 당연하다. 다만 그 물질의 노예가 되어 인간으로서 가장 소중히 지켜야 할 윤리와 도덕까지 망각하며 물욕에 혈안이 되어서는 안 된다는 뜻이다. 마음에 물욕이 없으면 번뇌와 망상이 들지 않아 명경지수明鏡止水와 같이 깨끗하게 살 수 있다는 교훈이다.

心無物欲이면 卽是秋空霽海요,
심 무 물 욕   즉 시 추 공 제 해
坐有琴書면 便成石室丹丘니라.
좌 유 금 서   변 성 석 실 단 구

·霽海제해-맑게 갠 잔잔한 바다. ·石室석실-석굴. 곧 신선이 사는 곳. ·丹丘단구-항상 환히 밝은 언덕. 즉 선경仙境을 뜻함.

010
술자리의 끝은 사람의 마음을 처량하게 만든다

　　손님과 벗들이 구름처럼 모여들어 실컷 마시고 질탕하게 노는 것은 즐거운 일이로되, 이윽고 시간이 다하고 촛불 가물거리며 향불이 꺼지고 차도 식어버리면, 모르는 사이에 그 즐거움이 도리어 흐느낌이 되어 사람으로 하여금 한없이 처량하게 만든다. 세상 모든 일이 다 이와 같거늘, 사람들은 어찌하여 빨리 머리를 돌리지 않는단 말인가?

　　한무제漢武帝가 신하들과 함께 한 연회 석상에서 즉흥적으로 지었다는 「추풍사秋風辭」는 하반절에 '퉁소 불고 북 치며 뱃노래 부르는데, 즐거움 다하니 애달픈 정 많아진다. 젊은 날 얼마나 되리! 늙어감을 어이하랴簫鼓鳴兮發棹歌 歡樂極兮哀情多 少壯幾時兮奈老何'라는 내용이 있다. 이 예감은 적중하여 무제 만년에는 재정이 궁핍해졌고, 한제국은 흔들렸다.
　　지나치게 환락을 추구하면 뒤따르게 마련인 후회스런 일, 그것만은 피해야겠다.

賓朋이 雲集하여 劇飮淋漓樂矣로되,
빈붕　운집　　극음림리락의

俄而漏盡燭殘하고 香銷茗冷하면 不覺反成嘔咽하여 令人索然無味라.
아이루진촉잔　　향소명랭　　불각반성구열　　　영인삭연무미

天下事率類此거늘 人奈何不부回頭也오?
천하사솔류차　　인내하부조회두야

·賓朋빈붕-빈객과 붕우. 손님과 친구. ·劇飮극음-지나치게 마시다. ·淋漓임리-무르녹아 흐르는 모양. 여기서는 술을 질탕하게 마시고 논다는 의미이다. ·俄而아이-이윽고. ·漏누-물시계. ·茗명-차茶. ·嘔咽구열-흐느낌. ·索然삭연-쓸쓸한 모양. ·率솔-다, 모두.

|011
눈앞의 천기를 간파하면 옛 영웅도 모두 손안에 들어온다

    사물 속에 깃든 진정한 멋을 깨달으면 오호五湖의 아름다운 풍경이 다 마음속에 들어올 것이요, 눈앞에 펼쳐진 천기를 간파하면 천고千古의 뛰어난 영웅도 다 손아귀에 들어올 것이다.

    영적靈的인 깨달음이란 1+1=2와 같은 수학이 아니다. 어느 한 가지를 깨달아서 터득하면 시간과 공간을 초월하여 환하게 알 수 있게 된다. 이는 바꾸어 말하면, 우주 자연의 진리는 공간적으로 먼 곳이든 시간적으로 아득한 옛날이든 변하지 않는다는 뜻이 된다.

    '앉아서 만리萬里 밖을 내다보고, 누워서 천고千古를 헤아린다' 함은 바로 이러한 의미일 것이다.

會得個中趣면 五湖之煙月이 盡入寸裡하고,
회 득 개 중 취　　오 호 지 연 월　　진 입 촌 리

破得眼前機면 千古之英雄이 盡歸掌握이라.
파 득 안 전 기　　천 고 지 영 웅　　진 귀 장 악

·會得회득-체득, 터득. ·個中趣개중취-사물 속에 존재하는 멋. ·五湖오호-중국에서 경치가 아름답기로 유명한 다섯 호수. ·煙月연월-경치. ·寸裡촌리-마음속. ·眼前機안전기-눈앞에 펼쳐지는 천지자연의 묘한 작용, 즉 천기天機.

|012
아주 밝은 지혜가 없으면 완전히 깨닫는 인간이 될 수 없다

산하와 대지도 이미 작은 티끌에 속하거늘, 하물며 티끌 속의 티끌이야 일러 무엇 하겠는가. 피와 살로 이루어진 몸뚱이도 물거품과 그림자로 돌아가거늘, 하물며 그림자 밖의 그림자임에야 일러 무엇 하겠는가. 최상의 지혜가 아니면 환히 깨닫는 밝은 마음도 없다.

광활한 우주의 한 귀퉁이에 은하계가 있다. 그 한구석에 조그마한 태양계가 있고, 태양계의 작은 행성行星 가운데 하나가 지구이며, 그 지구 한 귀퉁이에 있는 손바닥만한 한반도韓半島에 7천만 명 이상 되는 우리 민족이 살아가고 있다. 우주에 비하면 그야말로 티끌 중의 티끌이다.

그 티끌들이 서로 아웅다웅 다투며 살고 있는 것이다. 나름대로 부귀영화를 누려 보겠다면서 말이다.

그러나 덧없이 세월이 흐르면 아귀다툼을 하던 그 인생도 물거품처럼, 그림자처럼 사라지고 만다. 그러니 그가 누리던 부귀공명이야 또 오죽이나 쉬이 사라지겠는가.

지위와 공명에 현혹되기보다 우주자연과 인생의 진리를 터득하여 최상의 지혜자로서 참된 인생을 살아가라는 뜻이다.

山河大地도 已屬微塵이거늘 而況塵中之塵이리요?
산 하 대 지   이 속 미 진   이 황 진 중 지 진

血肉身軀도 且歸泡影이거늘 而況影外之影이리요?
혈 육 신 구   차 귀 포 영   이 황 영 외 지 영

非上上智면 無了了心이라.
비 상 상 지   무 료 료 심

·況황-하물며. ·塵中之塵진중지진-티끌 속의 티끌. 여기서는 인간의 육체. ·泡影포영-거품과 그림자. ·影外之影영외지영-그림자 밖의 그림자. 여기서는 부귀공명. ·上上智상상지-최상의 지혜. ·了了心요료심-환하게 깨닫는 밝은 마음.

|013
달팽이 뿔 위에서 승부를 겨루어 무엇 하겠는가

부싯돌의 불빛 속에서 길고 짧음을 다툰들 그 세월이 얼마나 길겠으며, 달팽이 뿔 위에서 자웅을 겨룬들 그 세계가 얼마나 넓겠는가.

옛날에는 돌과 돌을 맞부딪쳐서 불을 피웠는데, 이때 일어나는 불꽃은 너무나 순식간이어서 그야말로 전광석화다. 그 불꽃처럼 찰나적인 게 인생인데, 그 짧은 인생에서 잘나고 못남을 다투어 본들 무슨 대수겠는가.

와우각상지쟁蝸牛角上之爭의 비유는 『장자莊子』에 실려 있다. 달팽이의 왼쪽 뿔 위에는 촉씨觸氏가 다스리는 나라가 있고, 오른쪽 뿔 위에는 만씨蠻氏가 다스리는 나라가 있었다. 이 두 나라 사이에 전쟁이 자주 일어나 수만 명의 병사가 죽어갔다. 대진인戴晉人이라는 현인이 때마침 이웃나라를 공격하려던 위왕魏王에게 이 우화를 들려준 다음, '전하, 이웃나라와 전쟁을 벌여 무고한 백성을 희생시키는 것은 바로 이 와우각상의 싸움과 같나이다'라고 아뢰자, 위왕은 크게 깨닫고 전쟁을 중단했다는 것이다.

세상 사람들이 명리名利를 다투는 것은 마치 달팽이 뿔 위의 싸움과 같다는 뜻이다.

石火光中에 爭長競短하니 幾何光陰이리요?
석 화 광 중　쟁 장 경 단　　기 하 광 음

蝸牛角上에 較雌論雄하니 許大世界리요?
와 우 각 상　교 자 론 웅　　허 대 세 계

·石火光中석화광중-부싯돌을 켜는 순간 일어나는 불빛 속. 짧은 시간의 비유. ·蝸牛角上와우각상-달팽이 뿔 위. 좁은 장소의 비유. ·許大허대-얼마나 크랴.

|014
몸은 고목과 같고 마음은 식은 재와 같다면 제아무리 도를 깨우쳤다 할지라도 허무한 공空 속에 떨어진 것이다

식어가는 등불에 불꽃이 없고 해진 갖옷에 온기가 없으니 이 모두 실체를 잃은 살풍경이요, 몸은 고목과 같고 마음은 식은 재와 같으니 허무한 공空 속에 떨어짐을 면치 못하리라.

등잔불이 가물거리며 거의 사그라져 가고, 모피 옷은 너무 낡아서 온기가 전혀 없다. 이쯤 되면 그 처해 있는 환경이 너무 초라하고 딱하다. 사지四肢는 마치 고목처럼 시들고 마음은 차디찬 잿더미 같다. 이쯤 되면 그 사람은 이미 허무의 세계에 빠져 있는 것이다.

인간과 인간 사이에 따뜻한 마음이 오고가야만 비로소 인간으로서 살아가는 가치가 있는 것이 아닐까. 집착에서 벗어나 사념邪念을 벗어버리는 것은 좋겠지만, 그것이 지나침으로써 희로애락의 자연적인 감정이나 잘살아 보겠다는 의욕까지도 버린다면 무슨 맛으로 인생을 살아간단 말인가.

은둔자隱遁者이면서도 어디까지나 현실주의자였던 저자 홍자성은 그런 적막한 생활 태도는 배격하고 있는 것이다.

寒燈無焰하고 敝裘無溫은 總是播弄光景이요,
한 등 무 염   폐 구 무 온   총 시 파 롱 광 경
身如槁木하고 心似死灰는 不免墮在頑空이라.
신 여 고 목   심 사 사 회   불 면 타 재 완 공

·寒燈한등-불이 꺼져가는 등불. ·敝裘폐구-떨어진 갖옷. ·播弄파롱-마구 농락하다. ·槁木고목-고목枯木. ·死灰사회-식은 재. ·頑空완공-적막. 허무.

|015

그 자리에서 당장 번뇌를 쉬어버려야 깨달음을 얻을 수 있다

사람이 굳이 당장에 모든 번뇌를 쉬면 바로 그 자리에서 깨달을 수 있지만, 만약 따로 쉴 곳을 찾고자 하면 아들 딸 다 결혼시키고 나서도 남은 일이 많을 것이다. 중과 도사가 되면 비록 낫다고는 하나, 마음은 역시 깨닫지 못하리라. 옛사람이 이르기를 '지금 쉬어버리면 바로 쉴 수 있을 것이나, 만약 깨달을 때를 찾으면 깨닫는 때가 없다'고 하였으니 참으로 탁견卓見이로다.

마음의 무거운 짐을 다 벗어버리고 모든 번뇌의 끈을 놓아버리는 것이 바로 해탈이다. 이런 해탈에는 때와 장소가 따로 있는 것이 아니다. 생각 났을 때 바로 그 자리에서 모든 번뇌를 쉬고 놓아버려야 한다. 만약 이런 저런 세상사에 얽매이다 보면, 쉬어버릴 기회를 영영 얻지 못할 것이다.

설사 중이나 도사가 되더라도, 번뇌의 끈에 사로잡혀서는 마찬가지로 깨닫지 못할 것이다. 이를테면 중도 아니요, 속인俗人도 아닌 처지가 되기 십상이다.

지금 이 자리에서 쉬어버리는 것, 놓아버리는 것, 바로 그것이 참된 휴식이요 깨달음이다. 하지만 그게 어디 말처럼 쉬운 일이던가. 구도求道의 길을 걷는 승려라 할지라도 험난한 여정일진대, 하물며 속인의 경우에는 어디 꿈이라도 꾸겠는가.

人肯當下休면 便當下了나 若要尋個歇處면 則婚嫁雖完이라도 事亦不少하니
인 긍당하휴 변당하료 약요심개헐처 즉혼가수완   사역불소

僧道雖好나 心亦不了라. 前人이 云하되 '如今休去면 便休去나 若覺了時면
승도수호 심역불료 전인 운   여금휴거 변휴거 약멱료시

無了時라' 하니 見之卓矣로다
무료시   견지탁의

· 肯긍―굳이. · 當下당하―당장. · 歇處헐처―쉴 곳. · 婚嫁혼가―아들 딸 결혼시키다. · 僧道승도―승려와 도사.

016
한가로움의 재미가 진정한 재미이다

냉정한 눈으로 열광하던 때를 바라본 뒤에야 열광하던 때의 분주함이 무익함을 알게 되고, 번잡함에서 한가함으로 돌아가 본 뒤에야 한가로움 속의 재미가 가장 길다는 것을 깨닫게 된다.

오늘날처럼 바쁜 세상도 없다. 어쨌든 청장년의 시기에는 그야말로 발바닥이 부르트도록 뛰지 않고는 살아갈 수 없는 세상이 되었다. 일, 그리고 또 일……. 잠시의 여유도 없이 일 속에 파묻혀 산다.

그러나 세월이 흐른 노년이 되어서는 '왜 그리고 무엇 때문에 그처럼 번거롭고 분주하게 살았고, 또 미련하게 살았을까' 하며 후회를 한다. 그것이 그리운 추억 정도로 남는다면 그래도 다행이겠지만, 오히려 불행의 근원이 된다면 두고두고 한탄스러울 수밖에 없다.

열심히 살아가는 것은 아름답다. 그러나 훗날 후회가 남을 일은 삼가는 것이 좋고, 그러기 위해서는 이따금 바쁜 일상에서 잠시 벗어나 자신의 삶을 뒤돌아보는 시간을 가져야 할 것이다.

從冷視熱然後에 知熱處之奔走無益하고,
종 랭 시 열 연 후　지 열 처 지 분 주 무 익
從冗入閑然後에 覺閑中之滋味最長이라.
종 용 입 한 연 후　각 한 중 지 자 미 최 장

·從冷視熱종랭시열-냉정한 상태에서 열광한 때를 바라보다. ·冗용-번잡하다. 다망하다.

|017
부귀를 뜬구름처럼 여기더라도 굳이 깊은 산속에 살 필요는 없다

부귀영화를 뜬구름처럼 여기는 기풍이 있을지라도 반드시 산속 깊은 곳에 살 필요는 없으며, 산수山水를 좋아하는 고질병은 없을지라도 스스로 늘 술에 취하고 시를 즐겨야 하느니라.

부귀도 지위도 모두 뜬구름과 같은 것임을 깨닫고는 있지만 인가조차 없는 산속에 들어가 살려고 하지는 않는다. 산수의 풍정을 좋아하고 사랑함이 고질병처럼 깊지는 않더라도 음주와 시 읊기를 즐긴다. 이것은 저자 홍자성이 이상으로 꼽았던 경지일 것이다.

당唐나라 시인 백낙천白樂天의 시에 '대은자大隱者는 조시朝市에 살고 소은자小隱者는 산으로 들어간다'고 했는데, 바로 이 구절과 맥을 같이한다 하겠다.

有浮雲富貴之風이라도 而不必巖棲穴處하고,
유 부 운 부 귀 지 풍   이 불 필 암 서 혈 처

無膏肓泉石之癖이라도 而自常醉酒耽詩니라.
무 고 황 천 석 지 벽   이 자 상 취 주 탐 시

· 風풍-기풍. · 巖棲穴處암서혈처-속세를 떠나 심산유곡에서 생활하다. · 膏肓고황-고질병. · 泉石천석-수석. 산수山水. · 耽詩탐시-시를 탐영耽詠하다. 시를 즐기다.

|018
세상 사람이 모두 명리에 취하더라도 미워하지 말라

명리名利의 다툼은 남들에게 맡기되 그들 모두가 명리에 취하더라도 미워하지 말고, 고요하고 담박함은 내가 즐기되 홀로 깨어 있음을 자랑하지 말라. 이는 불가에서 말하는 '법法에도 얽매이지 않고 공空에도 얽매이지 않는 것'이니, 그래야만 몸과 마음이 다 자유로운 사람이 되는 것이다.

경쟁을 하기 위해 뼈와 살을 깎는 일은 남들에게 맡겨두되 그 광태狂態를 비웃지는 않는다. 자신의 생각을 지키면서 담박한 생활을 하되 깨달은 경지를 자랑하지는 않는다. 이렇게 함으로써 세상의 거리낌에서도, 또한 불교에서 주장하는 교리의 속박에서도 벗어난 자유로운 사람이 될 수 있다.

남은 남이고 나는 나다. 그 가치관의 차이는, 차이가 나는 그대로 내버려 두고, 남을 비방하지도 않고 나를 자랑하지도 않는다. 그리고는 담담하게 지낸다면 그것이 곧 자유로운 사람인 것이다.

競逐은 聽人하되 而不嫌盡醉하고 恬淡은 適己하되 而不誇獨醒이라.
경축 청인 이불혐진취 염담 적기 이불과독성
此는 釋氏所謂 不爲法纏하고 不爲空纏하여 身心이 兩自在者니라.
차 석씨소위 불위법전 불위공전 신심 양자재자

·競逐경축-다툼. ·聽人청인-남에게 맡기다. ·恬淡염담-고요하고 담박함. ·適己적기-내가 즐기다. ·釋氏석씨 -불교. ·法纏법전-법, 즉 만물에 얽매이다. ·空공-공적空寂.

|019
길고 짧음과 넓고 좁음은 모두 마음에 달려 있다

길고 짧음은 한 생각으로 말미암고, 넓고 좁음은 한치 마음에 묶였도 다. 그러므로 마음이 한가로운 사람은 하루가 천고千古보다 아득하고, 뜻 이 넓은 사람은 한 칸의 좁은 방도 하늘과 땅 사이만큼 넓으리라.

시간과 공간의 개념은 마음먹기에 따라 다를 수 있다는 설명이다.

마음이 조급하고 과격한 사람은 하루가 일 년보다 길게 느껴질 것이지만, 유유자적하는 사람은 일 년을 하루처럼 느끼며 살 수 있다. 육안肉眼으로만 사물을 보는 사람은 한 칸 방이 마냥 좁아 보이지만, 심안心眼으로 보는 사람은 그 한 칸 방이 고대광실처럼 넓을 수도 있다.

세월이 짧다거나 아니면 길다거나 하는 생각과, 세상이 좁다거나 넓다거나 하는 생각은 모두 마음가짐에 달려 있는 것이다. 우리 모두 생각은 천고보다 아득하고 마음은 하늘보다 넓어야 하겠다.

延促은 由於一念하고 寬窄은 係之寸心이라.
연촉   유어일념   관착   계지촌심
故로 機閑者는 一日도 遙於千古하고 意廣者는 斗室도 寬若兩間이라.
고 기한자 일일 요어천고   의광자 두실 관약량간

· 延促연촉-늘어남과 줄어듦. 여기서는 길고 짧다는 의미이다. · 寬窄관착-넓고 좁음. · 機閑기한-마음이 한가하다. · 斗室두실-좁디좁은 방. · 兩間양간-천지간天地間.

020
욕심을 줄이고 세상일 잊으며 자연에 동화된다

욕심을 덜어내고 또 덜어내며 꽃 가꾸고 대나무 심으니, 이 몸 이대로 가 무無로 돌아간다. 세상일 잊고 또 잊으며 향 사르고 차 달이니, 온통 무아無我의 경지로다.

집착을 버리고 또 버리되 꽃과 대나무를 벗삼다가 마침내는 '무無'의 경지로 돌아간다. 속세를 잊고 또 잊어 향 사르고 차를 달이는데, 술병 들고 오는 사람 없다 하여 아쉬워할 것도 없다.

이는 노장老莊의 사상, 즉 무위자연無爲自然의 심경을 유유히 노래한 한 폭의 동양화 같은 시구이다. 속진俗塵에 젖은 사람은 한 번쯤 되새겨 볼 가치 있는 구절이 아닌가.

損之又損하며 栽花種竹하니 儘交還烏有先生이요,
손 지 우 손   재 화 종 죽   진 교 환 오 유 선 생

忘無可忘하며 焚香煮茗하니 總不問白衣童子라.
망 무 가 망   분 향 자 명   총 불 문 백 의 동 자

·損之又損손지우손-물욕을 줄이고 또 줄이다. ·交還교환-반환. ·烏有先生오유선생-'어찌 있으리요?'라는 뜻으로 無를 의미한다. 한漢나라 때 사마상여司馬相如의 「자허부子虛賦」에 나오는 우화적 인물. ·忘無可忘망무가망-아무것도 잊어버릴 것이 없을 때까지 잊는다. 즉 무아無我의 상태. ·煮茗자명-차를 달이다. ·白衣童子백의동자-술을 가져다주는 사자使者. 도연명陶淵明의 고사에 의함.

|021

눈앞의 일에 만족할 줄 알면 속세도 곧 선경仙境이다

눈앞에 닥치는 모든 일에 만족할 줄을 알면 그 자리가 바로 선경仙境이요, 만족할 줄을 모르면 그것이 곧 범속의 경지이다. 세상에 나타나는 모든 인연은 잘 쓰면 살리는 작용이요, 잘못 쓰면 죽이는 작용이 된다.

『노자老子』에 '족한 줄 알면 욕을 당하지 않는다[知足不辱]'라는 말과 '족한 줄 아는 자는 부자다[知足者富]'라는 말이 있다. 자신의 분수를 알고 만족해하며 살아가는 것이 행복의 첩경이란 뜻이리라.

마음이 넉넉한 사람은 부족함이 없고, 부족함이 없으니 욕망과 집착이 있을 리 없다. 이 어찌 풍요로운 삶이 아니랴.

그런데 인간은 어째서 만족할 줄을 모르는 것일까? 인간의 욕심에는 한이 없기 때문이다. 그래서 언제나 부족함을 느끼며 불평과 불만 속에서 살아갈 수밖에 없다. 그런 사람은 평생을 두고 부족함만 느끼며 살아갈 것이니 마음속의 번민과 갈등, 시기와 질투는 또 오죽하겠는가.

그런 아비규환阿鼻叫喚 속에서 어서 벗어나라는 것이 저자 홍자성의 교훈이다.

都來眼前事는 知足者仙境이요 不知足者凡境이며,
도 래 안 전 사   지 족 자 선 경   부 지 족 자 범 경

總出世上因은 善用者生機요 不善用者殺機니라.
총 출 세 상 인   선 용 자 생 기   불 선 용 자 살 기

· 凡境범경-범인의 경계. 속세. · 生機생기-살리는 작용. 생기.

|022
권세에 빌붙어 사는 재앙은 몹시 참담하고 빠르다

  권력을 좇고 세력에 붙어사는 재앙은 몹시 참담하고 아주 빠르며, 고요함 가운데에 살면서 편안함을 지키는 맛은 참으로 담박하면서 가장 오래 간다.

  먼 옛날부터 오늘에 이르기까지 당장 눈앞에 보이는 이익을 좇아 권세가에게 줄을 대고, 그들에게 빌붙어 호사하기 위해 꼬리를 치는 소인배들을 우리는 역사 속에서 그리고 현실 속에서도 숱하게 보아왔다. 그들에게는 틀림없는 공통점이 한 가지 있다. 믿고 따르던 그 권세가의 세도가 막을 내림과 동시에 추풍낙엽처럼 사라지고 마는데, 그 말로가 한결같이 비참하다는 것이다.
  이처럼 권력과 세도가에게 빌붙다가 생기는 재앙은 참담할 뿐만 아니라 매우 빨리 닥치는 것이다. 권세를 붙좇아 한때 으스댈 수는 있겠지만, 그 권력자가 힘을 잃었을 때에 당하는 재앙은 그 모든 것들이 허장성세虛張聲勢였다는 것을 깨닫게 해준다. 어쩌다가 부득이 권력자의 주구走狗가 되더라도, 적당한 때에 손을 떼고 물러나는 지혜와 용기가 필요할 것이다.

趨炎附勢之禍는 甚慘亦甚速하고,
추 염 부 세 지 화   심 참 역 심 속
棲恬守逸之味는 最淡亦最長이라.
서 염 수 일 지 미   최 담 역 최 장

·趨炎추염-권세가 성한 자를 좇다. ·附勢부세-권세에 붙다. ·棲恬守逸서염수일-고요함에 살고 편안함을 지키다.

|023

구름이 해진 누더기에서 일고, 달빛이 낡은 담요에 스며든다

소나무 울창한 시냇가에 지팡이 짚고 홀로 걷다가 문득 서니 구름이 해진 누더기에서 일고, 대나무 창 아래에 책을 높이 베고 누웠다가 문득 깨어나 보니 달빛이 낡은 담요에 스며드는구나.

가진 자가 누리는 행복은 가난한 자의 처지에서 본다면 그림의 떡에 불과하다. 가난한 자로서는 가진 것이 없으니 제아무리 발버둥쳐도 그런 행복을 누릴 수가 없다.

그러나 아무리 가난하더라도 분명 누릴 수 있는 행복이 있다. 그것을 설명한 것이 바로 이 구절이다.

해어진 누더기를 걸쳤다든가, 낡은 담요를 덮었다고 하였으니 분명 가난한 선비이리라. 그러나 소나무 숲 근처의 시냇가를 산책하고, 대나무 창 아래에 누워 책을 베개 삼아 잠을 잘 수 있다는 것은 분명 가진 자로서는 누릴 수 없는 참 행복이 아닐까.

명리를 탐하고 권력에 빌붙는 무리들이 어떻게 이러한 참맛을 알 수 있으랴.

松澗邊에 携杖獨行하다가 立處에 雲生破衲하고,
송 간 변   휴 장 독 행   입 처   운 생 파 납

竹窓下에 枕書高臥하다가 覺時에 月侵寒氈이라.
죽 창 하   침 서 고 와   각 시   월 침 한 전

·松澗송간-소나무 우거진 시냇가. ·破衲파납-해진 장삼. 해진 누더기 옷. ·寒氈한전-낡은 담요

|024
병들었을 때를 떠올리면 색욕은 사라진다

색욕이 불길처럼 타오를지라도 한 생각이 병든 때에 미치면 그 흥이 문득 싸늘한 재와 같아지고, 명리가 엿처럼 달게 여겨질지라도 한 생각이 죽음의 처지에 이르게 되면 그 맛이 문득 밀랍을 씹는 것 같아지리라. 그러므로 사람이 항상 죽음을 근심하고 병을 염려한다면 가히 헛된 환상을 버리고 도심道心을 기를 수 있을 것이다.

색욕이든 명예욕이든, 욕심을 채워 그 정상에 오른 다음에는 만족감이나 정복감보다도 회한만이 남을 뿐이다.

인생에 있어 생로병사生老病死는 필연적 과정이다. 색욕이 불기둥처럼 솟더라도 그로 인해 병들어 누울 일을 생각하면 그 색욕이 문득 억제될 것이고, 명리가 아무리 꿀같이 달게 여겨질지라도 그로 인해 죽음에 이를 것을 생각하면 명리 따위의 욕망은 자신도 모르는 사이에 싹 사라질 것이다.

그렇다면 어떻게 사는 것이 참 인생이란 말인가? 그 방법을 이 구절에서 설명하고 있지는 않지만, 자비와 사랑으로 만인을 포용하고 우주 자연의 순리에 따라 살아가는 데 있다는 것이 『채근담』 전체에 흐르는 홍자성의 인생관이다.

色慾火熾라도 而一念及病時하면 便興似寒灰하고,
색 욕 화 치　　　이 일 념 급 병 시　　　변 흥 사 한 회

名利飴甘이라도 而一想到死地하면 便味如嚼蠟이라.
명 리 이 감　　　이 일 상 도 사 지　　　변 미 여 작 랍

故로 人常憂死慮病이면 亦可消幻業而長道心이니라.
고　　인 상 우 사 려 병　　　역 가 소 환 업 이 장 도 심

· 火熾화치-불길처럼 타오르다. ·寒灰한회-불이 꺼져 식은 재. ·飴甘이감-엿처럼 달다. ·嚼蠟작랍-밀랍을 씹다. ·幻業환업-헛된 죄업. 여기서는 색욕과 명리란 뜻이다. ·道心도심-참마음.

|025
남보다 앞서가려고 다투는 길은 심히 좁다

앞을 다투는 길은 좁나니 한 걸음 뒤로 물러서면 절로 한 걸음만큼 넓고 평탄해지며, 짙고 고운 맛은 짧나니 한 푼[一分]만 맑고 담박하게 하면 절로 한 푼만큼 길어지리라.

이보二步 전진을 위해 일보一步 물러서는 것은 양보의 미덕이라기보다 작전상 후퇴이다. 때로는 이런 전술이 치열한 경쟁사회에서도 필요한 경우가 있다. 안전을 위해서도 그렇고, 더 큰 승리를 위해서도 그러하다.

동기생들 가운데 그 기업 안에서 승승장구하여 독주하는 엘리트가 있다고 하자. 이런 사람은 여러 동료들로부터 공격의 표적이 되고 질시의 대상이 된다. 조심하지 않으면 타의로 중도에 넘어질 수도 있는 것이다.

진퇴를 너무 성급히 하지 말고, 길게 내다보며 한 발 물러설 줄도 알아야 한다. 인생은 장거리 레이스이니만큼 선두를 견제하며 그 바로 뒤를 쫓는 마라토너의 전술을 익힐 필요가 있다는 말이다.

爭先的徑路窄이니 退後一步하면 自寬平一步하고,
쟁 선 적 경 로 착   퇴 후 일 보   자 관 평 일 보
濃艶的滋味短이니 淸淡一分하면 自悠長一分이라.
농 염 적 자 미 단   청 담 일 분   자 유 장 일 분

·爭先쟁선-앞을 다투다. ·徑路경로-사잇길, 오솔길. ·窄착-좁다. ·寬平관평-넓고 평탄하다. ·濃艶농염-짙고 곱다. ·淸淡청담-맑고 담백하다.

026

바쁠 때에 본성을 잃지 않으려면 한가할 때 정신수양에 힘써라

바쁠 때에 자기 본성을 어지럽히지 않으려면 모름지기 한가할 때에 정신을 맑게 길러야 하고, 죽을 때에 마음이 흔들리지 않으려면 모름지기 살아 있을 때에 사물의 참모습을 간파해야 한다.

평소에 정신수양을 하지 않은 사람은 바빠졌을 때 갈팡질팡하게 마련이며, 평소에 사생관死生觀을 제대로 확립하지 못한 사람은 임종이 가까웠을 때 심히 초조해하며 허둥댄다는 뜻이다. 수영을 배우지 않은 자가 깊은 물에 빠졌을 때를 상상해 보면 좋을 것 같다.

인간 누구에게나 평등하게 찾아오는 것이 죽음이다. 가진 자와 못 가진 자, 지배자와 피지배자, 행복한 자와 불행한 자, 너나 가리지 않고 누구에게나 죽음은 찾아온다. 이 죽음을 맞이할 때의 자세를 보면 그 사람이 한평생을 어떻게 살았는지를 짐작할 수 있다고 했다.

평소에 죽음을 초월하려 노력한 사람, 죽어갈 때의 자기 모습이 아무리 초라하더라도 추하지 않게 생을 마감하리라 다지는 사람, 마지막 한마디를 무슨 말로 끝맺을 것인지를 되뇌어 본 사람, 그런 사람은 아마도 죽음을 차분하게 맞을 것으로 생각한다. 그런 사람일수록 자기 자신을 반성하며 다스려 왔기 때문이다.

忙處에 不亂性이려면 須閑處에 心神養得淸하고,
망처　불란성　　　수한처　심신양득청

死時에 不動心이려면 須生時에 事物看得破하라.
사시　부동심　　　수생시　사물간득파

·不亂性불란성-본성을 어지럽히지 않다. ·心神심신-마음과 정신. ·看得破간득파-간파하다. 꿰뚫어 알다.

|027
도의로 사귀는 교제에는 인정의 변덕이 없다

속세를 등진 사람에게는 영예와 욕됨도 없고, 도의의 길 위에는 인정
의 변덕이 없다.

속세를 등진 은둔 생활에 부귀영화와 오욕이 있을 리 없고, 도의가
행하여지는 길 위에는 금세 뜨거워졌다 식었다 하는 속세의 변덕도 없
다. 부하고 귀하다 하여 정을 두터이 하고 빈하고 천하다 하여 정을 가벼
이 하는 행위는 소인배의 소치일 뿐, 인의도덕으로 교제하는 군자에게는
있을 수 없는 일이다.

隱逸林中에는 無榮辱이요,
은 일 림 중   무 영 욕
道義路上에는 無炎凉이라.
도 의 로 상   무 염 량

·隱逸은일-은둔. ·炎凉염량-더위와 추위. 여기서는 인정의 변덕이란 의미이다.

|028
빈곤을 근심하는 마음을 떨쳐버리면 안락이 그곳에 있다

더위를 제거할 수는 없지만 덥다고 짜증나는 이 마음을 없애면 몸은 항상 시원한 누대榭臺 위에 있을 것이요, 가난을 쫓아낼 수는 없지만 가난을 근심하는 이 생각을 쫓아내면 마음은 항상 안락한 집 속에 살게 된다.

푹푹 찌는 한여름의 더위라든가 조석 끼니도 제대로 잇지 못하는 가난은 분명 참아내기 어려운 시련들이다. 그러나 그 괴로움을 쉬이 식히고 정신을 안정케 하는 그런 경지까지에는 이르지 못하더라도, 그렇게 하고자 하는 노력의 과정 속에서 즐거움을 찾아낼 수만 있다면 그 사람은 어느 정도의 고통쯤 잊을 수가 있을 것이다.

이렇듯 저자 홍자성은 세상을 긍정적으로 보는 사고방식에 초점을 맞추어, 평온한 마음으로 밝게 살아가라고 충고하고 있는 것이다.

한여름 복중에 햇볕이 쨍쨍 내리쬐는 운동장에 모여 앉는 프로야구 팬들, 엄동설한에 얼음을 깨고 낚시를 담그는 강태공들, 새벽부터 무거운 장비를 등에 지고 산행에 나서는 등산객들……. 그들에게는 더위도 추위도 그리고 졸음도 문제가 안 될 것이 아닌가.

熱不必除나 而除此熱惱하면 身常在淸凉臺上하고,
열 불 필 제　　이 제 차 열 뇌　　신 상 재 청 량 대 상

窮不可遣이나 而遣此窮愁하면 心常居安樂窩中이라.
궁 불 가 견　　이 견 차 궁 수　　심 상 거 안 락 와 중

·熱惱열뇌-더위를 괴로워하는 마음. ·遣견-보내다. 쫓다. ·窩와-굴. 집.

029
한 걸음 물러설 것을 먼저 고려한다면 재앙을 면할 수 있다

앞으로 나아갈 때에 문득 물러설 것을 생각해 두면 양의 뿔이 울타리에 걸리는 화를 거의 면할 것이요, 일을 시작할 때에 먼저 손을 뗄 것을 도모해 두면 호랑이 등을 타는 위험한 처지에서 비로소 벗어날 것이다.

앞으로 한 걸음 내디딜 때는 언제나 한 걸음 물러설 것을 염두에 두라. 그러면 뿔로 울타리를 받고 빼도 박도 못하는 숫양의 신세는 되지 않을 것이다. 어떤 일을 시작할 때에는 언제나 손을 뺄 생각도 해두라. 그러면 호랑이 등에 타고 난 후에 마음대로 내리지도 못하는 처지가 될 걱정 따위는 하지 않게 될 것이다.

어떤 일을 하든지 간에 막힘없이 승승장구하면서 그야말로 탄탄대로만 달려온 사람은 막상 역경에 부딪히면 힘 한 번 못 쓰고 금세 무너지는 경우가 많다. 막혀본 경험이 없기 때문에 물러서 본 적도 없고, 오로지 전진만 하면 된다는 사고방식과 집념에 사로잡혀 있기 때문이다.

큰 공을 이룬 사람들은 대부분이 한두 번쯤은 큰 실패를 맛보았으며, 때에 따라서는 물러설 줄도 아는 사람들이다.

進步處에 便思退步하면 庶免觸藩之禍하고,
진 보 처 변 사 퇴 보   서 면 촉 번 지 화

著手時에 先圖放手하면 纔脫騎虎之危니라.
착 수 시 선 도 방 수   재 탈 기 호 지 위

·觸藩之禍촉번지화-양羊의 뿔이 울타리에 걸려 진퇴양난이 된 처지. ·圖防手도방수-손을 뗀 경우를 생각하다.
·騎虎之危기호지위-호랑이 등에 탄 사람이 진퇴양난이 된 처지.

|030
탐심이 많은 자는 금을 주어도 옥을 얻지 못함을 한탄한다

　탐욕스러운 사람은 금을 나누어줘도 옥 얻지 못함을 한탄하고, 공작
으로 봉해 줘도 제후가 되지 못함을 원망하니, 부귀하면서도 스스로 거
지 노릇을 달게 여긴다. 족함을 아는 사람은 명아주 국도 고기와 쌀밥
보다 맛있게 여기고, 베로 짠 두루마기도 여우·담비 가죽옷보다 따뜻하
게 생각하니, 서민이면서도 왕공王公을 부러워하지 않는다.

　가진 것에 만족을 느끼며 산다는 것은 실로 어려운 일이다. 인간의 욕망
은 무한하여 많이 소유하고도 아쉬워하며, 이에 다툼이 끊이질 않는다.
　그러나 그 욕망이 있기에 문명을 현재만큼 발전시켜 온 것 또한 부인
할 수 없다. 물질욕과 권세욕, 재물욕 등을 다 버리라는 것은 아니다.
다만 그것들의 노예는 되지 말라는 것이다.

貪得者는 分金에 恨不得玉하고 封公에 怨不受侯하니 權豪自甘乞丐하며,
탐 득 자　 분 금　　 한 부 득 옥　　 봉 공　 원 불 수 후　　 권 호 자 감 걸 개

知足者는 藜羹도 旨於膏粱하고 布袍도 煖於狐貉하니 編民不讓王公이라.
지 족 자　 여 갱　 지 어 고 량　　 포 포　 난 어 호 학　　 편 민 불 양 왕 공

·貪得者탐득자-얻기를 탐하는 사람. ·公公-공작公爵. ·侯후-제후諸侯. ·乞丐걸개-거지. ·藜羹여갱-명아주
국. ·膏粱고량-살진 고기와 기름진 곡식. 고량진미. ·布袍포포-베 두루마기. ·狐貉호학-여우와 담비 가죽으로
만든 모피 옷. ·編民편민-서민. 호적에 편입되어 있는 백성이란 뜻이다.

|031
명성을 자랑하는 것은 명성을 피하는 것만 못하다

　명성을 자랑하는 것이 어찌 명성을 피하는 멋만 하겠으며, 일에 익숙한 것이 어찌 일을 덜어 한가로움을 누리는 것만 하랴.

　스스로의 이름을 세상에 자랑하며 뽐내는 것처럼 못난 짓은 없다. 드날릴 자격이 있으면서도 스스로 명성에서 벗어나는 것이 진정한 명사다. 또한 능력이 있다 하여 잔뜩 일을 벌여놓느니 차라리 일을 줄여 한가로이 지내는 것이 현자다.

　그러나 오늘날 세태의 특징은 공직자건 사업자건 개인이건 하나같이 바쁘게 돌아간다는 점이다. 일을 벌일 줄만 알지, 일을 줄일 줄은 모른다. 그러나 인간의 능력에는 한계가 있는 법, 자신의 능력을 과신한 나머지 능력 밖의 일을 벌여놓고 허둥대다가 결국 실패의 쓰라림과 좌절을 맛보는 사람도 있다.

　자신의 분수를 알고 그 분수를 지키라는 교훈이다.

矜名은 不若逃名趣요 練事가 何如省事閑이리요?
궁 명　　불 약 도 명 취　　연 사　　하 여 생 사 한

·矜名궁명-이름을 자랑하다. ·練事연사-일에 익숙하다. ·省事생사-일을 덜다.

|032
깨달은 선비는 발길 닿는 데마다 제 마음에 안 맞는 세상이 없다

고요함을 즐기는 사람은 흰 구름과 그윽한 바위를 보고 깊은 이치를 깨닫고, 부귀영화를 좇는 사람은 맑은 노래와 묘한 춤을 보며 권태를 잊는다. 오직 스스로 깨달은 선비는 시끄러움과 고요함, 번영과 쇠퇴를 초월한지라 발길 닿는 데마다 제 마음에 안 맞는 세상이 없느니라.

정적을 좋아하는 사람은 깊은 산속에 은거하여 흰 구름과 그윽한 바위를 벗삼고, 부귀영화를 추구하는 사람은 어여쁜 가무歌舞를 즐겁게 여긴다. 전자는 은둔의 묘미요, 후자는 세속의 화려함일 것이다. 둘 다 나름대로 멋이 있긴 하지만, 자칫 극단으로 치우치기 쉬워서 편벽함을 면하기가 힘들다.

반면 참으로 깨달은 선비는 정적과 시끄러움의 구분도 없고, 부귀영화와 쇠퇴의 경계도 없는지라, 가는 곳마다 유유자적하게 마련이다. 그야말로 심산유곡深山幽谷과 시정市井이 따로 없는, 자유자재의 경지이다.

일반인들로서는 이런 경지에까지 이르지는 못할망정, 평소에 체험의 폭을 넓히고 적응력을 길러서 나름대로 정신적 여유를 가져야 하지 않을까. 그리하여 정적과 화려함을 아우르는 취향을 쌓는다면, 이 세상도 꽤 살 만한 곳이 될 것이다.

嗜寂者는 觀白雲幽石而通玄하고,
기 적 자   관 백 운 유 석 이 통 현

趨榮者는 見淸歌妙舞而忘倦이라.
추 영 자   견 청 가 묘 무 이 망 권

唯自得之士는 無喧寂하고 無榮枯하니 無往非自適之天이니라.
유 자 득 지 사   무 훤 적   무 영 고   무 왕 비 자 적 지 천

·嗜寂者기적자-고요함을 좋아하는 사람. ·通玄통현-깊은 이치를 깨닫다. ·趨榮者추영자-영화를 좇는 사람. ·自得之士자득지사-스스로 진리를 깨달은 선비. ·喧寂훤적-시끄러움과 고요함. ·自適之天자적지천-자기 마음에 맞는 즐거운 세상.

|033
구름이나 달같이 유유자적하면 매일 곳도 없고, 괴로울 것도 없다

외로운 구름이 골짜기에서 피어오르매, 가고 머무름에 조금도 구애받음이 없구나. 밝은 달이 하늘에 걸려 있으매, 조용하고 시끄러움을 서로 상관치 않누나.

속세의 제약을 초월하여 자연의 조화 속에서 살아가라는 말이다.

만날 때 기뻐하고 헤어질 때 슬퍼함은 인지상정이지만, 대자연에는 그런 감정이 없다. 오고 가고, 피고 지며, 생겨났다가 사라지는 일정한 법칙 속에서 자연은 그저 돌고 돌 뿐이다.

인간 세상에 기쁜 일과 즐거운 일만 있다면 근심하고 괴로워할 바 없겠지만, 그렇지 못하니 걱정이다. 기쁜 일, 즐거운 일이 있는가 하면 어느덧 슬픈 일, 괴로운 일이 찾아든다. 그처럼 우리는 희로애락을 모두 맛보지 않을 수 없는데, 이왕 맛볼 바에는 자연의 순리에 따르고 긍정적으로 받아들이는 것이 도리일 것이다.

기쁜 일이든 즐거운 일이든 그것에 사로잡히지 말아야 하는 까닭은 곧 이어 닥쳐올 슬픔과 괴로움에 대비해야 되기 때문이다. 그리고 슬픈 일, 괴로운 일을 당했더라도 상심에 빠져서는 안 된다. 의기소침하면 점점 더 깊은 수렁으로 빠져들기 때문이다.

孤雲出岫하여 去留一無所係하고,
고 운 출 수   거 류 일 무 소 계
朗鏡懸空하여 靜躁兩不相干이라.
낭 경 현 공   정 조 량 불 상 간

·岫수-골짜기. ·朗鏡낭경-밝은 달. ·靜躁정조-고요함과 시끄러움. ·不相干불상간-서로 간섭하지 않다.

|034
담백한 맛이 참맛이다

　유장한 취미는 진하고 맛 좋은 술에서 얻어지는 것이 아니요 콩 씹고 물 마시는 데서 얻어지고, 슬픈 감회는 메마르고 적막한 곳에서 생기는 것이 아니요 피리 불고 거문고 줄 타는 데서 생기는 것이니, 짙은 맛은 항상 짧고 담백한 취미만이 홀로 참다움을 진실로 알겠도다.

　현대는 이른바 화끈한 것을 좋아하는 시대이다. 언어도 행위도 모두가 원색적이다. 강렬한 원색의 이미지가 주류인 세상이다.

　그러나 교제건 정情이건 사랑이건 간에, 그 맛이 짙고 달콤한 것보다는 은은하고 담백한 것이 오래 지속된다는 것을 알아야겠다. 색깔도 원색에 가까운 색일수록 화려하여 금방 눈에 띄지만 그만큼 싫증도 빨리 난다는 사실이 그것을 입증한다. 음식도 기름진 음식은 쉬이 물리지만 밥이나 김치, 야채 등 담백한 것은 평생을 먹어도 물리지 않듯이 말이다.

悠長之趣는 不得於醲釅하고 而得於啜菽飲水하며,
유장지취　　부득어농엄　　이득어철숙음수
惆悵之懷는 不生於枯寂하고 而生於品竹調絲하니,
추창지회　　불생어고적　　이생어품죽조사
固知 濃處에 味常短하고 淡中에 趣獨眞也로다.
고지 농처　미상단　　담중　취독진야

·醲釅농엄-진하고 맛 좋은 술. ·啜菽철숙-콩을 씹다. ·惆悵之懷추창지회-슬픈 생각, 그리워하는 마음. ·枯寂고적-메마르고 적막함. ·品竹調絲품죽조사-피리 소리를 맞추고 거문고 줄을 고르다.

035
진리는 평범하고 쉬운 데 있다

선종禪宗에 이르기를 '배고프면 밥 먹고 고단하면 잠잔다'라 했고, 시지詩旨에 이르기를 '눈앞의 경치를 평범한 말로 표현하라'고 했다. 대개 아주 높은 것은 아주 평범한 것에 깃들이고 지극히 어려운 것은 지극히 쉬운 데서 나오나니, 뜻을 갖는 이는 도리어 멀어지고 마음을 두지 않는 이는 절로 가까워진다.

'배고프면 밥 먹고 고단하면 잠잔다'는 구절은 명나라의 유학자 왕양명王陽明의 시구에서 따온 것이다. 그러므로 본문의 '선종에서'는 '유가儒家에서'로 고쳐야 마땅하겠지만, 그 뜻은 유가의 가르침을 따르기보다는 오히려 불가佛家의 경지에 더 맞으리라.

또 시를 쓰는 마음가짐을 한마디로 정리하면 '눈앞에 보이는 것을 평범한 언어로 표현하라'가 되겠다. 요컨대 가장 평범한 것 속에 최고의 경지가 있으며, 제일 쉬운 것이 사실은 제일 어렵다는 뜻이다.

따라서 작위作爲를 버려야만 용이한 것의 진수에 접할 것이고, 사물에 사로잡히지 않는 마음을 가지면 무슨 일을 하든 최고의 경지까지 도달할 수 있을 것이다. 무심無心한 태도, 그것이 바로 사물의 핵심에 이르는 지름길이리라.

禪宗에 曰 '饑來喫飯하고 倦來眠이라' 하고 詩旨에 曰
선종 왈 기래끽반   권래면   시지 왈
'眼前景致口頭語라' 하니, 蓋極高는 寓於極平하고 至難은 出於至易하여,
안전경치구두어   개극고 우어극평   지난 출어지이
有意者는 反遠하고 無心者는 自近也니라.
유의자 반원   무심자 자근야

·禪宗선종-여기서는 선종의 극의極意란 뜻이 내포되어 있다. ·詩旨시지-시의 묘지妙旨를 풀이한 말. ·口頭語구두어-보통 말할 때 쓰는 말. ·寓우-깃들이다. ·極平극평-지극히 평범함.

036
큰 강은 흐르는 소리를 내지 않는다

물은 흘러도 그 물가에는 소리가 없으니 시끄러운 곳에 처해도 고요
한 멋을 얻을 것이요, 산이 높아도 구름은 거리끼지 않으니 유有에서 나
와 무無로 들어가는 기틀을 깨달을 것이다.

깊고 넓은 강일수록 소리 없이 흐르는 법이다. 구름은 산이 제아무리
높이 치솟아 있더라도 개의치 않고 유유히 떠간다.

인생을 살아감에는 깊은 강과 높은 산 같은 장애가 얼마나 많은지
모른다. 그러나 수양이 깊은 사람은 그런 장애를 묵묵히 건너고 뛰어넘
는 법이다.

인생도 어차피 무無로 돌아가는 것이니, 지금 내가 가진 것이 없다
하여 그것을 두려워하고 안타까워할 필요가 있겠는가. 결국에는 무無로
돌아갈 그 세계를 미리 체험하고 연습한다면 초조한 마음이 생기지 않을
것이며, 도리어 용기가 솟구쳐서 구름이 높은 산을 꺼리지 않듯 그런
장애를 극복해 나갈 수 있지 않겠는가.

水流而境無聲하니 得處喧見寂之趣요,
수 류 이 경 무 성   득 처 훤 견 적 지 취
山高而雲不碍하니 悟出有入無之機라.
산 고 이 운 불 애   오 출 유 입 무 지 기

·處喧처훤-시끄러운 곳에 처하다. ·出有入無출유입무-유有에서 나와 무無로 들어가다.

|037

마음에 집착이 있으면 기쁨이 넘치는 곳도 고해苦海가 된다

산림은 아름다운 곳이나 한번 시설을 만들어 집착하면 곧 시장바닥이 되고, 서화書畫를 감상함은 우아한 일이나 한번 탐내는 마음이 생기면 곧 장사치가 된다. 대개 마음에 물든 것이 없으면 욕계欲界도 곧 선경仙境이요, 마음에 집착하는 것이 있으면 기쁨이 넘치는 곳도 곧 고해苦海가 된다.

우아한 자연도, 고상한 예술도 그것이 순수하게 존재할 때 아름다운 것이다.

만약 자연의 경치가 아름답다고 해서 호화로운 누각을 짓거나 편의시설을 설치한다면, 분명 그곳은 얼마 가지 않아 저잣거리나 다름없게 된다. 예술품도 마찬가지이다. 예술은 예술 자체로 존재하고 또 그렇게 인정할 때 그 가치가 있는 것이지, 한 번이라도 탐내는 마음이 일거나 상가商價로 평가한다면 예술로서의 진정한 가치와 생명력은 사라지고 장사꾼처럼 사고파는 일만 남게 되는 것이다.

자연과 예술의 아름다움이 훼손되어 시장바닥처럼 되는 까닭은 마음에 집착이 있기 때문이다. 이렇게 집착한다면, 제아무리 선경仙境일지라도 괴로움의 바다가 되고 마는 것이다.

그러므로 마음속에 물든 것을 씻어내고 집착을 닦아내야만, 아름다움을 제대로 볼 수 있으리라.

山林은 是勝地나 一營戀하면 便成市朝하고,
산림 시승지 일영련 변성시조
書畫는 是雅事나 一貪癡하면 便成商賈하니,
서화 시아사 일탐치 편성상고
蓋心無染著이면 欲界是仙都요 心有係戀이면 樂境成苦海矣라
개심무염착 욕계시선도 심유계련 낙경성고해의

·營戀영련-인위적으로 시설을 하고 지나치게 집착을 갖다. ·市朝시조-시장과 조정朝廷. 즉 사람이 많이 모이는 곳, 세속이란 뜻이다. ·雅事아사-고상한 일. ·貪癡탐치-탐냄으로써 정신이 빠지다. ·染著염착-물이 들다. ·係戀계련-연연하며 붙잡히다.

|038
주위가 어수선하면 평소의 기억을 모두 잊어버린다

시끄럽고 번잡한 때를 당하면 평상시에 기억하던 것도 멍하니 다 잊어버리고, 맑고 평온한 곳에 있으면 옛날에 잊었던 것도 다시 또렷이 떠오른다. 이것으로써 고요한 곳과 소란스러운 곳이 조금만 엇갈려도 마음의 어둠과 밝음이 확 달라진다는 것을 알 수 있다.

안개 자욱한 새벽길을 홀로 산책하노라면, 만감이 교차되며 옛 일들이 주마등처럼 떠오른다. 그러나 복잡한 도심 속에서 얽히고 설킨 일들을 처리해 나가다 보면, 바로 어제 일조차도 까맣게 잊어버리는 수가 많다. 급박한 현실에 부딪칠수록 당면한 일을 처리하는 것이 우선이어서 한가하게 지난날의 기억을 더듬을 여유가 없는 것이다. 더구나 오늘날처럼 분주한 생활을 해나가는 우리들로서는 추억 따위는 사치가 되는지도 모르겠다.

그러나 잊을 것이 있고, 잊지 말아야 할 것이 있는 법이다. 부모의 사랑, 은사의 가르침, 그 밖에도 오늘날의 내가 있기까지 우리는 얼마나 많은 분들의 은혜를 입었던가. 때로는 낙엽을 밟으며, 또는 아침 햇살을 받으며 고궁 뜰이라도 걸으면서 잊지 말아야 할 것들을 떠올릴 일이다.

時當喧雜하면 則平日所記憶者도 皆漫然忘去하고,
시 당 훤 잡   즉 평 일 소 기 억 자   개 만 연 망 거

境在淸寧하면 則夙昔所遺忘者도 又恍爾現前하니,
경 재 청 녕   즉 숙 석 소 유 망 자   우 황 이 현 전

可見 靜躁稍分이라도 昏明頓異也니라.
가 견 정 조 초 분   혼 명 돈 이 야

·喧雜훤잡-시끄럽고 혼잡함. ·漫然만연-멍하다. ·夙昔숙석-옛날, 지난날. ·恍爾황이-뚜렷한 모양. ·靜躁정조
-조용하고 시끄러움. ·稍分초분-조금 나눠지다. ·頓異돈이-뚜렷하게 달라지다.

039

가난하게 살지라도 음풍농월하며 속세의 번잡을 떨쳐 버려라

갈대꽃 이불 덮고 눈 위에 누워 구름 속에 잠들면 한 방 가득한 청명한 밤기운을 보전할 수 있고, 죽엽 술잔 들고 바람을 읊조리고 달을 희롱하면 속세의 끝없는 붉은 티끌을 다 떨쳐낼 수 있으리라.

산골 생활의 풍취와 청아한 기품이 한 폭의 동양화처럼 펼쳐지는 구절이다.

'갈대꽃 이불'에서는 가난함을, '죽엽 술잔'에서는 시적인 운치를 느낄 수 있다. 초가집에서 갈대꽃 이불을 덮고 자더라도 청명한 밤기운을 보전할 수 있고, 죽엽주竹葉酒를 마시며 음풍농월하노라면 속세의 티끌을 다 떨쳐버릴 수 있다 했으니, 그 안빈낙도安貧樂道의 경지는 어디쯤일까.

아무튼 복잡한 오늘날을 살아가는 우리로서는 한 번쯤 음미해 볼 만한 대목이 아니겠는가.

蘆花被下에 臥雪眠雲하면 保全得一窩夜氣하고,
노 화 피 하   와 설 면 운   보 전 득 일 와 야 기

竹葉杯中에 吟風弄月하면 躱離了萬丈紅塵이라.
죽 엽 배 중   음 풍 롱 월   타 리 료 만 장 홍 진

·蘆花被노화피-갈대꽃을 솜 대신 넣은 이불. ·臥雪眠雲와설면운-눈 위에 눕고 구름 속에서 잠을 자다. 산촌의 초가에서 잠을 잔다는 의미이다. ·一窩일와-한 개의 방. ·夜氣야기-밤의 맑은 기운. 정신을 휴식시켜 하루의 피로를 푼다는 비유로 쓰인다. ·竹葉杯죽엽배-대나무 잎으로 담근 술을 따른 잔. ·吟風弄月음풍롱월-맑은 바람에 시를 읊조리며 밝은 달을 희롱하다. ·躱離타리-피해서 떠나다. ·萬丈紅塵만장홍진-속세. 속취俗臭.

|040
짙은 것은 담백함만 못하고 속된 것은 우아함만 못하다

높은 벼슬아치 일행 중에 명아주 지팡이를 짚은 한 은사隱士가 섞여 있으면 문득 고상한 분위기가 한결 더하고, 어부와 나무꾼이 다니는 길 위에 관복 입은 한 고관이 섞여 있으면 도리어 속된 기운만 잔뜩 보태리라. 이로써 짙은 것은 담백함만 못하고, 속된 것은 우아함만 못하다는 것을 진실로 알겠구나.

고관대작의 행렬 속에 명아주 지팡이를 짚은 노인이 흰 수염을 날리며 걸어간다면 분위기가 한결 고상해지겠지만, 어부나 나무꾼이 다니는 길에 고관의 예복을 차려입은 벼슬아치가 나타난다면 오히려 속된 기운만 잔뜩 보태진다. 이로써 벼슬아치의 농염濃艶함과 속됨은 은사隱士의 담백함과 우아함보다 못하다는 것을 알 수 있다는 뜻이다.

이 구절에서도 드러나듯이, 담백한 풍취는 부귀공명의 화려함을 뛰어넘는다는 것이 저자의 의견이다. 정신 없이 바쁘게 사는 현대인들로서는 뭐랄까, 속도를 조금 늦추고 마음의 여백을 음미하게끔 하는 가르침인 것 같다. 이를테면 동양화의 여백을 찬찬히 뜯어보듯이 말이다.

袞冕行中에 著一藜杖的山人이면 便增一段高風하고,
곤 면 행 중   착 일 려 장 적 산 인   변 증 일 단 고 풍

漁樵路上에 著一袞衣的朝士면 轉添許多俗氣하니,
어 초 로 상   착 일 곤 의 적 조 사   전 첨 허 다 속 기

固知 濃不勝淡하고 俗不如雅也라.
고 지 농 불 승 담   속 불 여 아 야

·袞冕곤면-고관의 예복과 예관. 높은 벼슬아치를 뜻함. ·藜杖여장-명아주 대로 만든 지팡이. ·山人산인-은인隱
人. ·漁樵어초-어부와 나무꾼. ·朝士조사-조정의 벼슬아치.

|041
속세를 벗어나는 길이란 반드시 세상 인연을 끊는 것이 아니다

속세를 벗어나는 길은 곧 세상을 건너는 가운데 있나니, 반드시 사람들과의 인연을 끊음으로써 세상에서 도피해야 하는 것은 아니다. 마음을 깨닫는 공부는 곧 마음을 다하는 속에 있나니, 반드시 욕심을 끊음으로써 마음을 식은 재처럼 만들어야 하는 것은 아니다.

불교에서는 세속의 모든 인연을 끊고 출가出家하여 구도생활을 하는 것을 근본으로 삼았었다. 초창기의 불교는 반드시 출가하는 것이 원칙이었고, 오늘날에도 그런 경향이 짙다.

그러나 분명한 것은, 속세를 벗어나는 길은 세상과의 모든 인연을 끊고 깊은 산속으로 들어가야만 되는 것이 아니고, 속세에서 많은 사람들과 이리저리 부닥치며 살아가는 그 속에 있다. 마음을 맑고 밝게 가지면 속세에서 살아도 속세를 벗어날 수 있다는 말이다.

진정으로 수양이 깊은 사람은 속세에 있으면서도 속세와 타협하지 않고, 욕심이 있다 할지라도 그 욕심을 소아小我가 아닌 대의大義를 위해 행사할 줄 아는 사람일 것이다.

出世之道는 即在涉世中이니 不必絶人以逃世하고,
출 세 지 도   즉 재 섭 세 중   불 필 절 인 이 도 세
了心之功은 即在盡心內니 不必絶欲以灰心이라.
요 심 지 공   즉 재 진 심 내   불 필 절 욕 이 회 심

·出世출세-속세를 벗어나다. ·涉世섭세-세상을 살아가다. ·了心요심-자기 심성을 깨닫다. ·灰心회심-마음을 식은 재처럼 만들다. 의욕을 상실하다.

|042

영욕榮辱이나 득실得失 따위가 자기를 부리게 해서는 안 된다

이 몸을 항상 한가한 곳에 놓아두면 영욕이나 득실로 어느 누가 능히 나를 부릴 것이며, 이 마음을 항상 고요함 속에 편히 있게 하면 시비나 이해利害로 어느 누가 능히 나를 속여 어둡게 하겠는가.

탐욕과 시기와 다툼이 마음속에 가득한 사람 주변에는 거의 그와 같은 사람들이 모여들게 마련이다. 유유상종類類相從이란 이런 경우를 가리키는 것이니, 반드시 이해득실을 앞세우고 시비곡직을 따지는 분쟁이 일게 되어 있다. 그야말로 아비규환의 삶이다.

반면 평안과 자유와 사랑이 마음속에 가득한 사람 주변에는 또한 그와 비슷한 사람들이 모여든다. 그런 사람들 사이에는 시기와 질투와 분쟁이 없을 것이니, 그야말로 선경仙境에서 사는 것이 아니겠는가.

그 모든 결과는 자기 자신의 마음가짐에서 오는 것임을 깨달을 때 참된 인생관이 정립될 수 있음을 알아야겠다.

此身을 常放在閑處하면 榮辱得失로 誰能差遣我하며,
차신   상방재한처   영욕득실   수능차견아
此心을 常安在靜中하면 是非利害로 誰能瞞昧我리요?
차심   상안재정중   시비리해   수능만매아

·差遣차견-사람을 보내다. 여기서는 사람을 부린다는 뜻이다. ·瞞昧만매-사람의 눈을 속여 넘기다.

|043
자연의 소리를 들으며 산다면 바로 별천지에서 사는 것이다

대나무 울타리 아래에서 홀연히 개 짖고 닭 우는 소리 들으면 마치 구름 속 세계에 있는 듯 황홀해지고, 서재 창가에서 매미 우는 소리와 까마귀 우짖는 소리 들으면 바야흐로 고요 속의 별천지임을 알게 된다.

사람의 마음은 살고 있는 주변 환경에 따라서 판이하게 달라진다. 이 구절에서 말하고자 하는 환경은 닭 울고, 개 짖고, 매미가 울고, 까마귀 운다 해서 꼭 시골을 집어서 말한 것은 아니다. 귀에 익은 소리, 그래서 친근한 소리들이 아름답게 들려오는 한갓진 마을인 것이다.

그런 친근한 환경 속에서 살면서 서로 잘났다고 으스댈 필요도 없고, 있는 그대로 살아가며 그 속에서 한가로움을 즐기는 것이 평안한 마음을 얻는 방법이요, 온갖 스트레스에서 해방되는 지름길이 아니겠는가.

竹籬下에 忽聞犬吠鷄鳴하면 恍似雲中世界요,
죽 리 하   홀 문 견 폐 계 명   황 사 운 중 세 계

芸窓中에 雅聽蟬吟鴉噪하면 方知靜裡乾坤이라.
운 창 중   아 청 선 음 아 조   방 지 정 리 건 곤

·竹籬죽리-대나무 울타리. ·芸窓운창-서재의 창. 蟬吟선음-매미가 울다. ·鴉噪아조-까마귀가 지저귀다. ·靜裡乾坤정리건곤-고요 속의 별천지.

|044
승진을 다투지 않으면 직위의 위태로움이 두렵지 않다

내가 영화榮華를 바라지 않거늘 어찌 이득과 봉록의 향기로운 미끼를 근심할 것이며, 내가 나아감을 다투지 않거늘 어찌 벼슬살이의 위태로움을 두려워하겠는가.

물욕과 권세욕, 명예욕 등을 모두 버려서 세상 살아가기에 조금도 두려움이 없다는 내용이다.

속세의 영달이란 어찌 보면 물고기가 낚싯밥을 무는 것과 같으니, 부귀영화를 바라지 않으면 명리名利라는 유혹의 미끼에 걸려들지 않을 것이다. 높은 자리란 본디 서로 다투어서 올라가는 것인데, 승진을 다투지 않으니 쫓겨나고 올라가고 하는 그러한 벼슬길의 위태로움이 있을 리 있겠는가.

我不希榮이거늘 何憂乎利祿之香餌하며,
아 불 희 영   하 우 호 리 록 지 향 이
我不競進이거늘 何畏乎仕官之危機리요?
아 불 경 진   하 외 호 사 관 지 위 기

·希榮희영-영달을 희망하다. ·香餌향이-향기로운 먹이. 여기서는 사람을 낚으려는 미끼란 뜻이다.

045

산수 아름다운 자연을 찾아 거닐어 보면 속진俗塵에 찌든 마음이 절로 씻겨 나간다

산과 숲, 샘과 바위 사이를 거닐면 속세에 찌든 마음이 점점 걷히고, 시와 글씨와 그림 속에서 노닐면 속된 기운이 차츰 사라진다. 그러므로 군자는 비록 도락道樂에 빠져 뜻을 잃지 않는다고 하나, 또한 항상 풍아한 경지를 빌려 마음을 조절하느니라.

단테는 '자연은 신神의 산물이다'라고 했고, 아리스토텔레스는 '모든 예술, 모든 교육은 단순히 자연의 부속물에 지나지 않는다'라고 했다.

대자연의 오묘한 진리 앞에서는 저절로 고개가 숙여지고, 예술의 절묘한 아름다움 앞에서는 저절로 옷깃이 여며진다.

그러기에 인생이 살기 힘들다고 느껴진다든가 또는 스스로 오만해지고 욕심에 치우쳐질 때면 산수山水 아름다운 자연을 찾아 거닐어 보고, 훌륭한 시나 글씨 또는 그림 속에 심취해 보라. 속세에 찌든 마음과 속되고 나쁜 기운을 금세 털어버릴 수 있을 것이다.

徜徉於山林泉石之間하면 而塵心漸息하고,
상 양 어 산 림 천 석 지 간   이 진 심 점 식
夷猶於詩書圖畵之內하면 而俗氣潛消라.
이 유 어 시 서 도 화 지 내   이 속 기 잠 소
故로 君子雖不玩物喪志나 亦常借境調心이라.
고   군 자 수 불 완 물 상 지   역 상 차 경 조 심

·徜徉상양-어정거려 노닐다. 산책하다. ·夷猶이유-마음을 그 속에 머물도록 하다. ·玩物喪志완물상지-진기한 것에 마음을 빼앗긴 나머지 본심을 잃다. ·借境차경-풍아한 경지를 빌리다. ·調心조심-마음을 고르다. 마음을 바로잡다.

|046
가을은 사람의 마음뿐만 아니라 뼛속까지 청정하게 한다

봄날은 날씨가 변화하여 사람으로 하여금 마음이 넓고 커지게 하지만, 이것이 어찌 가을날에 견주랴. 구름 희고 바람 맑으며, 난초 아름답고 계수나무 향기로우며, 물과 하늘이 한 빛깔이라 천지가 맑고 밝아 사람으로 하여금 심신을 모두 맑게 하는 가을만 하겠는가.

봄철이 좋으냐, 가을철이 좋으냐는 문제에 대해서는 옛날의 풍류객들도 그랬거니와 현대인들도 그 생각하는 바가 가지각색이다. 봄철의 기화요초琪花瑤草를 찬양하며 시詩를 읊은 시인이 있는가 하면, 가을철의 단풍에 매료되어 이를 찬양한 풍류객도 많다.

저자 홍자성은 여기서 봄철의 감각성感覺性과 가을철의 정신성精神性을 대비시킴으로써 나른한 봄철보다는 청량한 가을철을 우위優位에 두고 있다.

하기야 우리에게도 보릿고개를 넘던 허기진 때가 있어서 춘궁기春窮期란 말이 생겨났으니, 풍요로운 가을철이 훨씬 좋다고 생각하는 노년층은 아직도 많을 것 같다. 오죽했으면 '더도 말고 덜도 말고 한가위만 같아라'라고 했겠는가.

春日은 氣象繁華하여 令人心神駘蕩이나,
춘일 기상번화 영인심신태탕

不若 秋日의 雲白風淸하고 蘭芳桂馥하며
불약 추일 운백풍청 난방계복

水天一色하고 上下空明하여 使人神骨俱淸也니라.
수천일색 상하공명 사인신골구청야

·駘蕩태탕-넓고 크다. ·水天一色수천일색-물과 하늘이 한 빛깔이다. ·上下상하-천지天地. ·空明공명-달이 물 속에 있다. ·神骨신골-정신과 뼈. 심신心身.

|047
글자 한 자 몰라도 시심詩心이 있는 사람은 시의 참맛을 안다

글자 한 자 모르더라도 시적 정서를 가진 사람은 시인의 진정한 멋을 터득할 수 있고, 게송偈頌 한 구절 연구하지 않았더라도 선禪의 풍미를 아는 자는 선교禪敎의 현묘한 이치를 깨달을 수 있다.

시詩의 세계든 선禪의 세계든, 순수한 마음을 가진 사람이라면 누구나 그것을 터득하고 깨달을 수 있다는 것이다. 왜냐하면 시심詩心이나 선심禪心은 인간 누구에게나 간직되어 있기 때문이다.

비록 일자무식이라도 시적 정서를 지니고 있는 사람은 시의 진정한 멋을 아는 것이고, 게송 한 구절 못 외우더라도 선정禪定의 풍미를 아는 자는 깨달음에 이를 수 있다. 그러나 대부분의 사람들이 속기俗氣에 가려져 있기 때문에, 시심도 선심도 떠오르지 않고 이해할 수도 없는 것이다.

따라서 아무리 유식하다 할지라도 시詩나 선禪을 이해하지 못함은 그 사람의 마음이 속기에 가득 차 있음을 반증한다. 필히 시인이나 선사禪師가 되고자 해서가 아니라, 인생을 올바로 살아나가기 위해서는 속된 기운을 떨쳐내는 것이 얼마나 중요한가를 알 수 있겠다.

一字不識이라도 而有詩意者는 得詩家眞趣하고,
일 자 불 식   이 유 시 의 자   득 시 가 진 취
一偈不參이라도 而有禪味者는 悟禪敎玄機니라.
일 게 불 참   이 유 선 미 자   오 선 교 현 기

·詩意시의-시적詩的 정서. ·眞趣진취-참된 취미. ·偈게-불교의 묘지妙旨를 말한 글귀. ·參참-가르침을 받아 연구하다. ·玄機현기-깊은 이치.

|048
마음이 흔들리는 자는 활 그림자를 보고도 뱀으로 의심한다

마음이 흔들리면 활의 그림자도 뱀같이 보이고 누운 바위도 엎드린 호랑이로 보이니, 이 속에는 모두 살기殺氣뿐이로다. 마음이 가라앉으면 사나운 석호石虎도 바다 갈매기로 삼을 수 있고 개구리 울음소리도 음악처럼 들리니, 어디를 가나 참된 기틀을 보게 되리라.

세상사는 그때 그 사람의 정신적 정황에 따라 달리 보이고, 달리 들리며, 달리 느껴지게 마련이다. 깊은 밤중에 산속을 홀로 걸을 때, 어떤 사람은 두려운 마음이 앞선 나머지 나무가 짐승으로 보이기도 하고, 산새 소리를 귀신 울음소리로 착각하기도 한다. 그러나 똑같은 상황 속에서도 뱃심 좋게 걸으며 태연자약하면 그런 착각은 일어나지 않는다.

심기가 어지러우면 사물에 미혹되기 쉬워서 활 그림자가 뱀같이 보이고 누운 바위도 범같이 생각되어 모든 것이 자기를 해치려는 것처럼 보이지만, 심기가 편안하면 포악한 자도 갈매기처럼 유순하게 길들일 수 있으며 개구리 울음소리도 음악으로 들을 수 있다는 말이다.

機動的은 弓影도 疑爲蛇蝎하고 寢石도 視爲伏虎하니 此中에 渾是殺氣요,
기 동 적 궁 영 의 위 사 갈 침 석 시 위 복 호 차 중 혼 시 살 기
念息的은 石虎도 可作海鷗하고 蛙聲도 可當鼓吹하니 觸處에 俱見眞機니라.
염 식 적 석 호 가 작 해 구 와 성 가 당 고 취 촉 처 구 견 진 기

·機動기동-심기心氣가 동요되다. ·蛇蝎사갈-뱀과 전갈. ·殺氣살기-사물을 해치는 기운. ·念息염식-마음이 가라앉다. ·石虎석호-진晉나라 때 사람으로서 포악하기로 유명했다. ·鼓吹고취-북과 피리. 음악. ·眞機진기-참다운 기틀.

|049
자연의 흐름 속에 자기 자신을 맡겨라

몸은 매어놓지 않은 배와 같으니 흘러가거나 멈추거나 맡겨둘 것이요, 마음은 이미 재가 된 나무와 같으니 칼로 쪼개건 향을 칠하건 무슨 상관 있으랴.

모든 것은 찾아왔다가 떠나가고 사라진다. 그것이 우주 자연의 섭리이건만, 떠나감을 못내 아쉬워하고 안타까워하고 슬퍼하면서 미련을 버리지 못하는 것은 인간이 지닌 정 때문일 것이다. 이러한 정의 속박에서 벗어날 수만 있다면, 그래서 자연의 흐름 속에 자기 자신을 온전히 맡길 수만 있다면, 그 사람은 어떤 일에도 초연해질 수 있으리라.

가족과 가정에 얽매이고, 직장에 얽매이고, 사업에 얽매이고, 취미 생활에 얽매이고……. 우리는 마치 닻줄에 매여 있는 배와 같은 생활을 하고 있다. 어떤 일정한 틀 속에 갇혀 있으면서 그 틀을 깨고 나오지 못하는 현대인들이다.

요컨대 풍파 많은 이 세상에서 그때그때 부딪치는 상황을 어떻게 받아들이느냐가 중요하다. 짜증스럽게 받아들인다면 한없이 짜증스럽겠지만, 자연에 순응하는 마음으로 초연하게 받아들인다면 그렇게 괴롭지만도 않은 것이 인생일 것이다.

身如不繫之舟니 一任流行坎止하고,
신 여 불 계 지 주   일 임 류 행 감 지
心似旣灰之木이니 何妨刀割香塗리요?
심 사 기 회 지 목   하 방 도 할 향 도

· 不繫之舟불계지주-매어놓지 않은 배. · 坎止감지-멈추다. · 何妨하방-이래도 좋고 저래도 좋다. · 香塗향도-향을 칠하다.

|050

형태와 기질만을 보고 판단하지 말라

인정이란 꾀꼬리 소리를 들으면 기뻐하고, 개구리 우는 소리를 들으면 싫어하며, 꽃을 보면 가꾸고 싶어하고, 풀을 보면 뽑고자 하니 이는 단지 형체와 기질로써 사물을 구분함이다. 만약 이를 천성으로써 본다면 그 무엇이 스스로 천기天機의 울림이 아니겠으며, 저 스스로 그 삶의 뜻을 펴는 것이 아니리요.

미美와 추醜, 이利와 해害의 차별은 어디에 있는 것일까? 인간은 그것을 인간의 입장에 서서 스스로의 주관에 따라 판단하고 있다. 하늘의 의지는 모두가 필요해서 우주 만물을 창조해 놓은 것인데, 인간은 예컨대 자기네한테 식용이나 약용의 가치가 있는 풀을 익초益草라 하고, 그 밖의 것은 잡초로 분류하여 제초除草하고 있다.

그리고 꾀꼬리 울음소리는 미성美聲으로, 개구리 울음소리는 추성醜聲으로 분류하는 것도 사실은 겉으로 나타난 형체와 기질만으로 사람이 제멋대로 분별하는 것이다. 그러나 우주 자연의 원리로 본다면 세상 만물 일체가 평등하고, 각기의 작용이 있으며, 또한 존재의 이유가 있는 것이다.

따라서 형체와 기질에 따라 모든 사물을 분별하는 편견과 습관은 버려야 할 것이다.

人情은 聽鶯啼則喜하고 聞蛙鳴則厭하며
인정 청앵제즉희 문와명즉염
見花則思培之하고 遇草則欲去之하니 但是以形氣用事라.
견화즉사배지 우초즉욕거지 단시이형기용사
若以性天視之하면 何者非自鳴天機며 非自暢其生意也리요?
약이성천시지 하자비자명천기 비자창기생의야

·鶯啼앵제-꾀꼬리가 지저귀다. ·去之거지-뽑아내다. ·形氣형기-형체와 기질. ·用事용사-사물을 구분하다.
·性天성천-본래의 바탕, 천성. ·天機천기-하늘의 작용. ·暢창-펴내다. 신장시키다. ·生意생의-생성발육의 뜻.

|051
새 울고 꽃 피거든 거기에 자연의 본성이 깃들였음을 알라

  머리카락 빠지고 이가 성겨지는 것은 헛된 형체의 시들어짐에 맡겨 두라. 새의 노래와 꽃의 웃음에서 자연의 본성의 변함없는 진리를 깨달 아라.

  이 세상 만물은 인연으로 잠시 어울려 있을 뿐이다. 눈에 보이고 손에 잡히는 이 형체는 그저 허무한 것이다. 이 몸 또한 헛된 형체일 따름이니, 머리카락 빠지고 이가 성겨지는 것은 시들어지는 대로 맡겨둘 일이다.

  그러나 한편으로는 새로운 인연이 모여 새도 노래하고 꽃도 방긋 웃는 다. 이 모든 것은 끊임없이 변화하는 듯이 보이지만, 실상은 변하지 않는 자연의 본성이 그대로 나타난 것이다. 맑디맑은 마음의 눈으로 본다면 말이다.

  그럴진대 머리카락 빠지고 이가 성겨진다고 흘러가는 세월을 한탄하 는 것이 무슨 소용이랴. 천변만화千變萬化하는 거짓 형체들 속에 여여如如 한, 변함이 없는 진리가 자리잡고 있음을 깨닫는 것이 중요하리라. 그러 므로 새 울고 꽃이 방긋 웃거든, 거기에 자연의 본성이 깃들였음을 잠시 생각해 볼 일이다.

髮落齒疎는 任幻形之彫謝하고,
발 락 치 소   임 환 형 지 조 사
鳥吟花笑에 識自性之眞如니라.
조 음 화 소   식 자 성 지 진 여

·髮落齒疎발락치소-머리털이 빠지고 이가 빠져 성겨지다. ·幻形환형-거짓 형체. ·彫謝조사-시들어 변해 가다.
·自性자성-자연의 본성. ·眞如진여-변함이 없는 진리.

|052
욕심은 차디찬 연못의 물도 끓게 만든다

마음에 욕심이 가득 차면 차가운 못에서도 물결이 끓어오르니 산림 속에 있어도 그 정적을 보지 못하고, 마음을 비우면 찌는 듯한 무더위 속에서도 서늘함이 일어나니 저잣거리 가운데 있으면서도 그 시끄러움을 모른다.

『열자列子』「설부편說符篇」에 보면, 옛날 제濟나라에 금金 욕심이 많은 사람이 있었다. 어느 날 아침 일찍 그는 의관衣冠을 차려입고 시장에 있는 금방으로 들어가서 금덩이를 움켜잡았다. 포졸들이 그를 체포하여 묻기를 "사람들이 많이 있었는데, 어째서 그렇게 남의 금덩이를 움켜 들었느냐?" 고 하니 그자가 대답하기를 "금덩이를 집을 때는 사람이 보이지 않고 금덩이만 보였습니다金者 不見人"라고 했다는 것이다.

욕심이 가득 차면 이렇듯 그 욕심내는 물건 외에는 보이지 않는 법이다.

그러기에 '욕심이 잉태한즉 죄를 낳고 죄가 장성한즉 사망을 낳느니라'는 신약성경 「야고보서」의 구절은 만고의 진리이다.

欲其中者는 波沸寒潭하니 山林에 不見其寂하고,
욕 기 중 자   파 비 한 담   산 림   불 견 기 적

虛其中者는 凉生酷暑하니 朝市에 不知其喧이라.
허 기 중 자   양 생 혹 서   조 시   부 지 기 훤

·欲其中욕기중-마음속에 욕심이 가득 차다. ·波沸파비-물결이 끓어오르다. ·寒潭한담-차가운 못[池]. ·朝市 조시-조정과 시장. 사람이 많이 모인 곳. ·喧훤-시끄러움.

|053
가진 것이 많은 자는 그만큼 잃는 것도 많아진다

많이 가진 자는 잃을 것 또한 많다. 그러므로 부유함이 '가난하지만 걱정 없음'만 못하다는 것을 알 수 있다. 거들먹거리고 다니는 사람은 넘어지기도 쉽다. 그러므로 귀함이 '천하지만 항상 편안함'만 못하다는 것을 알 수 있다.

가진 것이 적은 자는 잃어봤자 별게 없지만, 가진 것이 많은 자는 사정이 다르다. 만약 잃게 되는 날에는 엄청나게 잃게 마련이다.

또 낮은 지위는 탐내는 자도 적어서 시기받을 일이나 그 자리를 잃을 염려도 적고, 잃어봤자 별로 아쉬울 것도 없다. 하지만 높은 지위에 있는 자는 사정이 다르다. 그 자리를 노리는 사람도 많으려니와, 한 번 잃게 되면 십년 공들인 탑이 무너지는 것과 같을 것이니 타격이 클 수밖에 없다.

그러나 인간은 누구나 많이 가지기를 원하고, 높은 지위에 오르기를 바란다. 그것은 어쩔 수 없는 욕망이다.

다만 자기 분수를 파악하고, 무리하게 가지거나 오르지는 말 일이다. 관리 능력을 넘어서는 재물이나 분에 넘치는 지위는 당사자를 위해서도 그리고 주위 사람들을 위해서도 해만 될 뿐, 득이 되지 않으니 말이다.

多藏者는 厚亡하니 故로 知富不如貧之無慮요,
다 장 자   후 망   고   지 부 불 여 빈 지 무 려
高步者는 疾顚하니 故로 知貴不如賤之常安이라.
고 보 자   질 전   고   지 귀 불 여 천 지 상 안

· 多藏者다장자-재물을 많이 갖고 있는 사람. · 厚亡후망-많이 잃다. · 高步者고보자-높이 걷는 사람. 여기서는 신분이 높다 하여 거들먹거리는 사람. · 疾顚질전-넘어지기 쉽다. 실각하기 쉽다. · 常安상안-항상 편안함.

|054
그윽한 경지로 나아가 마음의 풍요로움을 배워라

　새벽 창가에서 『주역周易』을 읽다가 솔숲의 이슬로 주묵朱墨을 갈고, 한낮의 책상 앞에 앉아 불경을 담론하다가 대숲 바람결에 경쇠 소리 실어 보낸다.

　『주역』은 중국 고대의 역易의 원전이며 이른바 괘卦에 의해 길흉을 풀기도 하는데, 그 논리는 철학적이고 표현은 문학적이다. '주묵을 갈다'란, 중요한 구절에 표시를 하고 주기注記를 해가면서 정독精讀하기 위한 예비 작업이었을 것이다.

　또한 신의로써 맺어진 친구와 더불어 시간이 흐르는 것도 잊은 채 불경을 펴놓고 논담을 벌이는 것도 한없는 즐거움인 것이다.

　책은 굳이 『주역』이어야 할 필요는 없다. 새벽 창가에 앉아서 자기 수양을 위한 책을 읽으며 하루 일과를 시작해 보라. 어지럽기 그지없는 상황에 처해 있을수록 이런 수양은 꼭 필요한 것이다.

讀易曉窓에 丹砂를 硏松間之露하고,
독 역 효 창　단 사　　연 송 간 지 로

談經午案에 寶磬을 宣竹下之風이라.
담 경 오 안　보 경　　선 죽 하 지 풍

·易역-『역경易經』, 『주역周易』. ·曉窓효창-새벽녘의 창문. ·丹砂단사-주묵朱墨, 붉은 먹. ·硏연-갈다. ·經경-불경佛經.. ·寶磬보경-경쇠. 절에서 쓰는, 돌로 된 타악기. ·宣선-올리다.

|055
자연은 있는 그대로가 최상의 경지이다

　꽃은 화분 속에 있으면 마침내 생기를 잃게 되고, 새는 새장 안에 갇혀 있으면 곧 자연스러운 멋이 줄어든다. 이 어찌 산속의 꽃과 새가 한데 어울려 색색의 무늬를 이루며 마음껏 날아올라 스스로 한가히 즐거워함만 같겠는가.

　자연은 있는 그대로가 최상의 경지이다. 그것을 인위적으로 가꾼다든가, 집안으로 끌어들이려 하면 천연의 운치와 활달한 멋이 줄어들게 마련이다. 인간의 욕심이 자연의 순수함을 손상시키는 것이다.

　화분에 옮겨 심은 꽃이나 새장 속의 새가 제아무리 곱고 예쁘다 한들, 산야에 흐드러져 피는 꽃이나 숲 사이에서 지저귀는 새들의 저 한가로움, 저 조화로운 풍취에 어찌 비길 것인가. 제 마음껏 자약自若을 하니 꼭 제 마음에 들어 회심會心을 하는 저 발랄함과 유쾌함을 어찌 따라갈 것인가.

　비록 이름 모를 꽃이나 새일지라도 이렇듯 산야나 숲속에서 노닐어야 본연의 멋과 운치를 이루는 법이다. 마찬가지로 사람도 부귀영화나 명리, 탐욕의 속박에서 벗어나야만 인간 본연의 멋을 되찾을 수 있지 않을까.

花居盆內하면 終乏生機하고 鳥入籠中하면 便減天趣하니,
화 거 분 내　　종 핍 생 기　　조 입 롱 중　　변 감 천 취

不若 山間花鳥가 錯集成文하고 翶翔自若하여 自是悠然會心이라.
불 약 산 간 화 조　착 집 성 문　　고 상 자 약　　자 시 유 연 회 심

　·盆분-화분. ·生機생기-생기生氣. ·天趣천취-자연의 맛. ·錯集착집-뒤섞이어 모이다. ·成文성문-무늬를 이루다. ·翶翔고상-날아올라서 빙빙 돌다. ·自若자약-제 마음대로 하는 꼴. ·會心회심-마음에 맞아 유쾌하다.

|056
나에 대한 집착을 버리면 귀한 것도, 번뇌도 다 없다

세상 사람들이 오직 '나'를 지나치게 참된 줄 알기 때문에 갖가지 기호嗜好와 번뇌가 쌓인다. 옛사람이 이르되 '내가 있음을 또한 알지 못하거늘 어찌 사물의 귀함을 알까'라 했고, 또 이르되 '이 몸이 내가 아님을 알면 번뇌가 어찌 다시 침범하랴'라고 했으니 참으로 정곡을 찌른 말이로다.

어떤 사물을 좋아하고 귀하게 여기는 온갖 기호嗜好, 또 이런저런 욕망으로 괴로워하는 번뇌는 왜 생기는 것일까? 바로 '나'를 참된 것으로 여기고, 자기 집착에 사로잡히기 때문이다. 이런 자기 집착이 심하면 모든 일을 제 본위로만 생각하고, 쉽사리 이기주의에 빠진다.

그런데 이 '나'라는 생각은 과연 그 근거가 있을까? 그 뿌리를 캐어 들면 실로 아무 근거도 없는, 한낱 환상일 따름이라는 것이 옛 현자들의 가르침이다.

모든 기호와 집착, 온갖 번뇌가 바로 '나'라는 생각에서 비롯되므로, 가장 중요한 일은 '나'에 대한 집착을 버리는 것이다. 그래야만 이른바 무아無我의 경지에 들 수 있을 것이다.

결국 '나'에 대한 집착을 버리면 더 이상 귀한 것이 있을 리 없고, 번뇌가 생길 까닭도 없다.

世人이 只緣認得我字太眞이라 故로 多種種嗜好하고 種種煩惱라.
세인   지연인득아자태진   고   다종종기호   종종번뇌

前人이 云하되 '不復知有我거늘 何知物爲貴리요?'하고,
전인   운   불부지유아   하지물위귀

又云하되 '知身不是我면 煩惱更何侵이리요?'하니 眞破的之言也로다.
우운   지신불시아   번뇌갱하침   진파적지언야

·緣연-연유. …로 인하여. ·我아-자아自我. ·太태-지나치다. ·前人전인-옛 사람, 여기서는 도연명陶淵明을
가리킨다. ·破的파적-과녁을 꿰뚫다. 정곡을 찌르다.

|057
순조로울 때 쇠퇴한 처지를 생각해 보라

늙은이의 입장에서 젊음을 보면 바쁘게 달리고 서로 다투는 마음을 가히 없앨 수 있고, 쇠퇴한 처지에서 영화로움을 보면 사치하고 화려해지고자 하는 생각을 가히 끊을 수 있다.

인생에는 반드시 기복이 있게 마련이다. 오르막길 뒤에는 내리막길이 있고, 순탄할 때가 끝나면 막힐 때가 온다.

순경順境을 맞았을 때는 최악의 경우를 생각하며 근신할 일이다. '편안할 때 위태로움을 염두에 두라[居安思危]'는 구절은 그래서 명언이다.

생로병사生老病死는 누구도 피해 갈 수 없는 인생의 길이다. 언젠가는 반드시 늙고 죽는 것이 인간인 것이다. 늙은이의 입장에서 젊음만 믿고 좌충우돌하던 자신을 돌이켜 본다면, 무모한 행동을 어느 정도 억제할 수 있을 것이다.

속세의 권세 역시 시간이 흐르면 쇠퇴하기 마련이다. 높은 지위나 부를 쌓았을 때에는 사치스럽고 화려한 것을 좋아하게 되지만, 쇠락한 처지에서 영화롭던 때를 돌이켜 본다면 그 생각이 다 끊어질 것이다. 호사를 좋아하는 마음은 쇠락을 부르고, 쇠락한 다음에는 그 괴로움이 더하다는 것을 명심해야 하겠다.

自老視少하면 可以消奔馳角逐之心이요,
자 로 시 소   가 이 소 분 치 각 축 지 심
自瘁視榮하면 可以絶紛華靡麗之念이라.
자 췌 시 영   가 이 절 분 화 미 려 지 념

·奔馳분치-바쁘게 달리다. ·角逐각축-서로 다투다. ·瘁췌-쇠퇴하다. 병들다. ·紛華靡麗분화미려-사치와 화려.

|058
인정과 세태는 수시로 변한다

  인정과 세태는 갑자기 만 가지로 변하는 법이니, 너무 참된 것으로 생각지 말라. 소강절邵康節 선생이 이르기를 '지난날 나의 것이라던 것이 이제는 도리어 남의 것이 되었으니 어찌 알랴, 오늘의 나의 것이 또 내일은 누구의 것이 될 줄을?'이라고 하였으니, 사람이 항상 이러한 관점으로 사물을 본다면 곧 가슴속의 얽매임을 풀어 버릴 수 있으리라.

  인정과 세태는 잠깐 사이에도 수만 가지로 변한다. 때로는 '내 마음 나도 몰라'라는 식으로 살지도 않던가. 그래서 혼인 등 중요한 일에는 친지와 친척을 모아 증인이 되게 하고, 중요한 거래에는 계약서를 작성하여 기명 날인함으로써 변하는 마음을 막고자 노력한다.

  특히 이해관계에 얽히면 어제의 친구가 오늘의 경쟁자가 되고 때로는 적敵도 된다. 그러므로 친지나 친구 사이는 물질에 초연해야 고통이 따르지 않는다. 그러면 불의의 사태가 벌어져도 그만큼 실망이 크지는 않을 것이니 말이다.

人情世態는 倏忽萬端이니 不宜認得太眞이라. 堯夫가 云하되,
인정세태　　숙홀만단　　불의인득태진　　　요부　　운

'昔日所云我도 而今却是伊하니 不知今日我인들 又屬後來誰오?' 하니,
석일소운아　　이금각시이　　　부지금일아　　　우속후래수

人常作是觀하면 便可解却胸中罥矣리라.
인상작시관　　변가해각흉중견의

·倏忽숙홀-갑자기. ·萬端만단-여러 가지 모양. ·堯夫요부-북송의 학자인 소강절邵康節의 자字. ·昔日석일-지난날. 어제. ·伊이-남의 것. ·罥견-덫. 얽매임.

059
어떤 고난 속에서도 열정만 가지면 즐거움을 맛볼 수 있다

번잡하고 바쁜 중에도 한번 냉정한 눈으로 보면 문득 허다한 괴로운 생각을 덜게 되고, 역경에 처했을 때에도 한번 뜨거운 마음을 지닌다면 문득 허다한 참된 취미를 얻게 된다.

바쁠 때는 냉정하게, 역경에 처했을 때는 더욱 분발할 것을 권유한 구절이다.

아무리 일이 바쁠 때라도, 또는 일이 뒤엉켜서 해결의 실마리조차 찾기 어려울 때라도 침착하고 냉정하게 대처한다면 얼마든지 해결책을 찾을 수 있고, 또 괴로움도 덜게 된다는 것이다. 공연히 우왕좌왕하게 되면 일을 점점 더 복잡하고 힘들게만 만들 것이다.

역경에 처하더라도 반드시 해내고 말겠다는 강한 의지와 정열만 있다면 결국 해결책이 나오게 마련이다. 문제는 좌절하거나 중도에 포기하는 데 있다.

이런 각오와 임기응변 없이 일을 해내려는 것은 '연목구어緣木求魚'에 지나지 않으리라.

熱鬧中에 著一冷眼이면 便省許多苦心思하고,
열뇨중   착일랭안   변생허다고심사

冷落處에 存一熱心이면 便得許多眞趣味라.
냉락처   존일열심   변득허다진취미

·熱鬧열뇨-번잡하고 시끄러움. ·冷眼냉안-냉정한 눈. ·冷落냉락-영락零落. 역경.

060

즐거운 경지가 있으면 곧 고통스러운 경지가 따르게 마련이다

하나의 즐거운 경지가 있으면 곧 다른 하나의 즐겁지 못한 경지가 있어 서로 대립하고, 하나의 좋은 광경이 있으면 곧 다른 하나의 좋지 못한 광경도 있어 서로 맞비기게 된다. 오직 늘 먹는 밥과 벼슬 없이 사는 풍취야말로 비로소 안락한 거처가 되는 것이다.

즐거운 경지가 있으면 다른 한편에 고통스러운 경지가 맞서고, 멋있는 광경이 있으면 또 다른 한편에 멋없는 광경이 들어서서 서로 상대적이다.

높은 벼슬자리에 있으면 부귀영화를 누릴 수는 있지만, 반면에 그 자리를 지키기 위해 항상 근심과 걱정이 뒤따르는 것이 이치인 것이다.

따라서 맹물에 밥 말아 먹더라도 벼슬 없이 사는 삶이 어찌 보면 훨씬 더 안락한 삶이라 할 수 있다.

과욕을 부리다가 실패해서 값비싼 대가를 치르는 일은 없어야겠다는 교훈이다.

有一樂境界면 就有一不樂的相對待하고,
유 일 락 경 계   취 유 일 불 락 적 상 대 대

有一好光景이면 就有一不好的相乘除하니,
유 일 호 광 경   취 유 일 불 호 적 상 승 제

只是尋常家飯과 素位風光이 纔是個安樂的窩巢니라.
지 시 심 상 가 반   소 위 풍 광   재 시 개 안 락 적 와 소

·相對待상대대-서로 대립하다. ·相乘除상승제-서로 곱하고 나누다. 맞비기다. ·尋常家飯심상가반-늘 집에서 먹는 보편적인 밥. ·素位소위-무위무관無位無官. ·窩巢와소-주거住居.

061

청산과 녹수綠水를 보면 천지의 자재自在함을 알게 된다

발 높이 걷고 창문 활짝 열어 청산과 녹수綠水가 구름과 안개를 삼키고 뱉어냄을 보노라면 천지의 자유자재함을 알게 되고, 대나무와 나무 우거진 곳에서 새끼 치는 제비와 울어대는 비둘기가 계절을 맞고 보냄을 보노라면 사물과 자아가 다 잊혀짐을 알게 된다.

한치의 오차도 없이 운행되는 대자연의 오묘함과, 그 자연 속에 물아일체物我一體로 동화되어 살아가는 전원생활의 극치를 노래하고 있다. 인간의 짧은 생각으로는 도저히 다 담아낼 수 없는 대자연의 힘에 경외감이 든다.

계절은 때맞춰 찾아오고 그 계절에 따라 산천초목이 바뀌는가 하면 온갖 새들도 계절에 맞추어 적응해 나간다. 화창한 봄볕을 받으면서 제비는 새끼를 치고 여름철의 풍부한 먹이로 그 새끼들을 기른다. 가을이 되면 어느새 비둘기가 찾아와서 우짖는다.

그런 대자연 속에 초막을 짓고 명상에 잠긴다. 그러다가 시흥에 겨워 시를 한 수 지어 읊으면서 박주薄酒 한잔 마시고 잠이 든다. 노년에 이 얼마나 여유 있고 아름다운 생활인가.

簾櫳高敞하고 看靑山綠水呑吐雲煙하면 識乾坤之自在하며,
염 롱 고 창　　　간 청 산 록 수 탄 토 운 연　　　식 건 곤 지 자 재

竹樹扶疎에 任乳燕鳴鳩送迎時序하면 知物我之兩忘이라.
죽 수 부 소　　임 유 연 명 구 송 영 시 서　　지 물 아 지 량 망

·簾櫳염롱-발을 친 살창. ·高敞고창-높이 열다. ·呑吐:雲煙탄토운연-구름과 안개를 삼키고 뱉어내고 하다. ·竹樹죽수-대나무와 나무. ·扶疎부소-가지와 잎이 우거지다. ·乳燕유연-새끼 치는 제비. ·時序시서-계절. ·物我물아-외물外物과 나.

|062
이루어지면 무너지고 태어나면 반드시 죽는다는 이치를 알라

이루어진 것은 반드시 무너진다는 것을 알면 이루기를 구하는 마음이 지나치게 굳지 않을 것이요, 태어난 것은 반드시 죽는다는 것을 알면 삶을 보전하는 길에 지나치게 애태우지 않을 것이다.

우리 민족은 부지런하기로 유명하다. 일을 부지런히 하는 것은 실로 바람직한 일이다. 보릿고개가 있던 시절, 그때는 그때대로 부지런히 일을 함으로써 허기를 면할 수 있었다. 그런데 경제 성장과 산업화를 이룬 후에는 그때보다 도리어 더 바빠졌다는 느낌이 든다.

한마디로 '뛰어야 살아남을 수 있다'는 말이 실감나는 현실 속에서 우리는 살아가고 있는 것이다. 그처럼 눈코 뜰 새 없이 살아가다 정년을 맞고 또 어느새 인생의 말년이 찾아왔음을 깨닫게 되는데, 그때는 이미 늙었다는 공허감을 지울 수 없게 된다.

그래서인지 요즈음 자신의 건강 관리에 몰두하는 사람들을 우리는 흔히 본다. 어떤 의미에서는 다행스런 일이겠지만, 이처럼 건강 관리에 신경을 곤두세우는 것 자체도 '삶을 보전하기 위한 길'에서의 과로가 아닐는지 우려되기도 한다.

知成之必敗면 則求成之心이 不必太堅이요,
지 성 지 필 패   즉 구 성 지 심   불 필 태 견
知生之必死면 則保生之道에 不必過勞니라.
지 생 지 필 사   즉 보 생 지 도   불 필 과 로

·太堅태견-지나치게 굳다. ·過勞과로-지나치게 애태우다.

|063
달빛은 연못을 꿰뚫어도 물에 흔적을 남기지 않는다

옛 고승高僧이 이르기를 '대나무 그림자가 섬돌 위를 쓸어도 티끌은 움직이지 않고, 달빛이 연못을 뚫어도 물에는 흔적이 없네'라 하였고, 우리 유학자가 이르기를 '물의 흐름이 아무리 급해도 그 둘레는 언제나 고요하고, 꽃의 떨어짐은 비록 잦지만 마음은 스스로 한가롭네'라고 하였다. 사람이 항상 이런 뜻을 가지고 사물에 접한다면, 몸과 마음이 얼마나 자유롭겠는가.

"대나무 그림자가 섬돌 위를 쓸어도 티끌은 움직이지 않고, 달빛이 연못을 뚫어도 물에는 흔적이 없네"라는 구절은, 허虛한지라 응應하고 응해도 잡히지 않는 이치를 밝히고 있다. 그야말로 텅 비어 어디에도 사로잡히지 않는 마음자리를 드러낸다.

또 "물의 흐름이 아무리 급해도 그 둘레는 언제나 고요하고, 꽃의 떨어짐은 비록 잦지만 마음은 스스로 한가롭네"라는 구절은, 동중정動中靜 정중동靜中動의 경지를 읊고 있다. 바삐 움직이는 속에 고요함이 있고, 마음 또한 한가로우니 그 어디엔들 얽매일 것인가.

이런 마음가짐으로 모든 사물을 대한다면 심신이 절로 자유로워질 것이고, 제아무리 모진 비바람이 불어와도 능히 감내할 수 있을 것이다.

古德이 云하되 '竹影掃階塵不動이요 月輪穿沼水無痕이라' 하고,
고덕 운   죽영소계진부동   월륜천소수무흔

吾儒가 云하되 '水流任急境常靜이요 花落雖頻意自閑이라' 하니,
오유 운   수류임급경상정   화락수빈의자한

人常持此意하여 以應事接物하면 身心이 何等自在리요?
인상지차의   이응사접물   신심 하등자재

· 古德고덕-옛날의 높은 승려. 여기서는 당나라 설봉화상雪峰和尙을 가리킨다. · 月輪월륜-둥근 달. · 穿沼천소-못[池]을 뚫다. · 吾儒오유-우리 유학자. 여기서는 소강절邵康節을 가리킨다. · 應事接物응사접물-사물에 접하다.

|064
자연의 소리가 이 세상 최고의 음악이다

숲 사이 솔바람 소리와 바위 위의 샘물 소리를 고요히 들어보면 천지 자연의 음악임을 알 수 있고, 풀섶 사이의 안개빛과 물에 비친 구름 그림자를 한가로이 바라보면 이 세상 최고의 문장임을 알게 된다.

영국의 시인이자 극작가인 J.드라이든은 말했다. '예술에는 오류가 있을지 모르지만 자연에는 오류가 없다'라고. 자연은 완벽하다는 뜻이리라.

우리는 자연을 화폭에 옮기고 문자로 적어 표현하는가 하면, 오선지에 베껴 자연의 신비하고 오묘함을 나타내기도 한다. 동서고금의 화가나 시인, 작곡가 치고 자연을 소재로 삼지 않은 사람은 아마도 없을 것이다. 그러나 아무리 빼어난 예술가라 해도 자연의 그 풍요로움과 깊이를 다 담아내지는 못했다.

악기로 내는 소리와 음성으로 부르는 노래만이 음악이 아니요, 종이 위에 쓰여진 문장만이 글이라고 생각하면 오산이다. 자연의 음악과 자연의 문장을 보고 듣고 느낄 줄 아는 마음의 눈과 귀를 가져야만 인생의 참멋을 알게 되는 것이다.

林間松韻과 石上泉聲을 靜裡聽來하면 識天地自然鳴佩하고,
임 간 송 운   석 상 천 성   정 리 청 래   식 천 지 자 연 명 패
草際煙光과 水心雲影을 閑中觀去하면 見乾坤最上文章이니라.
초 제 연 광   수 심 운 영   한 중 관 거   견 건 곤 최 상 문 장

·松韻송운-솔바람의 소리. ·靜裡정리-조용한 가운데. ·鳴佩명패-패옥 소리. ·草際초제-풀섶. ·煙光연광-안개의 빛.

|065
골짜기를 메우기는 쉽지만 사람 마음을 채우기는 어렵다

눈으로 서진西晉의 황폐함을 보면서도 오히려 서슬 퍼런 칼날을 뽐내고, 몸은 북망산의 여우와 토끼에게 맡겨질 것이건만 아직도 황금을 아끼는구나. 옛말에 이르기를 '사나운 짐승은 제압하기 쉬워도 사람의 마음은 항복받기 어렵고, 깊은 골짜기는 메우기 쉬워도 사람의 마음은 채우기 어렵다'고 했는데 참말이로다.

남이 실패한 것을 뻔히 보고도 그 전철을 다시 밟는 어리석음은 말할 것도 없거니와, 실은 자기가 저지른 실패까지 되풀이하는 것이 인간이다. '역사는 되풀이된다'고 하지 않던가.

그러기에 찬란했던 옛 도읍지가 황폐해진 꼴을 보면서도 스스로의 권세와 무력을 자랑하고, 조만간 무덤에 묻힐 몸이건만 황금을 애지중지하는 것이다. 이 얼마나 안타까운 일인가.

그 이유는 무엇일까? 바로 한도 끝도 없는 인간의 욕망 때문이다. '깊은 골짜기는 메우기 쉬워도 사람의 마음은 채우기 어렵다'는 옛말이 예사롭지 않다.

眼看西晉之荊榛하되 猶矜白刃하고 身屬北邙之狐兎하되 尙惜黃金이라.
안 간 서진지형진   유 긍 백 인   신 속 북망지호토   상 석 황 금

語에 云하되 '猛獸는 易伏이나 人心은 難降하며,
어 운   맹수   이복   인심   난항

谿壑은 易滿이나 人心은 難滿이라' 하니 信哉로다.
계 학   이만   인심   난만   신 재

·西晉之荊榛서진지형진-서진西晉이 멸망하여 그 도읍터가 가시나무와 잡초에 덮여 폐허화되다. ·北邙북망-낙양洛陽 북쪽에 있는 공동묘지. ·狐兎호토-여우와 토끼. ·谿壑계학-골짜기.

마음에 풍파가 일지 않으면 그곳이 바로 청산녹수다

　마음에 풍파가 없으면 가는 곳 모두가 청산녹수靑山綠水요, 천성 속에 화육化育의 기운이 있으면 이르는 곳마다 어약연비魚躍鳶飛를 볼 수 있으리라.

　우리나라를 포함한 동아시아의 습윤한 풍토는 초목이 무성하게 자라나는 환경으로서 그 속에서 사람들은 자연과의 일체감을 길러왔었다. '초목국토일체성불草木國土一體成佛'이란 말 그대로, 만물에 영靈이 있다고 보는 애니미즘 종교관인데 우리에게도 친근감을 준다.

　근대 합리주의의 모순矛盾 속에서 태어난 생태학, 즉 인간을 자연의 생태계 중 일부로 보는 자연학적 발상은 예로부터 우리네 심정과 통하는 바가 있다고 하겠다.

　마음의 본바탕이 고요하고 그 본성이 착하면 언제 어디서나 속진俗塵에 물들지 않고 굳은 기풍을 키워나갈 수 있다. 그것은 우주 자연의 만물과 자기 자신을 일체화시키는 과정 속에서 생겨나는 것이며, 그렇게 함으로써 비로소 어약연비魚躍鳶飛의 기상을 얻을 수 있는 것이다.

心地上에 無風濤면 隨在에 皆靑山綠水요,
심지상　　 무풍도　　 수재　　 개청산록수

性天中에 有化育이면 觸處에 見魚躍鳶飛라.
성천중　　 유화육　　 촉처　　 견어약연비

·隨在수재-가는 곳마다. ·性天성천-본성. 천성. ·化育화육-만물을 화化하여 자라게 하다. ·觸處촉처-닿는 곳마다. 사물에 접할 때마다. ·魚躍鳶飛어약연비-물고기 뛰놀고 솔개가 난다. 자유자재하다는 뜻으로 『시경詩經』에서 인용한 것임.

067

높은 벼슬아치도 서민이 한가롭게 지내는 것을 보면 부러워한다

높은 관에 넓은 띠를 두른 벼슬아치도 가벼운 도롱이에 작은 삿갓 쓰고 표연히 안일하게 지내는 이를 한번 보면, 탄식을 하지 않을 수 없으리라. 긴 자리 넓은 방석에 앉은 부호도 성긴 발 앞의 깨끗한 책상 앞에서 유유히 고요하게 지내는 사람을 한번 만나면, 그리워하는 마음이 더해지지 않을 수 없으리라. 사람들은 어찌하여 화우火牛로써 쫓고 풍마風馬로써 꾀어낼 줄만 알지, 그 천성에 자적自適할 것은 왜 생각지 않는가.

권세욕과 물욕, 명예욕에 사로잡혀 동분서주한 끝에 고관대작이나 억만 부호가 되었다고 치자. 이들이 어쩌다가 농어촌에서 한가롭게 농사짓고 고기 잡는 촌부들을 보거나, 책상 앞에 앉은 선비를 만난다면 문득 부러운 마음이 생길 것이다.

왜일까? 그것이 바로 인간 본연의 자성自性이기 때문이다.

그런데도 사람들은 쇠꼬리에 불을 붙여 적군을 쫓거나 바람난 암말이 멀리서 꾀어내듯이 그저 분주하기만 할 뿐, 스스로의 천성으로 돌아가 유유자적할 생각을 하지 않는다. 이것은 욕망의 현주소가 아니겠는가.

제어하기 힘든 욕망이 화우火牛나 풍마風馬처럼 날뛸 때, 한번쯤은 표연한 안일함과 유유한 고요함을 되새겨 볼 일이다.

峨冠大帶之士도 一旦睹輕簑小笠으로 飄飄然逸也하면 未必不動其咨嗟하고,
아 관 대 대 지 사   일 단 도 경 사 소 립   표 표 연 일 야   미 필 부 동 기 자 차

長筵廣席之豪도 一旦遇疎簾淨几로 悠悠焉靜也하면 未必不增其綣戀하리니,
장 연 광 석 지 호   일 단 우 소 렴 정 궤   유 유 언 정 야   미 필 부 증 기 권 련

人 奚何驅以火牛하고 誘以風馬하되 而不思自適其性哉아?
인 내 하 구 이 화 우   유 이 풍 마   이 불 사 자 적 기 성 재

· 峨冠大帶아관대대-높은 관과 큰 띠. 고위고관高位高官. · 輕簑小笠경사소립-가벼운 도롱이와 작은 삿갓. · 咨嗟자차-탄식함. · 長筵廣席장연광석-길고 넓은 자리. 즉 호화로운 자리. · 疎簾소렴-성기게 엮은 발. · 淨几정궤-깨끗한 책상. · 綣戀권련-그리워하다. · 火牛화우-쇠꼬리에 불을 붙이다. 전국시대 때 제齊나라 장군 전단田單이 화우지계火牛之計로 승전한 일이 있다. 바쁘게 돌아다닌다는 뜻으로 쓰였다. · 風馬풍마-교미를 하려는 말[馬]. 흥분하여 바쁘게 돌아다닌다는 뜻임.

|068
물고기는 물속을 헤엄치면서도 물을 잊고 산다

물고기는 물을 얻어 헤엄치되 물속에 있음을 잊고, 새는 바람을 타고 날되 바람이 있음을 알지 못한다. 이를 알면 가히 외물의 속박에서 벗어나 하늘의 오묘한 작용을 즐길 수 있으리라.

인간은 공기를 호흡하지 않고는 단 몇 분도 살아갈 수 없건만, 그 공기의 고마움을 깨닫지 못하고 다른 외물에만 얽매인 채 살아가고 있다.

본문 중에 나오는 '상망호수相忘乎水'는 『장자莊子』에 나오는 구절이다. 즉 '샘물이 말라, 물고기가 땅 위에 모여 있으면서 서로 물기를 끼얹고 물거품을 내어 적셔 주는 것은 드넓은 강이나 호수에서 서로를 잊고 있는 것만 같지 못하다[泉涸 魚相與處於陸 相呴以濕相濡以沫 不如相忘於江湖]'라고 했다. 여기서 『장자』는 인위적인 도덕이라든가 의리에 얽매임으로써 하는 수 없이 돕고 도움을 받는 위선적인 생활을 멀리하고 천지의 진정한 도道, 그대로 자유롭게 살아가기를 주장했던 것이다.

그런데 저자 홍자성의 말에도 인위를 떠난 자연의 향취에 대한 선망이 깃들여 있다. 인간 생활에 있어 무엇보다도 중요한 것은 외적外的인 것이 아니라 내적內的인 것, 다시 말해서 인격·인품임을 강조했던 것이다.

魚得水逝로되 而相忘乎水하고 鳥乘風飛로되 而不知有風하니,
어 득 수 서　　 이 상 망 호 수　　　 조 승 풍 비　　　 이 부 지 유 풍

識此면 可以超物累하고 可以樂天機라.
식 차　　 가 이 초 물 루　　　 가 이 락 천 기

·逝서-가다. 여기서는 헤엄치다란 뜻이다. ·物累물루-외물에 의해 속박당함. ·天機천기-하늘의 오묘한 작용.

069

영고성쇠榮枯盛衰, 강강과 약弱에서 초탈하라

여우는 무너진 섬돌에서 잠들고 토끼는 황폐한 누대樓臺에서 달리나니, 이는 모두 지난날 노래하고 춤추던 곳이라. 이슬은 국화에 싸늘히 맺히고 안개는 마른 풀에 어지러이 감도나니, 이 모두 그 옛날의 전쟁터여라. 영고성쇠榮枯成衰가 어찌 늘 같을 것이며, 강함과 약함이 또 어디에 있으랴. 이를 생각하면 사람의 마음이 싸늘한 재처럼 식으리로다.

번영하는 것도 멸망하는 것도 모두가 찰나刹那의 일일 뿐이다. 시간이 흐르면 모두 흔적조차 없어진다.

어느 쪽이 강하고 어느 쪽이 약한지 비교해 보았자 그것이 무슨 의미를 갖는단 말인가? 덧없는 세상에서 싸워 이겼다고 으스댈 일은 또 무엇인가. 이기고 지는 것이 만고에 계속되는가?

이런 생각을 해보면 부귀영화와 공명을 구하고자 불타던 마음이 식은 재처럼 싸늘해져서 현재의 아귀다툼에 초탈해진다.

狐眠敗砌하고 兎走荒臺하니 盡是當年歌舞之地요,
호 면 패 체   토 주 황 대   진 시 당 년 가 무 지 지

露冷黃花하고 煙迷衰草하니 悉屬舊時爭戰之場이라.
노 랭 황 화   연 미 쇠 초   실 속 구 시 쟁 전 지 장

盛衰何常이며 强弱安在리요? 念此면 令人心灰로다.
성 쇠 하 상   강 약 안 재   염 차   영 인 심 회

·敗砌패체-무너진 섬돌. ·荒臺황대-황폐된 누대樓臺. ·黃花황화-국화의 다른 이름. ·衰草쇠초-마른 풀. ·爭戰之場쟁전지장-전쟁을 했던 곳. ·安안-어찌

070
이 세상에 부나비와 올빼미가 아닌 자가 드물구나

영욕榮辱에 놀라지 아니하니 뜰 앞에 꽃 피고 지는 것을 한가롭게 바라볼 수 있고, 가고 머무는 것에 뜻이 없으니 하늘 밖에 구름 모이고 흩어지는 것을 무심히 볼 수 있구나. 하늘 맑고 달 밝은데 어느 하늘인들 날아오르지 못할까마는 부나비는 홀로 밤 촛불에 몸을 던지고, 맑은 샘 푸른 풀에 무엇인들 먹지 못할까마는 올빼미는 굳이 썩은 쥐를 즐겨 먹는구나. 슬프도다! 세상에 부나비와 올빼미 아닌 사람이 그 몇이나 되겠는가.

현대는 분명 경쟁의 시대이다. 조직 속에서 살아남기 위해 선의의 경쟁을 하는 것은 바람직하지만, 때로는 경쟁자를 중상 모략하여 그 발목을 잡아 끌어내린다. 그러고는 더 높은 자리에 오르려고 안간힘을 쓰기도 한다.

높은 자리가 좋기는 하겠으나 높은 자리 위에는 또 높은 자리가 있고, 그 다음에는 더 높은 자리가 있고…… 이렇게 한도 끝도 없는 그 벼슬자리 때문에 욕辱이 온다. 서민이 비애를 느끼며 산다고는 하나, 서민은 더 내려갈 자리가 없으니 즐겁지 않은가.

달 밝은 창공을 날지 않고 하필이면 촛불에 날아들어 타 죽고 마는 나방과, 그 많고 많은 먹을 것을 제쳐두고 썩은 쥐만을 골라 먹는 올빼미가 있다. 아아! 세상 사람들 중에 이 나방과 올빼미 같지 않은 자가 그 몇이나 되겠는가.

寵辱에 不驚하니 閒看庭前花開花落하고 去留에 無意하니 漫隨天外雲卷雲舒라.
총욕   불경   한 간 정 전 화 개 화 락   거 류   무 의   만 수 천 외 운 권 운 서

晴空朗月에 何天不可翶翔이리요만 而飛蛾獨投夜燭하고 淸泉綠卉에 何物不可
청 공 랑 월   하 천 불 가 고 상   이 비 아 독 투 야 촉   청 천 록 훼   하 물 불 가

飮啄이리요만 而鴟鴞偏嗜腐鼠로다. 噫라, 世之不爲飛蛾鴟鴞者가 幾何人哉리요?
음 탁   이 치 효 편 기 부 서   희   세 지 불 위 비 아 치 효 자   기 하 인 재

·寵辱총욕-총애를 받는 것과 욕을 당하는 것. 명예와 치욕. ·去留거류-떠나는 것과 머무르는 것. ·漫만-무심히. 한가롭게. ·雲卷雲舒운권운서-구름이 모였다가 흩어지다. ·翶翔고상-자유롭게 날아다니다. ·蛾아-나방. ·綠卉훼-푸른 풀. ·飮啄음탁-마시고 먹다. ·鴟鴞치효-올빼미.

|071

제 마음 밖에서 부처를 찾으려 한다면 영원히 깨닫지 못하리라

겨우 뗏목에 오르자 곧 뗏목 버릴 것을 생각하면 이는 바야흐로 일 없는 도인일지나, 만약 나귀를 타고 또 다시 나귀를 찾는다면 끝내 깨 닫지 못한 선사禪師가 될 것이다.

불교의 깊은 가르침을 간단한 비유로 요약한 구절이다.

부처의 교리를 산더미 같은 문자로 써놓은 불경은, 비유하자면 번뇌의 강을 건너기 위한 뗏목이다. 이것은 어디까지나 깨달음을 얻기 위한 방 편이니, 강을 건넌 후에는 아낌없이 버려야 하는 것이다.

반면에 불경의 문자 해석이나 뜻풀이에만 집착하면 일생을 바쳐도 깨 닫지 못할 것이다. 이는 비유하자면, 강을 건넌 후에도 뗏목을 지고 가려 는 우매함이리라. 다른 비유를 들자면, 지혜의 달을 가리키는 손가락만 쳐다보다가 정작 달 자체는 못 보는 것과 같다.

또 자신의 마음 밖에서 부처를 찾고 진리를 구한다면, 이는 나귀를 타고 있으면서도 나귀를 다시 찾는 것과 같다. 그런 사람은 한평생을 수련해 봐야 결코 깨닫지 못하리라. 요컨대 불성佛性이란 제 마음속에 깃들여 있는 것이다.

纔就筏하여 便思舍筏하면 方是無事道人이나,
재 취 벌   변 사 사 벌   방 시 무 사 도 인

若騎驢하여 又復覓驢하면 終爲不了禪師니라.
약 기 려   우 부 멱 려   종 위 불 료 선 사

· 就筏취벌-뗏목에 오르다. 여기서 뗏목은 깨달음을 얻기 위한 방편의 뜻임. · 舍筏사벌-뗏목을 버리다. · 舍-버릴 사捨. · 無事道人무사도인-진리를 깨달아 번뇌에서 벗어난 도인. · 騎驢 又復覓驢기려 우부멱려-나귀에 타고도 또 나귀를 찾다. 『경덕전등록景德傳燈錄』권28 참조 · 不了禪師불료선사-진리를 깨닫지 못한 사이비 스님.

|072
냉철한 눈과 냉정한 마음으로 사물을 대하라

　권세 있고 부귀한 사람들은 용처럼 겨루고, 영웅과 호걸들은 호랑이처럼 싸우나, 이를 냉정한 눈으로 살펴보면 마치 개미떼가 비린내 나는 것에 꼬이고, 파리떼가 서로 먼저 피를 빨려고 다투는 것과 같으리라. 시비의 다툼이 벌떼 일듯 일어나고 이해득실의 싸움이 고슴도치의 바늘처럼 일어서듯 하는 것도 냉정한 마음으로 이를 대하면 마치 도가니 속에서 쇠를 녹이고 뜨거운 물이 눈을 녹이는 것과 같으리라.

　권세 있는 사람들과 영웅호걸들은 용이 위세 떨치며 하늘을 오르듯, 또한 호랑이가 포효하며 싸우듯 기세등등하게들 싸운다. 그렇게 권력 다툼과 명리 추구를 위하여 용쟁호투를 벌이지만, 이를 냉철한 눈으로 보게 되면 마치 비린내 나는 먹이에 꼬여 서로들 밀치며 핥아대는 개미떼나 쇠파리떼와 다름없음을 볼 수 있다.

　따라서 시비 다툼이 주위에서 벌떼처럼 일어나고 혹 이해득실에 휘말려 혼란과 고통에 빠지게 되더라도 당황하거나 과격해지지 말고 냉정한 마음으로 그것들을 대하면 마치 용광로 속에서 쇠가 녹듯, 끓는 물에 눈이 녹듯 쉽사리 해결할 수 있을 것이다.

權貴龍驤하고　英雄虎戰하니　以冷眼視之하면　如蟻聚羶하고　如蠅競血이라.
권귀룡양　　　영웅호전　　　이랭안시지　　　여의취전　　　여승경혈

是非蜂起하고　得失蝟興하니　以冷情當之하면　如冶化金하고　如湯消雪이라.
시비봉기　　　득실위흥　　　이랭정당지　　　여야화금　　　여탕소설

·權貴권귀-권세와 부귀. ·龍驤용양-용처럼 일어나서 다투다. ·蟻聚羶의취전-개미가 비린내 나는 곳에 모여들다. ·蠅競血승경혈-파리떼가 피 있는 곳에 다투어 모여들다. ·蝟興위흥-고슴도치의 바늘이 일어서다. ·冶化金야화금-도가니로 쇠붙이를 녹이다. ·湯消雪탕소설-끓는 물에 눈이 녹다.

|073
물욕에 속박당하면 인생이 한없이 슬퍼진다

물욕에 얽매이면 우리의 삶이 애달픔을 깨달을 것이요, 본성에 따라 자적自適하면 우리의 삶이 즐거움을 깨달으리니, 그 애달픔을 알면 곧 속정俗情이 사라지고 그 즐거움을 알면 곧 성인聖人의 경지에 절로 이르리라.

권세와 명예와 물질은 나누면 감소되지만, 나누어줄수록 배가倍加되는 것이 있다. 그것은 기쁨과 즐거움이요, 화평과 사랑이다. 따라서 기쁨과 즐거움, 화평 등은 혼자 누릴 것이 아니라 남에게 나누어줌으로써 함께 누리는 것이 좋다.

저자 홍자성은 이 구절에서 물욕과 천성을 대비시켜 슬픔과 즐거움으로 결론짓고 있는데, 이것으로 볼 때 저자는 인간의 본성은 결코 욕심에 있는 것이 아니라 나눔에 있다고 파악한 것이리라. 나눔의 사랑, 나눔의 참 즐거움을 아는 사람이야말로 보람 있는 인생을 사는 것이리라.

羈鎖於物欲하면 覺吾生之可哀하고 夷猶於性眞하면 覺吾生之可樂하니,
기 쇄 어 물 욕   각 오 생 지 가 애   이 유 어 성 진   각 오 생 지 가 락

知其可哀하면 則塵情立破하고 知其可樂하면 則聖境自臻이라.
지 기 가 애   즉 진 정 립 파   지 기 가 락   즉 성 경 자 진

·羈鎖기쇄-얽매이다. ·夷猶이유-유유자적하다. ·塵情진정-속세의 욕심. ·立破입파-그 자리에서 깨지다. ·臻진-지至와 마찬가지. 이르다.

|074
가슴속에 한 점의 물욕도 없다면 만사형통한다

가슴속에 약간의 물욕도 없다면 눈이 화롯불에 녹고 얼음이 햇볕에 녹음과 같을 것이요, 눈앞에 한 줄기 밝은 빛이 있으면 때때로 달이 청천青天에 걸려 있고 그림자는 물결 위에 있음을 볼 수 있으리라.

인생의 비극은 물욕에서 시작된다고 해도 과언이 아니다. 『플루타르크 영웅전』에 이런 말이 있다.

'진정한 의미에서 부자가 되고자 하면 가진 것이 많기를 힘쓸 것이 아니라, 욕심을 줄이기에 힘쓰라. 사람이란 욕심을 억제하지 않으면 언제까지라도 부족과 불만을 면할 수가 없다.'

이것은 『노자老子』의 '지족지계知足之戒'와도 맥을 같이하는 구절이다.

물욕의 속성은 한이 없는 것이어서 물욕을 버리지 못하는 한, 그 사람은 물질의 노예가 되어 언제나 불만과 초조 속에서 불행한 생활을 하게 된다. 그 물욕을 떨쳐버릴 때 비로소 숱한 걱정과 시름이 화롯불에 눈 녹듯 하고 햇살에 얼음 녹듯 하여, 어디서 무슨 일을 하든 그 눈 녹는 것처럼 일이 잘 풀려나가게 될 것이다.

胸中에 旣無半點物欲이면 已如雪消爐焰氷消日하고,
흉 중   기 무 반 점 물 욕   이 여 설 소 로 염 빙 소 일
眼前에 自有一段空明이면 時見月在靑天影在波니라.
안 전   자 유 일 단 공 명   시 견 월 재 청 천 영 재 파

·半點반점-약간의. ·爐焰노염-화롯불. ·一段일단-한 조각, 한 줄기. ·空明공명-달이 물 속에 비친 모양. 여기서는 마음이 밝고 빛난다는 의미이다.

|075
쓸쓸한 시골길이라도 아름다운 길이면 시상詩想이 절로 인다

시상詩想은 패릉교灞陵橋 위에 있으니 나직이 읊조리자 숲과 골짜기가 문득 호연浩然해지고, 맑은 흥취는 경호鏡湖 호숫가에 있으니 홀로 거닐면 산과 시내가 절로 서로를 비춘다.

시상詩想은 아름답고 화려한 곳에서 얻어지는 것이 아니라, 지극히 평범한 곳에서 감동했을 때 자연스럽게 떠오르는 법이다. 순수하고 맑은 흥취도 억지로 돋우어서 일어나는 것이 아니라, 마음을 비우고 조용히 자연을 접할 때 비로소 절로 이는 것이다.

호화로움과 사치는 인위적으로 미화시킨 허상虛像에 지나지 않으므로 그 아름다움은 생명력이 없으나, 참된 예술과 창작은 그런 허상을 배제한 실상實像이기에 생명력이 약동하는 법이다.

詩思는 在灞陵橋上이니 微吟就에 林岫가 便已浩然하고,
시사   재 패 릉 교 상   미 음 취 임 수   변 이 호 연

野興은 在鏡湖曲邊이니 獨往時에 山川이 自相映發이라.
야 흥   재 경 호 곡 변   독 왕 시   산 천   자 상 영 발

·詩思시사-시상詩想. ·灞陵橋패릉교-장안長安 동쪽에 있는 다리. 재상이었던 정계鄭綮가 시를 잘 지었는데 어떤 사람이 찾아와 '최근에 지은 시가 있습니까?'라고 묻자, '시사詩思는 패릉교 풍설風雪 속의 나귀 등에 있거늘 그것을 어찌 얻을 수 있겠소?'하고 답했다는 내용이 『전당시화全唐詩話』에 있다. 시사는 패릉교가 있는 산천풍설에서나 떠오르지 궁궐에서는 떠오르지 않는다는 뜻. ·微吟就미음취-나직하게 읊조리다. ·林岫임수-숲과 골짜기. ·野興야흥-속세를 떠난 맑은 흥취. ·鏡湖경호-절강성浙江省에 있는 호수. ·獨往독왕-홀로 산책하다. ·映發영발-눈이 부시도록 빛나다.

|076
오랫동안 엎드려 있던 새는 반드시 높이 난다

오랫동안 엎드린 새는 반드시 높이 날고, 먼저 핀 꽃은 홀로 일찍 진다. 이를 알면 발을 헛디딜 근심을 면할 수 있고, 초조한 생각을 없앨 수 있으리라.

사람의 일은 내면內面의 충실도에 의해 그 결과가 나타난다.

그럼 내면의 충실을 다지기 위해서는 어떤 방법이 좋을까? 그 하나의 방편으로는 고전을 탐독하고 이해하려고 애쓰며, 스스로 깊이 명상해 보면서 옛 성현들과 대화해 보는 것이다. 그렇게 자신의 인격을 오랫동안 도야해 나가는 한편 현실과 조화시켜 나가는 노력이야말로 내면을 충실케 하는 첩경이다.

오랫동안 엎드려 있던 독수리나 솔개는 충분히 힘을 축적했기 때문에 한번 날기 시작하면 반드시 높이 난다. 또한 일찍 핀 꽃이 일찍 지는 것은 당연하다. 이러한 이치를 깨달으면 인생 행로에 있어서 조급해하다가 일을 망치는 큰 실수는 면할 수 있을 것이다.

伏久者는 飛必高하고 開先者는 謝獨早하니,
복 구 자   비 필 고   개 선 자   사 독 조
知此면 可以免蹭蹬之憂하고 可以消躁急之念이라.
지 차   가 이 면 충 등 지 우   가 이 소 조 급 지 념

·謝사─떨어지다. 여기서는 꽃이 떨어진다는 뜻이다. ·蹭蹬충등─발을 헛디디다. 실패하다.

|077
관棺 뚜껑을 덮을 때라야 재물이 소용없음을 알게 된다

나무는 뿌리만 남은 뒤라야 꽃과 가지와 잎이 헛된 영화임을 알게 되고, 사람은 관 뚜껑을 덮을 때라야 자손과 재물이 쓸데없는 것임을 알게 된다.

자연의 삶과 죽음은 아무런 장애 없이 담담하게 이루어지는 데 비해 우리 인간들은 그 삶과 죽음의 길에 어찌하여 그토록 장애가 많고 괴로움도 많은 것일까. 도저히 저 세상까지 가지고 갈 수 없는 것이 재산이요, 이미 내 품안을 떠난 자손이건만 그것을 붙잡고 놓지 않으려 안타까워하고 온갖 근심 걱정을 한다.

어차피 훌훌 털고 빈손으로 가는 것이 인생길인데, 그처럼 악착같이 발버둥치며 살아야 할 이유가 도대체 무엇이란 말인가? 살아 있는 동안에는 인간으로서의 책무를 다하고, 떠날 때는 홀가분하게 떠나는 것이 도리에 순응하는 것이 아니겠는가.

樹木은 至歸根而後에 知華萼枝葉之徒榮하고,
수목   지귀근이후   지화악지엽지도영
人事는 至蓋棺而後에 知子女玉帛之無益이라.
인사   지개관이후   지자녀옥백지무익

·歸根귀근-뿌리로 돌아가다. 여기서는 잎이 다 떨어져 줄기만 앙상하다는 뜻이다. ·華萼화악-꽃과 꽃받침. 곧 꽃. ·徒榮도영-헛된 영화. ·玉帛옥백-주옥과 비단. 여기서는 재물이란 뜻이다.

|078
욕망을 따르는 것도 고통이요 욕망을 끊는 것도 고통이다

참다운 공空은 공이 아니요, 형상에 집착하는 것도 참이 아니며, 형상을 깨뜨리는 것도 참이 아니다. 묻나니 세존世尊은 뭐라고 말씀하셨던가? '속세에 있거나 속세를 벗어났거나 욕망을 따르는 것도 고통이요, 욕망을 끊는 것도 고통이다'라고 하였으니, 우리 스스로가 얼마나 수양을 잘하느냐에 달린 것이다.

『반야심경般若心經』에는 '색즉시공色卽是空 공즉시색空卽是色'이라는 유명한 구절이 있다.

우리가 오관五官, 즉 감각기관에 의해 느끼는 현상이 '색色'이다. 이 '색'의 세계 안에서 형상[相]을 지닌 채 나타나는 모든 것은 그저 인연으로 어울려 잠시 뭉쳐 있을 뿐, 참다운 실체가 없는 것이다. 그러므로 '색즉시공色卽是空'이다.

그럼 '공空'은 그저 아무것도 없는, 한낱 무無일 따름인가? 아니다. 그것은 인연으로 뭉쳐서 곧 '색'으로 나타나니, 곧 '공즉시색空卽是色'이다.

'색즉시공 공즉시색', 곧 현상계와 본체가 동전의 양면처럼 일체一體를 이루니, 형상에 집착하는 것이나 형상을 부정하는 것이나 모두 참된 태도가 아니다. 마찬가지로 속세에 있으면서 욕망을 따르는 것도, 속세를 벗어나 욕망을 끊는 것도 모두 고통이니, 어디까지나 자기 마음을 잘 수양하는 것이 중요한 일이리라.

眞空은 不空이요 執相도 非眞이고 破相도 亦非眞이니,
진공 불공 집상 비진 파상 역비진
問하노니 世尊이 如何發付오?
문 세존 여하발부
'在世出世에 徇欲은 是苦요 絶欲도 亦是苦라' 하니 聽吾儕善自修持라.
재세출세 순욕 시고 절욕 역시고 청오제선자수지

·眞空진공-불교 용어로서 만물의 실체란 뜻이다. ·執相집상-현상에 집착하다. ·破相파상-현상을 허무한 것으로 보다. ·世尊세존-석존釋尊. 석가. ·發付발부-의견을 발표하다. ·徇순-따르다. ·吾儕오제-우리들. ·修持수지-심신의 수양.

079
열사烈士가 명예를 좋아함은 탐욕스런 사람이 이익을 좋음과 다를 바 없다

열사烈士는 천승千乘도 사양하고 탐욕스런 사람은 한 푼도 다투니, 그 인품은 하늘과 땅 차이로되 명예를 좋아함은 이익을 좋음과 다를 바가 없다. 천자天子는 나라를 다스리고 거지는 끼니를 구걸하니, 그 신분은 하늘과 땅 차이로되 애타는 생각은 초조한 소리와 무엇이 다르랴.

병거兵車 천승千乘, 곧 제후의 지위조차 사양하는 열사烈士 역시 그 속마음에는 명예를 탐하는 욕심이 작용하고 있다는 것이다. 그러니 인품 면에서는 탐욕스러운 사람하고는 하늘과 땅 차이가 나지만 욕심을 부리는 면에서는 서로 다를 바가 없다는 논리이다. 다시 말하면 제아무리 순수한 사명감에 불타는 행위라 하더라도, 자기만족을 목표로 하는 집착의 표현에 불과하다는 것이리라.

이런 극단론이 나오게 된 이면에는 겉으로 고원한 이상을 내세우면서도 마음속으로는 현시욕을 숨기고 있는 인간들을 향한 통렬한 비판이 숨어 있다 하겠다.

烈士는 讓千乘하고 貪夫는 爭一文하니 人品은 星淵也나 而好名은 不殊好利요,
열사   양천승   탐부   쟁일문   인품   성연야   이호명   불수호리

天子는 營家國하고 乞人은 號饔飧하니 位分은 霄壤也나 而焦思는 何異焦聲이리요?
천자   영가국   걸인   호옹손   위분   소양야   이초사   하이초성

·烈士-열사-명예를 존중하고 절의를 지키는 사람. ·千乘-천승-병거兵車 1천 대. 즉 제후의 지위를 말함. ·星淵-성연-별과 못[池] 사이. 천지 차이. ·不殊-불수-다를 바가 없다. ·饔飧-옹손-아침밥과 저녁밥. ·位分-위분-지위와 신분. ·霄壤-소양-하늘과 땅의 차이.

|080
세태의 변화에 흔들리지 말라

세상 맛을 속속들이 알고 나면 손바닥 뒤집듯 비가 되었다 구름이 되었다 쉬이 변하는 세태에 다 맡길 뿐 눈뜨고 보는 것조차 귀찮아지고, 세상 인정을 다 알고 나면 소라고 부르거나 말이라 부르거나 부르는 대로 맡겨두고 그저 머리만 끄덕일 것이다.

본문 중 '복우번운覆雨飜雲'은 당唐나라 때의 시인 두보杜甫의 「빈교행貧交行」의 '손을 뒤집으면 구름이 되고 손을 엎으면 비가 된다[飜手作雲覆手雨]. 이처럼 어지럽고 경박한 인심은 얼마든지 있는 것이니[紛紛輕薄何須數]……'에서 따온 것이다.

또 '호우환마呼牛喚馬'는 『장자莊子』「천도편天道篇」의 '나를 소라고 불렀다면 소라 생각했을 것이고, 나를 말이라고 불렀다면 말이라 여겼을 것이오[呼我牛也 而謂之牛 呼我馬也 而謂之馬]'에서 따온 것이다.

세상 맛을 속속들이 알고 나면 뻔한 세태라 거들떠보지도 않게 되고, 세상 인정을 세세하게 알게 되면 자기를 비방하든 칭찬하든 상관하지 않게 된다는 뜻이다. 즉 너무 쉽게 변하는 인정과 세태에 흔들리지 말고, 자기 주관을 갖고 묵묵히 세상을 살라는 교훈이다.

飽諳世味하면 一任覆雨飜雲하여 總慵開眼하고,
포 암 세 미   일 임 복 우 번 운   총 용 개 안

會盡人情하면 隨敎呼牛喚馬하여 只是點頭라.
회 진 인 정   수 교 호 우 환 마   지 시 점 두

·飽諳포암-속속들이 모두 알다. ·世味세미-세상살이의 단맛과 쓴맛. ·覆雨飜雲복우번운-손바닥을 엎어 비를 만들고, 뒤집어서 구름을 만들다. 여기서는 세상 인정이 조변석개朝變夕改함을 비유한 것이다. ·呼牛喚馬호우환마-여기서는 남들이 소라고 하든 말이라고 하든 상관치 않는다는 뜻으로 썼다. ·會盡회진-다 깨달아 알게 되다. ·點頭점두-머리를 끄덕이다. 시인하다.

|081
현재의 인연에 따라 일을 처리하다 보면 무념無念의 경지에 들 수 있다

요즘 사람들은 오로지 무념無念을 구하지만 결국은 얻지 못한다. 다만 이전의 생각을 마음에 두지 말고, 앞으로 있을 생각을 맞아들이지 말며, 그저 현재의 인연에 따라 일을 처리해 나가다 보면 자연히 차츰 무념의 경지로 들어가리라.

무념무상無念無想의 경지, 즉 마음을 완전히 비우는 상태는 명상에 의해 도달할 수 있다. 그러나 명상을 하면서도 그 경지에 이르지 못하는 원인은, 스스로 무념무상의 상태에 이르려고 애쓰는 것이 오히려 무념무상에 들어가는 것을 방해하기 때문이다. 더군다나 과거의 기억과 미래의 불안이 뇌리에 항상 떠돌고 있고 그것이 불안감으로 작용하기 때문에, 무념무상의 상태에 이르기란 보통 어려운 것이 아니다.

오직 한 가지 비결이 있다면 현재만을 중시하고 과거와 미래의 생각은 모두 떨쳐버리는 것이다. 그리고 현재의 인연에 따라 차근차근 일을 처리하다 보면 차츰 무념무상의 경지에도 도달할 수 있을 것이다.

今人은 專求無念이나 而終不可無니,
금인 전구무념   이종불가무
只是前念不滯하고 後念不迎하며 但將現在的隨緣하여 打發得去하면
지시전념불체   후념불영   단장현재적수연   타발득거
自然漸漸入無니라
자연점점입무

·無念무념-생각이 없는 상태. ·不滯불체-머물러 있게 하지 않다. ·隨緣수연-인연에 따르다. 외계外界의 사물에 따르다. ·打發타발-처리하다.

082
사물은 자연 그대로의 것이라야 참맛이 있다

뜻에 우연히 맞아들어야 문득 아름다운 경지가 이루어지고, 사물은 자연 그대로의 것이라야 비로소 참맛을 볼 수 있다. 만약 조금이라도 인위적인 손질을 가하게 되면 그 맛이 문득 줄어든다. 백낙천이 말하기를 '마음은 일이 없을 때 유유자적하고, 바람은 절로 불어올 때 맑다'라고 했으니, 멋있도다 그 말이여!

자연 그대로인 것과 인위적으로 모방한 것은 비슷한 듯하면서도 실은 하늘과 땅만큼의 차이가 있다. 자연의 오묘함은 완벽하지만 인간이 만들어 낸 것은 아무리 정교하다 하더라도 자연을 모방한 것일 뿐, 진정한 참맛이 있을 수 없다.

삼복三伏 더위에 답답한 방에서 선풍기나 에어컨 바람으로 더위를 식히기보다는 정자나무 그늘에 밀짚 방석을 깔고 누워, 절로 불어오는 산들바람에 몸을 맡겨보라. 과연 어느 쪽에 참맛이 있겠는가.

意所偶會면 便成佳境하고 物出天然이면 纔見眞機하니,
의소우회 변성가경 물출천연 재견진기

若加一分調停布置하면 趣味便減矣라.
약가일분조정포치 취미변감의

白氏云하되 '意隨無事適이요 風逐自然淸이라' 하니 有味哉라 其言之也여!
백씨운 의수무사적 풍축자연청 유미재 기언지야

·偶會우회-우연히 자기 뜻에 맞다. ·眞機진기-참다운 묘미. ·調停조정-고치다. ·布置포치-위치를 정하다. ·白氏백씨-당唐나라의 시인 백낙천. 이름은 거이居易이다. ·適적-한가하다. 유유자적하다.

|083
본성이 맑으면 아무리 가난해도 심신이 편안하다

본성이 맑으면 굶주림과 목마름을 겨우 면할 정도의 형편이라도 심신을
건강하게 할 수 있지만, 마음이 물욕에 빠져 혼미해지면 비록 선禪을 논하
고 계송偈頌을 풀이할지라도 이는 모두 정신을 희롱하는 헛수고일 뿐이다.

본성이 맑고 깨끗하면 안빈낙도安貧樂道할 수 있지만, 마음이 물욕에
빠져 흐리고 어지러우면 성현의 말씀을 달달 외우고 좌선을 한다 해도
스스로 정신을 희롱하는 것일 뿐, 얻는 바도 없고 또 번뇌를 벗어나지도
못한다. 다시 말해서 마음이 맑고 깨끗해야만 고해苦海와 같은 현실 속에
서 참 평안을 얻을 수 있다는 말이다.

性天澄徹하면 卽饑喰渴飮이라도 無非康濟身心이요,
성 천 징 철   즉 기 식 갈 음   무 비 강 제 신 심
心地沈迷하면 縱談禪演偈라도 總是播弄精魂이라.
심 지 침 미   종 담 선 연 게   총 시 파 롱 정 혼

·性天성천-천성. 본성. ·澄徹징철-맑게 개어 조금도 흐리지 않다. ·饑喰渴飮기식갈음-배고프면 밥을 먹고,
목마르면 물을 마시다. 여기서는 겨우 기갈을 면하는 생활이란 뜻이다. ·康濟강제-편안하게 지내다. ·沈迷침미-
물욕에 사로잡히어 미혹되다. ·縱종-비록. ·談禪담선-선禪에 대해 말하다. ·演偈연게-계송偈頌을 풀다. ·精魂
정혼-정신과 영혼.

084
잡념을 잊으면 거문고나 피리 소리를 듣지 않더라도 절로 즐거워진다

사람의 마음에는 하나의 참된 경지가 있어 거문고나 피리 소리를 듣지 아니해도 절로 편안하고 즐거워지며, 향 사르고 차茶 달이지 않아도 절로 맑고 향기로워지나니, 모름지기 생각을 깨끗이 하고 보고 듣는 것에 얽매이지 말며 온갖 잡념과 육체의 존재조차 잊어야 비로소 그 속에서 노닐 수 있으리라.

사람의 마음속에는 참된 깨달음의 경지가 있기에, 외부 사물의 힘을 빌리지 않더라도 스스로 즐거워지고 맑아질 수 있는 것이다. 다만 사람들이 그것을 깨닫지 못하는 것은, 생각이 어지럽고 보고 듣는 것에 얽매여 온갖 집착에 사로잡히기 때문이다.

그러므로 물욕에 대한 잡념을 없애고 명리에 얽힌 집착을 떨쳐버리면, 참 평안과 즐거움을 얻을 것이다. 한 걸음 더 나아가, 생각을 잊어버리고 육체조차 망각하여 무념無念 무아無我의 상태에 들 수 있다면, 마음속에서 스스로 유유자적할 수 있으리라. 이것이 바로 참된 자유가 아닐까.

人心에 有個眞境하여
인심   유개진경

非絲非竹이라도 而自恬愉하고 不煙不茗이라도 而自淸芬하니,
비사비죽   이자염유   불연불명   이자청분

須念淨境空하고 慮忘形釋이라야 纔得以游衍其中이라.
수념정경공   여망형석   재득이유연기중

· 眞境진경-참다운 깨달음의 경지. ·絲竹사죽-거문고와 피리. ·恬愉염유-편안하고 즐겁다. ·煙茗연명-향을 피우는 연기와 향내 나는 차茶. ·淸芬청분-맑고 향기롭다. ·念淨염정-생각이 깨끗하다. ·境空경공-듣고 보는 것에 얽매이지 않다. ·慮忘形釋여망형석-사려思慮를 잊고 형해形骸를 풀어내다. ·游衍유연-소요하다. 거닐다.

|085
운치는 차라리 속됨에서 구하는 것이 마땅하다

　금金은 광석에서 나오고 옥玉은 돌에서 생기니, 환幻이 아니면 진眞을 구할 수가 없다. 술잔 속에서 도를 터득하고 꽃 속에서 신선을 만났다 함은 비록 운치가 있을지라도 속됨을 떠나지 못하리라.

　금이 광석에서 나오고 옥이 돌에서 생기듯이, 진리나 풍아風雅한 취미는 환幻, 곧 속세를 떠나서 얻어지는 것이 아니다.

　따라서 속세를 떠나 술을 마시면서 도를 터득했다든가, 무릉도원에 들어가 신선을 만났다는 이야기는 비록 고상하고 운치 있는 듯이 들리지만, 실상은 속됨을 벗어난 것이 아니다. 요컨대 속세에서 도를 구하고 운치를 찾아야 한다는 말이다.

　그렇다면 일상생활 속, 그것도 꾸밈없는 그대로의 인생 속에서 자연에 순응하며 살아가는 것이야말로 진정한 구도求道의 자세요, 풍아한 취미 생활이 아니겠는가.

金自鑛出하고 玉從石生하니 非幻이면 無以求眞이라.
금 자 광 출　　옥 종 석 생　　비 환　　　무 이 구 진

道得酒中하고 仙遇花裡는 雖雅나 不能離俗이라.
도 득 주 중　　선 우 화 리　　수 아　불 능 리 속

鑛광-광석. 조광粗鑛. ·幻환-환화幻化. 환상幻相. 실체實體는 없는데 있는 것처럼 보이는 것. ·眞진-참다운 실상實相. ·道得酒中도득주중-진晉나라 때 세상을 등지고 살던 죽림칠현竹林七賢이 취중에 도를 터득했다는 고사故事. ·仙遇花裡선우화리-무릉武陵의 어부가 강을 따라 떠내려오는 복사꽃을 보고 그것을 따라서 올라갔다가 신선을 만났다고 하는, 도연명陶淵明의 「도화원기桃花源記」 속의 고사故事. ·雅아-풍아風雅.

|086
깨달은 눈으로 세상 만물을 보면 다 마찬가지로 보인다

천지 가운데의 만물과 인륜 가운데의 온갖 감정, 그리고 세계 속의 모든 일은 속된 안목으로 본다면 분분하여 각각 다르겠지만, 깨우친 안목으로 본다면 갖가지 것이 모두 한결같으니, 어찌 번거롭게 분별할 것이며 어찌 취사선택할 필요가 있겠는가.

똑같은 청산靑山이라도 시인과 투기꾼은 다르게 볼 수밖에 없다. 시인은 '청산의 위대함이여, 현인·죄인 가리지 않고 그 마음을 안식시켜 주는 어머니의 품이여!'라며 청산을 예찬할 테지만, 투기꾼에게는 그것이 재화財貨로만 보일 것이다. 이처럼 똑같은 사물이라도 보는 사람의 시각이나 가치관에 따라 그 느낌은 달라지게 마련이다.

한 걸음 더 나아가서 도인道人의 경지에 이르면 우주 만물은 하나같이 아름다운 것일 뿐, 그 가운데 호불호好不好가 따로 없고 애증愛憎의 차이가 없으며 시비是非와 곡직曲直이 있을 수 없다. 그런 달인의 눈에는 온 세상 만물이 한결같이 여겨지고, 생명체 모두가 사랑의 대상으로 느껴질 것이다.

天地中萬物과 人倫中萬情과 世界中萬事는
천지중만물   인륜중만정   세계중만사

以俗眼觀하면 紛紛各異나 以道眼觀하면 種種是常이니,
이속안관   분분각이   이도안관   종종시상

何煩分別하며 何用取捨리요?
하번분별   하용취사

· 萬情만정-모든 심정. · 俗眼속안-속된 안목. · 紛紛분분-각양각색의 모양. · 種種종종-갖가지가 모두. · 常상-한결같다. · 煩번-번잡하다. · 何用取捨하용취사-취사선택할 필요가 없다.

|087

쓰디쓴 명아주 국에서도 인생의 참맛을 느낄 수 있다

정신이 왕성하면 베 이불 작은 방 속에서도 천지의 바르고 온화한 기운을 얻을 것이요, 입맛이 넉넉하면 명아주 국에 밥을 먹어도 인생의 담박한 진미를 알리라.

안중근 의사의 어록에 이런 말이 있다. '나물 먹고 물 마시니 그 속에 즐거움이 있네[喫蔬飮水 樂在其中].'
먹소음수 낙재기중

마음이 맑고 정신력이 강한 사람은 초가삼간 베 이불을 덮고 살아도 천지의 바른 기운을 얻을 수 있을 것이요, 어떠한 음식이라도 달갑게 여기는 사람은 명아주 국에 꽁보리 밥을 먹으면서도 인생의 담박한 맛을 느낄 수 있을 것이다.

神酣이면 布被窩中에 得天地沖和之氣하고,
신감   포피와중   득천지충화지기
味足이면 藜羹飯後에 識人生澹泊之眞이라.
미족   여갱반후   식인생담박지진

·神酣신감-정신이 왕성하다. ·布被포피-베 이불. ·窩中와중-작은 방 안. 沖和충화-중정청화中正淸和. ·味足미족-맛에 만족하다. 입맛이 왕성하다. · 藜羹여갱-명아주로 끓인 국.

|088
속박당하는 것도 해방되는 것도 자기 마음에 달려 있다

얽매임과 벗어남은 오직 자신의 마음에 달린 것이니 마음으로 깨달으면 푸줏간과 주막도 그대로 극락정토가 될 것이요, 그렇지 못하면 비록 거문고와 학을 벗삼고 꽃과 풀을 가꾸며 즐거워함이 청아할지라도 마귀의 훼방은 끝내 남아 있을 것이다. 옛말에 이르기를 '능히 쉬면 더러운 속세도 선경仙境이 될 것이요, 깨달음을 얻지 못하면 절간도 곧 속세로다'라 하였는데, 진정 옳은 말이로다.

속박과 해탈은 모두 자신의 마음에 달려 있다. 깨달음을 얻은 사람은 자기 몸이 푸줏간이나 술집에 있을지라도 그곳이 극락정토요, 깨닫지 못한 사람은 비록 거문고와 학을 벗삼고 꽃과 풀을 가꾸며 풍취 있는 생활을 하더라도 마귀의 훼방에서 벗어나지 못한다. 그러므로 모든 번뇌를 끊고 쉬어버리면 속세도 곧 선경이 되고, 깨달음을 얻지 못하면 절간도 곧 속세가 되어버린다.

요컨대 속세와 탈속脫俗의 경계선은 따로 있는 것이 아니라, 모든 번뇌를 쉬어버리고 마음으로 깨달았느냐에 좌우되는 것이다.

纏脫은 只在自心이니 心了면 則屠肆糟店도 居然淨土요,
전 탈   지재자심   심료   즉도사조점   거연정토

不然이면 縱一琴一鶴과 一花一卉로 嗜好雖淸이라도 魔障終在라.
불연   종일금일학   일화일훼   기호수청   마장종재

語에 云하되 '能休면 塵境爲眞境이요 未了면 僧家是俗家라' 하니 信夫로다.
어 운   능휴   진경위진경   미료   승가시속가   신부

· 纏脫전탈-고뇌에 얽매이는 것과 벗어나는 것. ·心了심료-마음으로 깨달다. ·屠肆도사-정육점. ·糟店조점-주막. 술집. ·居然거연-의연히, 그대로. ·淨土정토-극락정토. 극락세계. ·縱종-비록. ·卉훼-풀. ·魔障마장-마성魔性. 악마의 방해. ·塵境진경-속세. ·眞境진경-선경仙境. ·俗家속가-속세.

|089

가난하게 살지언정 쌓인 시름만 털어낼 수 있다면 금전옥루金殿玉樓 부럽지 않다

좁은 방 안일지라도 온갖 시름 다 떨쳐내면, 채색한 들보에 구름 날고 구슬발 걷어 올리고 비를 본다는 이야기를 해서 무엇 하랴. 석 잔 술 마신 후에 하나의 진리를 스스로 깨달았다면, 거문고를 달빛에 비껴 타고 단소를 바람결에 읊조리는 것만으로도 족할 것이다.

인생을 살아가는 방법은 사람마다 실로 가지각색이다. 물욕을 탐하면서 위험을 무릅쓰고 전진하는 사람이 있는가 하면, 권세와 명예를 얻기 위해 생명까지 마다 않으며 이리저리 날뛰는 사람까지 있다.

그러나 좁은 방에서 살지언정 고뇌와 번민만 다 떨쳐내면 고대광실에서 사는 것이 부럽지 않다고 여기며, 자기 주관을 잃지 않으려고 노력하는 사람도 있다.

저자 홍자성은 삶의 가치를 정신적 충실에 두라고 권유한다. 즉 진리를 터득하고 깨달음을 얻어서 유유자적하라는 것이다. 좀더 고차원적이고 형이상학적인 것, 그것을 깨닫는다면 모든 것이 헛되고 헛되다는 것을 능히 알 수 있을 것이니, 정신적으로 충만한 생활을 영위하는 것만이 삶의 참길이라고 강조하고 있다.

斗室中이라도 萬慮都捐하면 說甚畵棟飛雲하고 珠簾捲雨리요?
두실중   만려도연   설심화동비운   주렴권우
三杯後에 一眞自得하면 唯知素琴橫月하고 短笛吟風이라.
삼배후   일진자득   유지소금횡월   단적음풍

· 斗室두실-좁은 방. ·萬慮만려-모든 시름. ·都捐도연-모두 떨쳐버리다. ·甚심-어찌. ·畵棟飛雲화동비운 珠簾捲雨주렴권우-단청丹靑으로 채색한 화려한 들보에 구름이 날고 옥구슬 발을 걷어 올려 비를 본다는 뜻으로, 화려한 고대광실이란 의미이다. 당唐나라 때 왕발王勃이 썼다는 「등왕각騰王閣」의 서序에서 따온 것이다. ·三杯삼배-석 잔의 술. ·素琴소금-장식을 하지 않은 거문고.

|090
천성이 완전히 메마르는 경우는 없다

만물의 소리 고요한 가운데 홀연히 한 마리 새의 지저귐 소리 들으면 문득 수많은 그윽한 멋이 일어나고, 모든 초목이 시들어진 다음에 홀연히 한 떨기 빼어난 꽃을 보면 문득 무한한 생기가 움직인다. 이로써 마음의 본성은 항상 메마르지 않고, 생동하는 정신은 사물에 부딪쳐 가장 잘 나타나는 것임을 알 수 있으리라.

삼라만상이 숨죽이는 고요한 때에 지저귀는 한 마리의 새소리를 들으면 그윽한 경지에 빠져든다. 나뭇잎과 꽃잎이 모두 져버린 산 속에 한 떨기 아름다운 꽃이 피어 있는 것을 보면 그 생명력에 더없는 감동을 느끼게 된다.

사람의 마음은 결코 시들거나 메마르지 않는다. 어쩌다 가라앉았는가 싶더라도 외부로부터의 자극에 반응하면서 생생하게 그 기능을 되찾는 법이다.

萬籟寂寥中에 忽聞一鳥弄聲하면 便喚起許多幽趣하고,
만 뢰 적 료 중   홀 문 일 조 롱 성   변 환 기 허 다 유 취

萬卉摧剝後에 忽見一枝擢秀하면 便觸動無限生機하니,
만 훼 최 박 후   홀 견 일 지 탁 수   변 촉 동 무 한 생 기

可見 性天은 未常枯槁하고 機神은 最宜觸發이로다.
가 견 성 천   미 상 고 고   기 신   최 의 촉 발

·萬籟만뢰-삼라만상의 소리. ·弄聲농성-우짖는 소리. ·幽趣유취-그윽한 멋. 유현한 취흥. ·萬卉만훼-모든 초목. ·摧剝최박-시들어서 지다. ·擢秀탁수-꽃이 피다. ·觸動촉동-사물에 부딪쳐 움직이다. ·性天성천-마음의 본성. ·枯槁고고-마르고 시들다. ·機神기신-활동하는 정신. ·觸發촉발-사물에 부딪쳐 발동하다.

|091
마음의 자루를 움켜쥐어라

　백낙천白樂天이 이르기를 '몸과 마음을 다 놓아버린 다음 눈을 감고 자연의 조화에 맡기는 것이 상책이다'라 하였고, 조보지晁補之가 이르기를 '몸과 마음을 거두어 움직이지 않고 정적靜寂으로 돌아가는 것이 상책이다'라고 하였으니, 다 놓아버리면 마음대로 흘러 미치광이처럼 될 것이고, 거두면 메마른 적막에 들어가 생기가 없게 된다. 오직 몸과 마음을 잘 다루자면 그 자루[柄]를 손에 쥐고서 거두고 놓음을 자유자재로 해야 한다.

　백낙천의 말대로 심신의 해방만을 강조하다 보면 방종에 빠지기 쉽고, 조보지의 말대로 긴장과 통제만을 강조하게 되면 생기를 잃기 십상이다. 그러므로 자기 자신의 주체성을 확립하기 위해서는 그 변덕 심한 마음의 버릇에 휘둘리지 않고 마음의 자루를 꽉 움켜쥘 수 있을 때, 놓고 거두는 일을 자유자재로 조화시킬 수 있을 것이다. 그래야만 놓아도 방종하지 않게 되고, 거두어도 생기를 잃지 않게 될 것이다.
　고로 중용을 지키라는 교훈이다.

白氏云하되 '不如放身心하여 冥然任天造라' 하고 晁氏云하되
백 씨 운　　　　불여방신심　　　　명연임천조　　　　　조 씨 운
'不如收 身心하되 凝然歸寂定이라' 하니, 放者는 流爲猖狂하고 收者는
불 여 수　신 심　　응연귀적정　　　　방자　유위창광　　수 자
入於枯寂이라, 唯善操身心的은 欛柄在手하여 收放自如라.
입 어 고 적　　유선조신심적　파병재수　　수방사여

· 白氏백씨-당唐나라 중기의 시인인 백거이白居易. 호는 낙천樂天이다. · 冥然명연-눈을 감고 있는 모양. · 天造천조-자연의 조화. 하늘의 뜻. · 晁氏조씨-송宋나라 시인 조보지晁補之. 호는 귀래자歸來子. · 凝然응연-움직이지 않는 모양. · 寂定적정-잡념을 떨쳐버리고 선정禪定에 들어가는 것. · 猖狂창광-미치광이. · 枯寂고적-고목처럼 생기가 없음. · 欛柄파병-자루. · 自如자여-자유자재.

|092
자연의 조화와 사람의 마음은 융화하여 일체가 된다

소복한 눈 위에 밝은 달 비치면 심경이 문득 맑아지고, 봄바람의 화창한 기운을 만나면 마음 또한 절로 부드러워지니, 자연의 조화와 사람의 마음은 혼연히 융합되어 틈이 없는 것이다.

자연 속에서 태어나고 그 품속에서 살다가 자연으로 돌아가는 것이 인생이다. 자연은 분명 어머니의 품이요, 자궁과 같아서 인간은 누구나 자연을 그리워하고 동경한다. 오죽하면 집안의 조그마한 공간에다가도 자연을 조경시켜 보려고 안간힘들을 쓸까. 정원이 그러하고 또 정원이 없는 집에서는 분재며 꽃꽂이, 어항이며 새장 등이 그러하다.

각 계절에 따라 느끼는 자연의 맛도 다르다. 그런 사계절이 뚜렷한 우리나라는 실로 축복받은 땅이라 할 수 있겠다.

그러나 근래에 와서 산업화와 함께 자연을 훼손하고 자연을 잊는 현상이 팽배해져가고 있어 심히 안타깝다. 자연을 잊는다는 것은 포근한 어머니의 품을 잊는 것이니 말이다.

當雪夜月天하면 心境이 便爾澄徹하고,
당 설 야 월 천   심 경   변 이 징 철
遇春風和氣하면 意界가 亦自冲融하니,
우 춘 풍 화 기   의 계   역 자 충 융
造化人心이 混合無間이라.
조 화 인 심   혼 합 무 간

·便爾변이-문득. ·澄徹징철-맑고 막힘이 없다. ·意界의계-심경心境. ·冲融충융-녹아서 부드러워지다. ·造化조화-자연.

|093
글과 도道는 능란한 것보다는 졸拙한 것을 높게 친다

글은 졸拙함으로써 발전되고 도道는 졸함으로써 이루어지니, 이 졸拙자 한 자에는 무한한 의미가 담겨 있다. 복숭아꽃 핀 마을에서 개가 짖고 뽕나무 사이에서 닭이 운다 함은 이 얼마나 순박한가. 그러나 차가운 연못에 달 비치고 고목에서 까마귀 운다는 데 이르러서는 교묘하기는 하나 문득 쓸쓸하고 처량한 기운을 느끼게 된다.

작은 기교를 버리는 것, 다시 말해서 졸拙의 마음을 관철시킴으로써 학문의 수업도, 도를 닦음도 크게 전진할 수 있다. 그러므로 글과 도道, 그리고 사람은 능숙 능란한 것보다는 졸拙한 것을 높게 친다. 능숙하고 능란한 것은 속되기 쉽고, 꾸민 것은 생기가 없기 때문이다.

이처럼 졸拙이란 글자 하나에는 무한한 가치가 있다고 강조하고 있다. 그런데 이 졸은 스스로 그렇게 되기 위해 너무 애써도 안 되는 것이며, 잘 보이려는 허영의 마음도 없어야 한다.

요컨대 문장이건 도道이건 간에 미사여구로 기교를 부린다든가 기지機智만으로 일관해서는 참된 문장이나 참된 도라고 할 수 없고, 오히려 졸한 면이 있어야 한다는 것이다.

文以拙進하고 道以拙成하니 一拙字에 有無限意味라.
문 이 졸 진   도 이 졸 성   일 졸 자   유 무 한 의 미

如桃源犬吠와 桑間鷄鳴은 何等淳龐고?
여 도 원 견 폐   상 간 계 명   하 등 순 롱

至於寒潭之月과 古木之鴉하여서는 工巧中에 便覺有衰颯氣象矣라.
지 어 한 담 지 월   고 목 지 아   공 교 중   변 각 유 쇠 삽 기 상 의

· 文文—문장文章, 글. ·拙졸—졸렬함. 졸렬하지만 일면 성실하다는 뜻으로 쓰였다. ·桃源犬吠도원견폐 桑間鷄鳴상간계명—복숭아꽃 핀 마을에서 개가 짖고 뽕나무 사이에서 닭이 운다. 도연명陶淵明의 「도화원기桃花源記」에 있는 내용으로서 전원 풍경을 묘사한 것이다. ·何等하등—어느 만큼. ·淳龐순롱—순박하고 충실하다. ·龐은 충실할 롱(클방). ·寒潭之月한담지월—차가운 연못에 비치는 달. ·古木之鴉고목지아—고목에 앉은 까마귀. ·工巧공교—교묘함 ·衰颯쇠삽—쓸쓸하고 처량하다.

|094
미움과 애착은 자기를 스스로 속박하는 것이다

　자신의 의지로 사물을 부리는 사람은 얻었다 하더라도 기뻐하지 않고 잃었다 하더라도 근심하지 않으니, 대지大地가 온통 그의 노니는 곳이라. 자신이 사물에 의해 부려지는 사람은 역경을 미워하고 순경順境을 사랑하니, 털끝만한 일에도 문득 자신을 얽매이게 한다.

　자기 자신을 천지 만물의 주인으로 삼고 자유로이 사물을 부리는 사람은 득실得失에 얽매이지 않으므로 그 무엇이 손에 들어와도 기뻐하지 않으며, 또 어떤 것을 잃었다 하더라도 한탄하지 않는다. 그러므로 천지 만물을 그의 것으로 삼는다.

　그러나 사물의 노예가 되어 부림을 당하는 사람은 역경을 증오하고 순경에 처하면 그것에 집착한 나머지 사소한 일에도 금세 번뇌에 빠지게 된다.

　물욕에 치우친다는 것은 곧 진정한 자유와 행복에서 멀어지는 길일 뿐더러 끝내는 자기 자신을 멸망의 늪 속으로 몰아넣는 족쇄가 되는 것이다.

以我轉物者는 得固不喜하고 失亦不憂하니 大地盡屬逍遙하며,
이 아 전 물 자　　득 고 불 희　　실 역 불 우　　대 지 진 속 소 요

以物役我者는 逆固生憎하고 順亦生愛하니 一毛便生纏縛이라.
이 물 역 아 자　　역 고 생 증　　순 역 생 애　　일 모 변 생 전 박

·以我轉物이아전물-자기를 주재자로 하여 외물外物을 자유롭게 부리다. ·大地盡屬逍遙대지진속소요-대지를 온통 소요자적逍遙自適하는 동산으로 삼다. ·以物役我이물역아-외물外物의 노예가 되어 자신이 사역使役당하다. ·纏縛전박-얽매임.

|095

원인을 접어두고 결과에만 집착하는 어리석음을 범하지 말라

도리道理가 고요하면 현상도 고요해지는 것이니, 현상을 버리고 도리만 잡으려는 것은 마치 그림자는 버리고 형체만 머물게 하려 함과 같다. 마음이 비면 환경도 비는 것이니 환경은 버리고, 마음만 지니려는 것은 마치 비린내 나는 고깃덩어리를 모아놓고 쇠파리를 쫓으려는 것과 같다.

원인이 있기에 결과가 있듯이, 우주 만물의 현상은 그 도리에 의해 생겨나는 것이다. 이와 마찬가지로 내 마음이 깨끗하면 환경 역시 깨끗하게 보인다. 주관이 뚜렷한 사람은 노름판에 앉아 있든 술집에 앉아 있든 그 환경에 좌우되지 않는 것이다.

그런데 어지러운 현상과 혼탁한 환경을 탓하며 산속으로 들어가 은둔하는 사람이 있다. 그러나 유감스럽게도 그 은둔자 스스로가 속세의 마음을 떨쳐버리지 못했다면, 즉 본성과 근본이 깨끗해지지 못했다면 그것은 헛수고에 지나지 않는다. 원인은 접어두고 결과만을 탓하는 어리석음을 범하고 있기 때문이다.

理寂則事寂하니 遣事執理者는 似去影留形이요,
이적즉사적   견사집리자   사거영류형
心空則境空하니 去境存心者는 如聚羶却蚋니라.
심공즉경공   거경존심자   여취전각예

·理이-만물의 도리. 우주의 원리. ·事사-우주 사이의 사물事物. 현상. ·遣事執理견사집리-현상을 버리고 도리에만 집착하다. ·羶전-비린내 나는 고깃덩어리. ·蚋예-파리떼.

|096
산속 은둔자의 풍류는 유유자적하는 데에 있다

은둔자의 맑은 흥취는 모두가 유유자적하는 데에 있다. 그러므로 술은 권하지 않는 것으로 기쁨을 삼고, 바둑은 승패를 다투지 않음으로써 참 승리로 삼으며, 피리는 구멍이 없어도 적당하다 하고, 거문고는 현을 따지지 않음으로써 고상함으로 여기며, 만남은 기약하지 않음으로써 참되다 하고, 손님은 마중과 배웅이 없는 것으로 스스럼이 없다 하니, 만약 한 번이라도 겉치레에 이끌리고 형식에 얽매인다면 곧 세속의 고해苦海에 빠질 것이다.

속세를 떠나 풍아한 생활을 즐기며 벗과 교제하는 마음가짐을 묘사해 놓은 구절이다.

술은 무리하게 권하지도 않고 또 권한다고 해서 무리하게 마시지 않는 것이 기쁨이라 했고, 피리와 거문고는 잘 불고 못 뜯고 간에 음색을 즐기기만 하면 된다는 것이다. 친지나 친구를 만날 때도 약속 따위를 해서 피차 부담을 느낄 것이 아니라 우연하게 만나는 것이 참 반가움이며, 손님이 오더라도 송영送迎을 하지 않음으로써 오고가는 것을 자유롭게 해주는 것이 자연스럽다.

만약 조금이라도 관습이나 형식에 사로잡힌다면 풍아의 정情이 속세의 사교와 다를 게 무엇이겠는가. 교제의 관습은 생활 속에서 만들어진 지혜요 문화이니, 그것이 자칫하면 본래의 의미를 상실하고 형식화, 형태화되어 허례가 되는 수도 있다는 것이다.

幽人淸事는 總在自適이라. 故로 酒以不勸으로 爲歡하고 棋以不爭으로 爲勝하며
유인청사   총재자적   고   주이불권   위환   기이부쟁   위승

笛以無腔으로 爲適하고 琴以無絃으로 爲高하며 會以不期約으로 爲眞率하고
적이무강   위적   금이무현   위고   회이불기약   위진솔

客以不迎送으로 爲坦夷하니, 若一牽文泥迹하면 便落塵世苦海矣라.
객이불영송   위탄이   약일견문니적   변락진세고해의

·幽人유인-세속을 벗어나 은둔하는 사람. ·淸事청사-맑은 흥취. ·棋기-바둑. ·會회-만나다. ·眞率진솔-꾸밈이 없는 솔직함. ·坦夷탄이-마음 편함. ·牽文견문-겉치레에 이끌림. ·泥迹이적-형식에 얽매임.

한번쯤은 내가 죽은 뒤의 모습을 생각해 보라

한번쯤 내가 태어나기 전에 어떤 모습을 지녔을까 생각해 보고, 또 죽은 뒤에는 어떻게 될까를 생각해 보라. 그러면 온갖 생각이 식은 재와 같이 싸늘해지고, 본성만이 적연寂然히 남아 스스로 만물 밖으로 초월하여 태초의 고요한 경지에서 노닐 수 있으리라.

인간은 자신의 의지와는 상관없이 하나의 생명체로 이 세상에 태어나며 한평생을 살다가 죽음을 맞는다. 그 한평생이 사람에 따라 길고 짧을 수는 있지만, 생로병사生老病死의 대원칙을 어느 누구도 피할 수는 없다.

그렇다면 내가 죽은 후의 모습을 한번쯤 곰곰이 생각해 볼 필요가 있지 않을까? 가족, 친지, 친구 등의 오열 속에서 장례가 치러질 것이고 어느 한적한 산속에 묻히거나 아니면 화장터에서 한줌의 재로 화할 운명이 기다리고 있는 것이 바로 나요, 우리이다.

그러니 악착같이 치부하여 먹고 마셔야 한다는 사람도 있을 것이고, 살아 있는 동안 적선積善을 해서 내세에 그 보응으로 행복을 누리자는 사람도 있을 것이며, 절대자 앞에서 자신의 영혼을 구원받아야 한다고 믿는 사람도 있을 것이다. 이런 차이는 인생관, 사생관, 종교관의 차이일진대, 요는 내 주검을 예측해 본다면 부귀영화라든가 호의호식도 한바탕의 꿈에 지나지 않는다는 것을 깨닫게 될 것이다.

試思未生之前에 有何象貌하고 又思旣死之後에 作何景色하면,
시 사 미 생 지 전   유 하 상 모   우 사 기 사 지 후   작 하 경 색
則萬念灰冷하고 一性寂然하여 自可超物外遊象先이라.
즉 만 념 회 랭   일 성 적 연   자 가 초 물 외 유 상 선

· 象貌상모-모습. · 景色경색-경치. 여기서는 모양이란 뜻이다. · 灰冷회랭-불이 꺼져서 싸늘하게 식은 재. · 一性일성-본성. · 寂然적연-고요한 모습. · 物外물외-만물의 밖. · 象先상선-천지만물이 생겨나기 이전의 상태. 『장자莊子』에 나오는 절대경絶對境.

|098
복을 바라는 것이 재앙의 근본이다

  병이 든 후에야 건강이 보배인 줄 생각하고, 난세에 처하고 나서야 평화로운 시절이 복된 줄 생각하는 것은 빠른 지혜가 아니다. 복을 바라는 것이 재앙의 근본임을 미리 알고, 삶을 탐내는 것이 죽음의 원인임을 미리 안다면 그야말로 탁견이로다.

  인생의 달관자는 화근을 미리 제거하는 예방책을 안다는 것이다. 그것이 삶의 지혜요, 온전하게 살아가는 비결이다.

  사람들은 불행을 자초해 놓고 그 불행이 닥쳐온 다음에야 대응책을 강구한다. 더욱 한심한 것은 그 불행을 용케 넘긴 다음에 또다시 불행을 자초하는 우를 범한다는 것이다. 이런 어리석음을 되풀이하며 살다가 종래에는 '인생은 고해苦海일 뿐이다'라며 눈을 감는 것이 대부분의 인생이다.

  저자 홍자성은 그런 어리석음을 빨리 깨우치라고 권한다. 무턱대고 부귀영화를 꿈꾸며 악착같이 치부하는 어리석음, 천수天壽 이상을 살겠다며 온갖 보약을 찾아 헤매는 어리석음은 곧 불행과 사망을 자초할 뿐이라며 경고하고 있다.

遇病而後에 思强之爲寶하고 處亂而後에 思平之爲福은 非蚤智也라.
우 병 이 후   사 강 지 위 보   처 란 이 후   사 평 지 위 복   비 조 지 야

倖福而先知其爲禍之本하고 貪生而先知其爲死之因은 其卓見乎로다.
행 복 이 선 지 기 위 화 지 본   탐 생 이 선 지 기 위 사 지 인   기 탁 견 호

·强강-건강. ·亂란-난세亂世. ·平평-평화. ·蚤智조지-조지早智, 선견지명. ·倖행-바라다. ·因인-원인.

|099
사람의 부귀와 빈천, 성패는 인생의 막이 내려지면 모두 끝나는 것이다

배우는 분을 바르고 연지를 찍어 고움과 추함을 붓끝으로 그려내지만, 이윽고 노래가 끝나고 막이 내리면 곱고 추함이 어디 있겠는가. 바둑 두는 사람은 앞뒤를 다투며 바둑돌로 승패를 겨루지만, 이윽고 판이 끝나고 돌을 거두면 이기고 지는 것이 어디 있겠는가.

스타는 연극 무대이든 방송국 스튜디오든 운동 경기장이든 어디를 가더라도 으레 팬들이 모여들고 열광한다. 그러나 무대의 막이 내려진 다음, 또는 경기가 끝난 다음에는 스타도 한 인간으로 돌아간다. 스타가 무대나 경기장에 섰을 때의 모습을 허상虛像이라고 한다면, 그들이 일상 생활로 돌아왔을 때의 모습은 실상實像이다.

우리 인생을 무대에 선 배우로 비유한 선인先人도 있었다. 자기 인생에서 자기 자신은 주연을 맡은 배우이다. 자신이 주연을 맡은 그 인생이라는 연극이 끝났을 때의 공허감을 생각해 보라. 바둑도 둘 때에는 앞뒤 다투어 승부에 집착하지만, 그 판이 끝나고 나면 승부가 무슨 필요가 있겠는가?

이처럼 인생은 한 토막 연극이요 한 판의 바둑과도 같으니, 구차하게 명리나 권세에 집착하지 말고 종막終幕을 생각하며 최선을 다해 살아가야 할 것이다.

優人은	傅粉調硃하여	效姸醜於毫端하나	俄而歌殘場罷면	姸醜何存이며,
우 인	부 분 조 주	효 연 추 어 호 단	아 이 가 잔 장 파	연 추 하 존
奕者는	爭先競後하여	較雌雄於著子하나	俄而局盡子收면	雌雄安在리요?
혁 자	쟁 선 경 후	교 자 웅 어 착 자	아 이 국 진 자 수	자 웅 안 재

·優人우인-배우. ·傅粉부분-분을 바르다. ·調硃조주-연지를 찍다. ·姸醜연추-고움과 추함. ·毫端호단-붓끝. ·俄而아이-이윽고, 갑자기. ·歌殘가잔-노래가 끝나다. ·場罷장파-막幕이 내리다. ·奕者혁자-기사棋士. ·著子착자-바둑놀. ·子收자수-바둑돌을 거두다. ·安안-어찌.

|100
삼라만상은 조용한 마음의 소유자라야 감상할 수 있다

바람과 꽃의 산뜻함, 눈과 달의 맑음은 오직 고요함을 좋아하는 사람만이 그 주인이 되고, 물과 나무의 번성함과 메마름, 대나무와 돌의 자라나고 사라짐은 다만 한가로운 사람만이 그 권리를 잡는다.

마음이 고요하고 한가로운 자라야 자연을 감상할 수 있고, 그 풍취를 누릴 수 있다는 말이다. 차분히 사색하는 자, 깊이 명상하는 자라야 자연을 제대로 이해하고 진정 사랑할 줄 알게 된다. 동서고금의 시인묵객詩人墨客들이 바로 그런 사람들이다.

봄철의 기화요초琪花瑤草와 여름철의 산들바람, 가을철의 밝은 달, 겨울철의 깨끗한 눈 등 어느 계절 할 것 없이 우리의 마음을 포근한 고향으로 데려다 주고 편안한 잠자리에 들게 해준다. 그러나 눈앞의 이익에만 급급하여 이 아름다운 자연을 날로 훼손시켜 나가는 사람들이 늘고 있음을 한탄할 따름이다.

자연이 파괴되면 우리 인간도 절로 설자리를 잃고 만다는 것을 그들은 어찌하여 모른단 말인가.

風花之瀟洒와 雪月之空淸은 唯靜者爲之主요,
풍 화 지 소 쇄   설 월 지 공 청   유 정 자 위 지 주

水木之榮枯와 竹石之消長은 獨閑者操其權이라.
수 목 지 영 고   죽 석 지 소 장   독 한 자 조 기 권

·風化풍화-바람과 꽃. ·瀟洒소쇄-맑고 깨끗함. ·空淸공청-깨끗하고 맑음. ·靜者정자-정적靜寂을 좋아하는 사람. ·消長소장-성쇠盛衰. ·操其權조기권-소유권을 갖다. 마음대로 누리다.

101

분수에 족함을 아는 것이야말로 인생의 으뜸가는 경지이다

시골 농부들은 닭고기 안주에 막걸리를 이야기하면 기꺼이 기뻐하나 고급 요리에 대해 물으면 알지 못하고, 무명 두루마기와 베 잠방이를 이야기하면 슬며시 좋아하나 벼슬아치의 예복에 대해 물으면 알지 못하니, 그 천성이 오롯함이라. 결국 그 욕심이 담백하다 할 것이니 이것이야말로 인생 최고의 경지로다.

최근에 와서 흙벽에 황토 온돌의 가옥 구조가 인기를 모으고, 잡곡밥에 산나물의 식단을 찾는 사람이 많아졌다. 왜 그럴까?

우리의 의식주 생활도 자연적인 것이라야 건강에 좋다는 인식이 차츰 높아졌기 때문이다. 자연에서 나는 재료로 집을 짓고, 자연산 섬유로 옷을 지어 입으며, 자연산 음식을 먹는 것이 가장 몸에 좋을 것은 명명백백한 사실이다.

자연에서 태어나 자연의 일부인 우리 인간이 그 동안 잊고 지냈던 자연에 다가가고자 하는 풍조가 아닐까.

田父野叟는 語以黃鷄白酒하면 則欣然喜하나 問以鼎食하면 則不知하고,
전부야수   어이황계백주   즉흔연희   문이정식   즉부지

語以縕袍短褐하면 則油然樂하나 問以袞服하면 則不識하니,
어이온포단갈   즉유연락   문이곤복   즉불식

其天全이라. 故로 其欲淡이니 此是人生第一個境界니라.
기천전   고 기욕담   차시인생제일개경계

·田父전부-시골 사람. ·野叟야수-시골 노인. ·白酒백주-막걸리. ·鼎食정식-고급 요리. ·縕袍온포-무명 두루마기. ·短褐단갈-베 잠방이. ·油然유연-어떤 느낌이 저절로 일어나는 모양. ·袞服곤복-곤룡포 고관의 예복. ·天全천전-천성이 완전하다. ·第一個제일개-첫째, 제일 가는 것.

102
망념妄念이 없다면 그 마음을 관觀할 필요가 없다

마음에 망념妄念이 없으면 어찌 그 마음을 볼 필요가 있겠는가. 석가釋迦가 말하는 '마음을 본다[觀心]'라 함은 거듭 그 장애를 더할 뿐이다. 만물은 본디 일체인데 어찌 고르게 함을 기다리겠는가. 장자가 말하는 '만물을 고르게 한다[齊物]'라 함은 같은 것을 스스로 갈라놓을 뿐이로다.

마음은 육안肉眼으로 볼 수 없는 것이다. 영안靈眼 또는 심안心眼이 뜨인 사람만이 자기 마음도 보고, 남의 마음도 볼 수 있다 했다. 그런데 이 심안이나 영안이 뜨이려면 망념망상妄念妄想을 다 떨쳐버려야 한다. 이런 사람은 자기 마음이 깨끗한지라 굳이 그 마음을 볼 필요가 없다 하겠다.

또 만물은 비록 외형은 각기 다르나 궁극적으로는 일체이다. 즉 현상現象을 초월한 절대계絶對界에서 본다면 만물은 일체인 것이다. 그러니 이미 같은 것인데, 그것을 굳이 고르게 하고 가지런히 한다는 것은 옥상옥屋上屋의 잘못을 범하는 것에 지나지 않는다.

心無其心이면 何有於觀이리요? 釋氏曰 '觀心'者는 重增其障이라.
심 무 기 심   하 유 어 관   석 씨 왈 관 심 자   중 증 기 장

物本一物이니 何待於齊리요? 莊生曰 '齊物'者는 自剖其同이라.
물 본 일 물   하 대 어 제   장 생 왈 제 물 자   자 부 기 동

·其心기심-여기서는 사심邪心, 망념妄念이란 뜻이다. ·釋氏석씨-석가釋迦. ·觀心관심-마음을 관찰하다. ·物本一物물본일물-현상을 벗어나고 절대계絶對界에서 보았을 경우 만물은 일체이다. ·莊生장생-장자莊子. ·齊物제물-만물을 고르게 하다. 『장자莊子』 중의 제물론齊物論을 가리키고 있다.

|103
절정에 이르렀을 때 옷을 털고 일어날 줄 알라

　피리와 노래 소리 한창 무르익었을 때, 문득 스스로 옷자락 떨치고 자리를 뜨는 것은 마치 통달한 도인이 손을 휘저으며 벼랑을 오르는 것과 같아서 부럽고, 밤늦어 이미 시간이 다했는데도 밤길을 쏘다니는 것은 마치 속된 선비가 그 몸을 고해苦海에 담그는 것과 같아서 우습다.

　사람은 거취去就를 분명히 할 줄 알아야 한다. 때에 맞추어 적절히 행동해야 하는 것이다. 그래서 『사기史記』에도 '때란 것은 얻기는 어려우나 잃기는 쉽다[時者 難得而易失也]'라고 했다. 때가 지나면 모든 상황이 달라지니 적시適時를 타야 하는 것이다.

　풍악이 무르익어 취흥이 한껏 고조에 달했지만 그 흥이 사라지고 나면 이윽고 슬픔이 오는 법, 적시에 자리를 털고 일어나는 것은 마치 도인이 손을 휘저으며 가볍게 벼랑을 오르는 것 같아　보기에도 장쾌하다. 이와 반대로 때가 다한 줄도 모르고 세속의 명리를 찾아 거리를 헤맨다면 이는 스스로 몸을 고해에 빠트리는 것과 같아 웃음거리밖에 되지 않는다.

笙歌正濃處에 便自拂衣長往하면 羨達人撤手懸崖하고,
생 가 정 농 처　　변 자 불 의 장 왕　　선 달 인 철 수 현 애

更漏已殘時에 猶然夜行不休하면 哎俗士沈身苦海니라.
경 루 이 잔 시　　유 연 야 행 불 휴　　소 속 사 침 신 고 해

·笙歌생가-피리와 노래. ·拂衣長往불의장왕-옷을 털고 일어나 가다. ·羨선-부러워하다. ·撤手懸崖철수현애-벼랑에서 손을 놓고 걷다. ·更漏殘時경루잔시-물시계의 물이 떨어진 시각. 즉 밤늦은 시각. ·猶然유연-어정거리는 모양. ·夜行不休야행불휴-밤중에 안 자고 쏘다니다.

|104
마음을 확고하게 굳히지 못했다면 혼잡한 곳에 발길을 들여놓지 말라

마음을 확고하게 잡지 못했다면 마땅히 시끄럽고 번잡한 곳에 발길을 끊어라. 자기 마음으로 하여금 욕심날 만한 것을 보지 못하게 하여 혼란스럽지 않도록 함으로써 나의 고요한 심체를 맑게 할지라. 마음을 이미 확고하게 잡았거든 마땅히 속세로 뛰어들라. 자기 마음으로 하여금 욕심날 만한 것을 보더라도 혼란스럽지 않도록 함으로써 나의 원만한 심기를 길러야 하나라.

세상은 온통 유혹의 도가니이다. 그 속에서 온갖 욕망을 뿌리치고 깨끗한 삶을 영위하기란 결코 쉬운 일이 아니다.

'견물생심見物生心'이란 말이 있다. 탐나는 물건을 보면 갖고 싶은 욕심이 생기게 마련이다. 그래서 아예 보지 않음으로써 탐심을 몰아내야 한다는 것이다. 하고 싶고 갖고 싶은 것을 보지 않으면 따라서 마음도 어지럽지 않게 되니, 마음 바탕을 충분히 맑게 할 수가 있을 것이다.

이렇게 자신을 도야하여 마음을 다잡은 뒤에는 마땅히 저자로 나와 활동해도 괜찮을 것이다. 속세에 살면서 탐심이 일지 않도록 너그러운 기틀을 마련하는 일은 많은 수양의 결과로 얻어지는 것이다.

把握未定이어든 宜絶跡塵囂하고 使此心으로 不見可欲而不亂하여 以澄吾靜體하라.
파 악 미 정　　의 절 적 진 효　　사 차 심　　불 견 가 욕 이 불 란　　이 징 오 정 체

操持旣堅이거든 又當混跡風塵하고 使此心으로 見可欲而亦不亂하여
조 지 기 견　　우 당 혼 적 풍 진　　사 차 심　　견 가 욕 이 역 불 란

以養吾圓機하라.
이 양 오 원 기

· 把握파악-잡아 쥐다. 이해하다. · 塵囂진효-시끄러운 속세. · 此心차심-자기 마음. · 可欲가욕-욕심이 날 만한 것. · 靜體정체-고요한 마음 바탕. · 操持조지-굳게 잡다. · 風塵풍진-속세. · 圓機원기-마음의 원만한 작용.

105

고요는 동요의 근본이니 고요함만을 추구하지 말라

고요함을 좋아하고 시끄러움을 싫어하는 자는 흔히 사람을 피함으로써 고요함을 찾나니, 뜻이 사람 없음에만 있다면 곧 자아自我에 사로잡힌 것이요, 마음이 고요함에만 집착한다면 곧 동요의 뿌리가 되는 것임을 모른다. 어찌 남과 나를 하나로 보고 동動과 정靜을 모두 잊는 경지에 이르겠는가.

시끄러운 곳을 싫어하는 자는 흔히 사람들을 피하여 고요함을 추구한다. 하지만 사람이 없는 곳을 찾는 마음은 곧 자아에 사로잡혀 아상我相을 벗어나지 못한 꼴이니, 결국 무아無我의 경지에는 들지 못한다. 또한 마음을 고요하게 가라앉히려는 욕구 자체가 정신을 어지럽히는 근본이 되는 것이다.

그렇다면 어떻게 해야 참으로 마음을 다잡을 수 있을까? 남과 나를 차별하지 않아 일체를 평등하게 보고, 시끄러움과 고요함의 대립조차 다 잊어야 한다.

요컨대 분별과 대립의 경계를 뛰어넘어 남과 나를 일체로 보고, 동動과 정靜을 모두 잊어버리는 절대경絶對境으로 나아가야 한다는 것이다.

喜寂厭喧者는 往往避人以求靜하니,
희적염훤자   왕왕피인이구정

不知 意在無人이면 便成我相하고 心著於靜이면 便是動根이라.
부지 의재무인   변성아상   심착어정   변시동근

如何到得人我一視하고 動靜兩忘的境界리요?
여하도득인아일시   동정량망적경계

·喜寂희적- 고요한 것을 좋아하다. ·厭喧염훤- 시끄러운 것을 싫어하다. ·我相아상-자아自我에 얽매임. ·著착-집착하다. ·動根동근-동요되는 근본. ·人我一視인아일시-남과 나를 한 가지로 보다.

106
마음이 맑고 깨끗하면 보는 것, 듣는 것 모두가 아름답다

산속에 살면 가슴속이 시원하여, 대하는 것마다 모두 아름다운 생각이 들게 한다. 외로운 구름과 들판의 학을 보매 속세를 초월한 생각이 일고, 바위 틈 사이를 흐르는 샘물을 만나매 때 묻은 생각이 씻기는 듯하며, 늙은 전나무와 차가운 매화를 어루만지매 굳은 절개가 우뚝 서고, 모래밭 갈매기와 사슴들을 벗삼으매 번거로운 마음을 어느덧 잊게 된다. 만약 한번 속세에 뛰어들면 비록 외물과 상관하지 않을지라도, 곧 이 몸 또한 부질없이 되고 말리라.

산속에서 자연과 벗하여 삶을 즐기는 은둔자의 생활을 한 폭의 그림처럼 그려내고 있다.

자아를 버리고 자연 속에 몰입할 수 있어야만 진정 자유인으로 거듭나고, 자연과 일체가 될 수 있는 것이다. 오늘날에도 도심에 찌든 마음을 걸러내기 위해 자연으로 돌아가겠다는 사람들이 많지만, 대개는 교통 편하고 경치 좋은 곳을 택해 전원주택을 짓고 주말마다 휴양차 들러 속진俗塵이나 씻겠다는 정도다.

그러나 이것은 그저 속세와 반자연半自然을 드나드는 얼치기에 불과한 생활밖에 안 될 것이다. 그러기에 저자 홍자성도 이 구절 말미에서 '만약 한번 속세에 뛰어들면'이라며 경고하고 있는 게 아닐까.

山居하면 胸次淸洒하여 觸物皆有佳思하니, 見孤雲野鶴에 而起超絶之想하고
산거 흉차청쇄 촉물개유가사 견고운야학 이기초절지상

遇石澗流泉에 而動澡雪之思하며 撫老檜寒梅에 而勁節挺立하고 侶沙鷗麋鹿에
우석간류천 이동조설지사 무로회한매 이경절정립 여사구미록

而機心頓忘이라. 若一走入塵寰하면 無論物不相關이나 卽此身亦屬贅旒矣라.
이기심돈망 약일주입진환 무론물불상관 즉차신역속췌류의

·胸次흉차-가슴속. ·淸洒청쇄-맑고 시원하다. ·超絶之想초절지상-세속을 초월한 생각. ·石澗석간-바위 틈. ·澡雪조설-씻어내다. ·檜회-전나무. ·勁節경절-굳은 절개. ·挺立정립-우뚝 서다. ·侶려-반려伴侶. 벗하다. ·麋鹿미록-큰 사슴과 작은 사슴. ·機心기심-책략을 꾸미는 마음. 여기서는 번거로운 마음이란 뜻이다. ·頓忘돈망-갑자기 잊다. ·塵寰진환-티끌 세상. 속세. ·贅旒췌류-쓸데없는 물건.

107

풀밭을 맨발로 거닐면 들새도 경계심을 풀고 다가온다

흥취가 때때로 일어나면 향기로운 풀밭을 맨발로 살며시 거니니, 들새도 겁내지 않고 다가와 벗이 된다. 경치가 마음에 흡족하면 낙화落花 아래 옷깃을 헤치고 우두커니 앉으니, 흰 구름도 말없이 곁에 와서 머문다.

자연의 풍경을 감상한다기보다 자기 자신이 자연 속으로 용해되어 가는 풍정이다.

순수한 감정의 발로發露는 때로 자기 자신까지 잊게 만드는 경우가 있다. 기쁨이 절정에 이르면 흥이 넘치고, 그래서 사람들은 격식을 떠나기도 한다. 게다가 자연 속에서 그런 흥취를 맛본다는 것은 실로 고차원적인 기쁨임에 틀림없다.

그런 경지에 이르면 새나 들짐승까지도 벗이 되어주고, 자연 속의 풍물들도 친밀하게 느껴지는 법이다. 똑같은 자연을 대하더라도 사욕私慾에 사로잡힌 자는 이런 경지에 도달할 수 없을 것이니, 그 두 부류의 사람들 사이에는 얼마나 큰 차이가 있겠는가.

興逐時來면 芳草中에 撤履間行하니 野鳥忘機時作伴이요,
흥축시래　　방초중　　철리간행　　야조망기시작반

景與心會면 落花下에 披襟兀坐하니 白雲無語漫相留니라.
경여심회　　낙화하　　피금올좌　　백운무어만상류

· 逐時축시-때에 따라서. · 撤履철리-신발을 벗은 채, 맨발로. · 間行간행-살며시 걷다. · 忘機망기-마음을 놓다. · 作伴작반-벗이 되다. · 與心會여심회-마음에 맞다. · 披襟피금-옷깃을 헤치다. · 兀坐올좌-우두커니 앉다. · 漫만-제멋대로. · 相留상류-곁에 머물다.

108
행복과 불행의 경계는 모두 마음의 작용이 만들어 낸다

인생의 복과 재앙은 모두 생각에 따라 이루어진다. 그러므로 석가모니는 이르되 '이욕利慾이 불같이 타오르면 그것이 곧 불구덩이요, 탐애貪愛에 빠지면 그것이 곧 고해苦海가 되지만, 한 생각 청정하면 성난 불길도 연못이 되고, 한 마음 깨달음을 얻으면 배가 피안彼岸에 오른다'고 하였으니, 생각이 약간만 달라져도 그 경계가 확 달라지므로 어찌 신중하지 않을 수 있겠는가.

인간의 행복과 불행은 모두 마음이 만들어 내는 것이다. 그러므로 석가는 '욕심이 타오르면 그 자리가 곧 불구덩이요, 탐욕과 애착에 빠져들면 거기가 바로 고해苦海다'라 했고, '한결같이 그 마음이 깨끗하면 불구덩이가 연못이 되고, 한 마음 진실로 깨달으면 고해의 늪에서 벗어날 수 있다'고 했다.

이처럼 인간의 행복과 불행뿐만 아니라 모든 경계는 생각과 마음씀이 조금 차이나는 데 따라 엄청나게 달라지니, 이 어찌 신중하지 않을 수 있겠는가.

人生福境禍區는 皆念想造成이라. 故로 釋氏云하되 '利欲熾然하면
인생복경화구 개념상조성 고 석씨운 이욕치연

卽是火坑이요 貪愛沈溺하면 便爲苦海나, 一念淸淨하면 烈焰成池하고
즉시화갱 탐애침닉 변위고해 일념청정 열염성지

一念警覺하면 船登彼岸이라'하니, 念頭稍異면 境界頓殊니 可不愼哉아?
일념경각 선등피안 염두초이 경계돈수 가불신재

·福境禍區복경화구-행복과 재앙의 경지. ·念想염상-상념, 생각. ·熾然치연-활활 타오르다. ·火坑화갱-불구덩이. ·貪愛탐애-탐내고 아낌. 오욕五慾에 빠지고 탐내다. ·然焰열염-거센 불길. ·警覺경각-돌연히 긱싱하다. ·彼岸피안-극락세계. 진리를 깨달은 경지. ·稍異초이-조금 달리하다. ·頓殊돈수-문득 크게 달라지다.

|109
물방울이 돌멩이에 구멍을 뚫는다

새끼줄 톱도 나무를 자르고 물방울도 돌을 뚫느니, 도道를 닦는 사람은 모름지기 힘써 찾기를 더해야 한다. 물이 모이면 도랑이 되고 오이는 익으면 꼭지가 떨어지나니, 도를 얻으려는 사람은 한결같이 하늘의 작용에 맡겨야 할 것이다.

꾸준히 노력하는 사람만이 소기의 목적을 달성할 수 있으니 '진인사대천명盡人事待天命', 즉 최선을 다한 다음에는 하늘의 뜻을 기다리라는 말이다.

어떤 목표를 세우고 그것을 달성하기 위해 비장한 각오까지 하는 것은 좋은데, 막상 실행에 들어가면 얼마 가지 못하고 포기하는 사람이 많다. 왜 그럴까? 그것은 자기와의 싸움에서 지기 때문이다. 인간에게 있어 제일 무서운 적敵은 결코 외부의 적이 아니라 자기 마음이다.

애써 세운 계획을 중도에서 포기하는 사람들을 분석해 보면, 외부의 여건이 안 좋아서라기보다 나약해진 자기 마음을 다스리지 못하는 데에 기인하는 경우가 많다. '승거목단繩鋸木斷'이라든가 '수적석천水滴石穿'이란 명구는 그런 사람들에게 꼭 필요한 조언이다.

繩鋸木斷하고 水滴石穿하니 學道者는 須加力索이라.
승 거 목 단   수 적 석 천   학 도 자   수 가 력 색
水到渠成하고 瓜熟蒂落하니 得道者는 一任天機니라.
수 도 거 성   과 숙 체 락   득 도 자   일 임 천 기

·繩鋸木斷승거목단-새끼줄로 톱질하여 나무를 자른다. 두레박질을 많이 하면 그 줄의 마찰로 나무 우물틀도 잘라진다는 뜻이다. ·水滴수적-물방울. 물이 떨어지다. ·力索역색-힘써 찾음. ·水到渠成수도거성-물이 모이면 도랑이 된다. ·蒂체-꼭지. 과실의 꼭지. ·天機천기-천지 자연의 묘기妙機.

|110
집착이 없어지면 마음속에 밝은 달이 뜨고 맑은 바람이 불어온다

마음이 쉬면 문득 달 뜨고 바람 불어오니, 사람 사는 이 세상이 반드시 고해苦海만은 아니다. 마음을 멀리하면 수레에서 이는 먼지와 말발굽 소리 절로 사라지니, 어찌 모름지기 산수山水만을 그리워하리요.

사람들은 끊임없는 근심과 걱정에서 헤어나지 못한다. 때로는 '어찌하여 나만이 이런 고생을 해야 하나' 하며 스스로의 운명을 한탄하고, 세상을 탓하곤 한다. 그런 사람들에게는 인생살이란 것이 고해苦海와 다름없을 것이다.

왜 이런 일이 생길까? 바로 마음이 집착에 사로잡혀 있기 때문이며 물욕과 명리욕, 권세욕 등으로 어지러워져 있기 때문이다.

이런 집착을 훌훌 털어버리면 홀연히 마음속에 청풍명월淸風明月의 경지가 펼쳐지고, 세속의 경계가 곧 진경眞境이 되는 법이다.

그러므로 끊임없는 근심과 걱정이 있더라도, 가끔은 가슴을 넓게 펴고 푸른 하늘을 올려다보면서 욕심을 떨쳐보려는 노력을 해보라. 그러면 마음이 속세의 번뇌에서 벗어나고 나름대로 호연지기浩然之氣를 기를 터인즉, 굳이 산림 속에 파묻힐 필요도 없는 것이다.

機息時에　便有月到風來하니　不必苦海人世라.
기 식 시　　변 유 월 도 풍 래　　　불 필 고 해 인 세

心遠處에　自無車塵馬迹하니　何須痼疾丘山이리요?
심 원 처　　자 무 거 진 마 적　　　하 수 고 질 구 산

·機息기식-마음의 활동이 쉬다. 마음씀이 그치다. ·月到風來월도풍래-달이 떠오르고 바람이 불어오다. 여기서는 마음속에 청풍명월이 왕래한다는 뜻이다. ·心遠심원-속세에서 마음이 멀어지다. ·車塵馬迹거진마적-수레바퀴에서 먼지 일고 말발굽 소리 들려온다. 즉 속세. ·痼疾丘山고질구산-산수를 좋아하는 고집스런 병.

111

꽁꽁 얼어붙는 겨울이라도 조그만 양기가 마침내 만물을 소생시킨다

풀과 나무는 막 시들어 떨어졌는가 하면 곧 뿌리 곁에 새싹이 돋아나고, 계절은 비록 꽁꽁 얼어붙는 추위라 하여도 마침내 봄기운이 날아오는 재 속에 돌아온다. 만물을 죽이는 살기殺氣 가운데서도 생성 발육의 뜻은 항상 주인이 되어 있으니, 이로써 가히 천지의 마음을 볼 수 있노라.

엄동설한의 혹한酷寒은 삼라만상을 고요 속에 몰아넣어 마치 죽은 듯 생성을 중단시킨다. 그러나 그것은 새 생명의 잉태를 뜻하는 것이지, 결코 죽음이 아니다.

인간도 자신의 아집과 명리 다툼을 억제함으로써 마치 죽은 사람인 듯 조용히 지낼 때 그것은 실상 새로운 자신의 잉태와 탄생을 의미한다. 낡은 자신이 죽고 다시 새사람으로 거듭난다는 것은 인격의 완성을 의미하는 것이며, 그것이 바로 대자연의 섭리인 것이다.

마치 만물이 얼어붙는 속에서도 생성 발육의 기운이 늘 움트듯이, 사람도 모름지기 자기 마음속의 봄기운을 기르고 가꿔 나가야 하지 않을까.

草木은 纔零落하면 便露萌穎於根底하고,
초목   재령락   변로맹영어근저

時序는 雖凝寒이나 終回陽氣於飛灰라.
시서   수응한   종회양기어비회

肅殺之中에 生生之意가 常爲之主하니 卽是可以見天地之心이라.
숙살지중   생생지의   상위지주   즉시가이견천지지심

·纔재-겨우. 비로소. ·零落영락-시들어 떨어지다. ·萌穎맹영-싹. ·時序시서-계절. ·凝寒응한-꽁꽁 얼어붙는 추위. ·飛灰비회-고대 중국에서 대나무 통 속에 갈대 재를 넣어두었다가 동지冬至가 되면 그것이 날아오르도록 했다 한다. ·肅殺숙살-가을철의 쌀쌀한 기운이 초목을 말리다. ·生生之意생생지의-생성 발육시키는 기운.

|112
정신을 청아하게 지니면 보는 것이 새로워지고, 듣는 것이 맑아진다

비 갠 뒤에 산빛을 바라보면 경치가 문득 새롭고 아름다움을 깨닫게 되고, 고요한 밤중에 종소리를 들으면 그 울림이 더욱 맑고 드높다.

'마음이 아픈 만큼 성장한다'라는 말이 있다. 거친 풍파를 한 차례 겪고 나면 그 사람의 인품은 향상되는 법이다. 사람에 따라서는 도리어 타락하는 경우도 있지만, 실은 향상되어야 하는 것이 자연의 이치이다.

억수로 쏟아 붓는 빗속에서의 자연은 생동감을 일으키며, 비가 멎고 난 다음에는 만물이 새로워진다. 연무煙霧가 감도는 산에는 지저귀는 새소리며 떨어지는 물방울 소리가 더욱 싱그럽다.

이것이 동動의 생명력이라면 한밤중에 은은히 들려오는 종소리는 마음을 안정시켜 주고, 고요한 가운데 내일의 희망을 갖게 해주는 정靜의 생명력이다.

雨餘에 觀山色하면 景象이 便覺新妍하고,
우여   관산색   경상   변각신연
夜靜에 聽鐘聲하면 音響이 尤爲淸越이라.
야정   청종성   음향   우위청월

·雨餘우여-비 온 후. ·景象경상-경치. ·新妍신연-청신하고 아름답다. ·夜靜야정-적막한 밤. 깊은 밤. ·淸越청월-맑고 드높다.

|113
높은 곳에 오르면 마음이 넓어진다

　높은 곳에 오르면 사람의 마음이 넓어지고, 흐름에 임하면 사람의 뜻
이 멀리까지 이른다. 비나 눈이 오는 밤에 글을 읽으면 사람의 정신이
맑아지고, 언덕 마루에서 휘파람을 불면 사람의 흥이 고매해진다.

　'호연지기浩然之氣'를 기르라는 충고이다. 대자연과 사람에게는 무한히
넓고 고매한 기氣가 있는데, 인간이 그 기를 제대로 기르지 못하는 데서
문제가 생긴다. 기를 제대로 기르지 못한 사람들은 생각하는 바가 옹졸
하며 자기중심적인 사고방식을 벗어날 수 없다. 그러기에 호연지기를
길러야만 큰 인물이 될 수 있다는 것이 맹자孟子의 주장이다.

　높은 산에 올라 가슴을 펴고, 산과 들에 펼쳐진 운해雲海를 바라보라.
그리고 도도히 흘러가는 유수流水를 바라보라. 그러면 자질구레한 근심
걱정이 사라지고 웅지雄志를 가슴 가득 품게 될 것이다.

　그러므로 인간은 자연을 자기 수양의 도장道場으로 삼아야 할 것이다.

登高하면 使人心曠하고 臨流하면 使人意遠하며
등고　　사인심광　　임류　　　사인의원
讀書於雨雪之夜하면 使人神淸하고
독서어우설지야　　　사인신청
舒嘯於丘阜之巓하면 使人興邁라.
서소어구부지천　　　사인흥매

・曠광-넓고 상쾌하다. ・神淸신청-정신이 맑다. ・舒嘯서소-휘파람을 불다. ・巓전-마루터기. ・邁매-고매高邁.

|114
마음이 좁으면 머리털 하나가 수레바퀴처럼 무겁다

마음이 넓으면 수만 섬의 큰 봉록俸祿도 질항아리와 같이 여겨지고,
마음이 좁으면 한 올의 머리카락도 수레바퀴와 같게 보인다.

위의 구절에서 종鍾은 부피의 단위로서 쌀 여섯 섬 너 말을 이르는
것이니, 만종은 많은 녹봉이라는 뜻이다. 와부瓦缶는 흙으로 만든 그릇이
나 항아리를 말한다.

마음이 탁 트여 넓어지면 많은 봉록도 질그릇 조각처럼 하찮아 보이
고, 마음이 좁으면 머리카락 한 오라기도 수레바퀴처럼 크고 무겁게 느
껴진다.

공명을 뜬구름으로 보고 목숨도 새털처럼 가벼이 알자면 먼저 마음이
탁 트여야 한다. 따라서 사람은 마음이 넓어야 온갖 굴레를 벗어날 수
있는 것이다.

心曠이면 則萬鍾도 如瓦缶요,
심 광   즉 만 종   여 와 부
心隘면 則一髮도 似車輪이라.
심 애   즉 일 발   사 거 륜

·萬鍾만종-많은 녹봉祿俸. 1종鍾은 곡식 64말이다. ·瓦缶와부-질항아리. ·隘애-좁다.

115
사물에게 부림을 당하지 말고 내가 주체가 되라

바람과 달, 꽃과 버들이 없으면 천지의 조화를 이룰 수 없고, 정욕과 기호嗜好가 없으면 마음의 바탕도 이루어지지 않는다. 다만 내 의지로써 사물을 움직이고 사물로써 나를 부리지 못하게 한다면 기호와 정욕도 하늘의 작용 아님이 없고, 속세의 정情도 곧 진리의 경지가 되는 것이다.

천지자연이 바람과 달, 꽃과 버들로 조화를 부리듯이, 사람의 마음도 온갖 정욕과 기호嗜好로 천변만화千變萬化한다. 어떻게 보면 이런 정욕과 기호 등은 사람들의 생명력과 같은 것이다. 좀더 떳떳하게 잘살아 보려는 욕구가 있었기에 인류는 오늘날의 풍요로운 생활을 누릴 수 있으며, 또 찬란한 문명과 문화를 일궈낸 것이다.

다만 중요한 점은 어디까지나 내가 주체가 되어야지, 외물에 얽매여 부림을 당하지 않는 자세이다. 요컨대 주체성을 바로 세우는 것이다.

참된 자유란 온갖 정욕과 기호에 얽매이지 않고 도리어 나 자신이 그런 정념들을 통제할 수 있는 경지를 의미한다. 만약 스스로의 마음이 천진난만한 정서로써 만물을 부리면, 온갖 정욕과 기호도 곧 천지의 조화에 들어맞아 진리의 경지가 될 것이다.

無風月花柳면 不成造化하고 無情欲嗜好면 不成心體라.
무풍월화류   불성조화   무정욕기호   불성심체
只以我轉物하고 不以物役我면 則嗜欲도 莫非天機요,
지이아전물   불이물역아   즉기욕   막비천기
塵情도 卽是理境矣라.
진정   즉시리경의

· 不成造化불성조화-조물주의 기교도 완전히 나타나지 못하다. · 不成心體불성심체-마음의 본체를 이루지 못하다. · 以我轉物이아전물-내가 주체가 되어 외물外物을 조종하다. · 以物役我이물역아-외물이 주체가 되어 나를 조종하다. · 嗜欲기욕-기호와 정욕. · 塵情진정-세속적인 마음. · 理境이경-진리의 경지.

116
자신을 제대로 깨달은 자는 만물을 자기 것으로 생각하지 않는다

자기 한 몸에 대하여 제대로 깨달은 사람은 바야흐로 능히 만물을 만물에 맡길 수 있고, 천하를 천하에 돌리는 사람은 바야흐로 능히 속세 안에서 속세를 벗어날 수 있다.

자기 자신에 대하여 제대로 깨달으면, 만물을 제 것으로 삼고 싶은 사욕私慾이 없어져서 만물을 그대로 두고 볼 뿐이다. 만물이 각자의 본성을 그대로 보전하도록 내버려 두고 간섭을 하지 않기 때문이다.

마찬가지로 천하도 어느 한 사람의 것이 아니다. 천하를 다스리되 천하의 의지에 맡기는 사람이라면, 속세 안에 있으면서도 어느덧 속세를 초월할 수 있을 것이다. 좋을 것도 미울 것도 없는 경지에 이르면, 이 세상 그대로가 낙원이 되기 때문이다.

만물을 그 본성대로 내버려 두고 천하를 그 의지에 맡긴다 함은 과연 무엇을 뜻할까? 맨 먼저 스스로의 욕심부터 다스리는 것이 아니겠는가. 그래야만 만물이 제자리를 찾고, 천하도 순탄하게 돌아갈 것이다.

就一身了一身者는 方能以萬物付萬物하고,
취 일 신 료 일 신 자   방 능 이 만 물 부 만 물
還天下於天下者는 方能出世間於世間이라.
환 천 하 어 천 하 자   방 능 출 세 간 어 세 간

·就취-대하여. 대對와 같은 뜻이다. ·了료-깨닫다. 알다. ·付부-부여付與. …하도록 한다. ·還환-돌려보내다.
·出世間출세간-속세를 벗어나다.

|117
사람이 너무 한가하면 엉뚱한 생각이 떠오른다

인생살이가 너무 한가하면 딴 생각이 슬그머니 생겨나고, 너무 분주하면 참다운 본성이 나타나지 않는다. 그러므로 군자는 몸과 마음의 근심을 지니지 않을 수 없고, 또한 풍월風月의 흥취도 즐기지 않을 수 없다.

원문에서 말하는 '신심지우身心之憂'란 육체적 및 정신적인 노고를 의미하는 것이리라. 사람이 사회적 사명감을 자각하고 그것을 이루어 내기 위해 노력을 아끼지 않는 것은 이 세상을 살아가는 사람, 특히 사람들 위에 서서 일하는 사람에게는 당연한 의무이다.

그러나 악착같이 일에 몰두하기만 한다면 어떻게 될까? 자기 자신을 차분히 돌아보고 자기 마음을 쉴 여유조차 가질 수가 없을 뿐만 아니라, 인간으로서의 포용력도 결여되고 말 것이다.

따라서 업무든 놀이든, 모든 생활에는 조화가 필요하다. 강약强弱의 조화, 강유剛柔의 조화가 있듯이 망한忙閑의 조화도 꼭 필요한 법이다. 아무리 바쁜 생활 속에서라도 때로 유유자적하는 마음을 지녀 머리와 몸을 휴식시켜야 함은 무거운 책임을 진 사람일수록 더욱 필요하다 하겠다.

人生은 太閑하면 則別念竊生하고 太忙하면 則眞性不現이라.
인생 태한   즉별념절생   태망   즉진성불현

故로 士君子는 不可不抱身心之憂하고 亦不可不耽風月之趣라.
고   사군자   불가불포신심지우   역불가불탐풍월지취

· 太閑태한-지나치게 한가하다. · 別念별념-딴 생각. · 竊生절생-몰래 생겨나다. 슬며시 생겨나다. · 耽탐-즐기다. 빠지다. · 風月풍월-아름다운 자연.

|118

사람의 마음은 본디 청명淸明한데, 흔들림으로 인해 그 참모습을 잃게 된다

사람의 마음은 흔히 동요됨으로 인하여 참됨을 잃는다. 만약 한 가지 생각도 일으키지 않고 맑은 물처럼 조용히 앉아 있으면, 구름이 일어나매 한가로이 함께 가고, 빗방울이 떨어지매 서늘하게 함께 맑아지며, 새 지저귀는 소리에 흔연히 느끼는 바 있고, 꽃이 지매 깔끔하게 스스로 얻는 바가 있은즉, 어디인들 진경眞境이 아니며 어느 것엔들 진기眞機가 없겠는가.

사람의 마음은 본디 청명淸明한데 흔들림으로 해서 참됨을 잃는다. 어떤 한 가지 생각이라도 일으키지 않고 잔잔한 호수처럼 조용히 앉아 있으면 사물이 그대로 비쳐, 함께 느끼고 깨닫는 바가 있게 된다. 이렇듯 그 어떠한 작용에도 흔들리지 않는 마음을 지녀야 진리의 세계를 알게 되고, 참된 깨달음을 얻을 수 있다.

우주 자연의 진리를 터득한 사람은 모든 일에서 초연할 수 있으므로, 온갖 고뇌에서도 벗어날 수 있는 것이다.

人心은 多從動處에 失眞이라. 若一念不生하여 澄然靜坐하면,
인심   다종동처   실진   약일념불생   징연정좌

雲興而悠然共逝하고 雨滴而冷然俱淸하며 鳥啼而欣然有會하고
운흥이유연공서   우적이랭연구청   조제이흔연유회

花落而瀟然自得하니, 何地非眞境이며 何物無眞機리요?
화락이소연자득   하지비진경   하물무진기

·從종－말미암아. 따라. ·動處동처－움직이는 곳. ·一念不生일념불생－한 가지 생각도 일어나지 않다. ·澄然징연
－매우 맑은 모양. ·逝서－가다. ·雨滴우적－비가 내리다. ·瀟然소연－깔끔하고 깨끗한 모양. ·眞機진기－천지자연
의 참다운 활동.

119

기쁨에는 근심의 씨앗이 있고, 근심에는 기쁨의 씨앗이 있다

자식이 태어날 때는 그 어머니가 위태롭고 돈 꾸러미가 쌓이면 도둑이 엿보니, 어떤 기쁨이 근심이 아니리요. 가난하면 아껴 쓸 수 있고 병病이 들면 몸을 보살필 수 있으니, 어떤 근심이 기쁨이 아니리요. 그러므로 통달한 사람은 마땅히 순경과 역경을 하나로 보고 기쁨과 근심을 모두 잊어야 한다.

역전逆轉의 발상을 강조한 구절이다. '인생만사人生萬事 새옹지마塞翁之馬'라 하지 않았는가.

가난한 집안에서는 서로 협력하여 가난을 벗어나고자 힘쓰고, 환자는 도리어 건강한 사람보다 몸조심을 한다. '병자病者가 장수한다'는 말은 그래서 생겼을 것이다. 그렇다면 기쁜 일, 즐거운 일이 따로 있을 수 없고, 괴로운 일, 슬픈 일도 따로 있을 수 없다.

요컨대 '거안사위居安思危'하고 '전화위복轉禍爲福'하면 되는 것인데, 이는 달인達人만이 가능한 일이 아니고 우리 모두 유비무환有備無患한다면 능히 할 수 있는 일이다.

子生而母危하고 鑛積而盜窺하니 何喜非憂也리요?
자 생 이 모 위   강 적 이 도 규   하 희 비 우 야

貧可以節用하고 病可以保身하니 何憂非喜也리요?
빈 가 이 절 용   병 가 이 보 신   하 우 비 희 야

故로 達人은 當順逆一視하여 而欣戚兩忘이리.
고   달 인   당 순 역 일 시   이 흔 척 량 망

·鑛강-돈 꿰미. ·節用절용-절약해서 쓰다. ·保身보신-신명身命을 보전하다. ·順逆순역-순경順境과 역경逆境. ·欣戚흔척-기쁨과 근심.

|120
마음을 텅 비워 집착이 없게 하라

　귀는 마치 회오리바람이 골짜기에 메아리를 던지는 것과 같은지라, 지나간 뒤에 머무르지 않게 하면 시비가 함께 사라진다. 마음은 마치 밝은 달이 연못에 비치는 것과 같은지라, 텅 비게 하여 집착하지 않으면 사물과 나를 모두 잊게 된다.

　설령 나를 비방하는 말이거나 혹은 나에게 아첨하는 말일지라도, 그것을 들은 다음 허공에 날려버리면 마치 회오리바람이 일과성—過性으로 지나가듯 그렇게 끝나고 말 터인데, 굳이 그것을 마음 밭에 새겨놓기 때문에 시시비비가 일어난다. 또 마음속에서 용솟음치는 욕망을 깨끗이 씻어내면 마치 연못 속에 드리운 달 그림자가 사라지듯 불평불만이 없어질 터인데, 욕망이 남아 있기에 만족을 모르고 고뇌 속에서 산다.

　이러한 마음을 지녀서는 아무리 높은 지위에 오르고 가진 것이 많다 하더라도 근심걱정과 불평불만 속에서 끊임없이 시시비비를 다투며 살 수밖에 없다. 물아일체物我一體의 경지에 들지 못하면 행복한 생활을 누릴 수 없는 법이다.

耳根은 似飇谷投響하여 過而不留하면 則是非俱謝하고,
이근　　사표곡투향　　　과이불류　　　즉시비구사

心境은 如月池浸色하여 空而不著하면 則物我兩忘이라.
심경　　여월지침색　　　공이불착　　　즉물아량망

·耳根이근—귀. ·飇표—회오리바람. ·俱謝구사—함께 사라지다. ·著착—붙잡다. 집착하다. ·物我물아—외물外物과 나.

121

사람들은 스스로 자기 마음을 진세塵世와 고해苦海로 만든다

세상 사람들은 부귀영화와 명리名利에 얽매여 걸핏하면 '진세塵世요 고해苦海'라고 말하면서, 구름이 희고 산은 푸르며, 냇물이 흐르고 돌이 서 있으며, 꽃이 피어 새를 반기고, 골짜기가 나무꾼의 노랫소리에 화답하는 줄을 알지 못한다. 세상은 진세도 아니려니와 또한 고해도 아니거늘, 저희 스스로 그 마음을 진세와 고해로 만들 뿐이다.

명예와 이익에 대한 집착은 사람을 고독하게 만든다. 자신을 둘러싸고 있는 모든 사람이 다 경쟁자 또는 가해자로 보일 뿐이다.

책략에 대해서는 그보다 더한 책략으로 대응하고, 빈틈만 보이면 중상과 모략도 서슴지 않는다. 간단없이 우월감과 열등감 사이를 방황하는 인생이 어찌 흰 구름과 푸른 산을 올려다볼 여유가 있겠는가.

그러나 인생이란 높고 푸른 곳을 바라보며 크게 기지개를 펴는 때가 있어야 한다. 그럴 때 비로소 참다운 인생, 즐거운 인생을 맛볼 수 있을 것이다.

世人은 爲榮利纏縛하여 動曰 '塵世苦海'라 하며,
세인 위영리전박   동왈 진세고해

不知 雲白山靑하고 川行石立하며 花迎鳥笑하고 谷答樵謳하니,
부지 운백산청   천행석립   화영조소   곡답초구

世亦不塵이요 海亦不苦거늘 彼自塵苦其心爾리.
세역부진   해역불고   피자진고기심이

·榮利영리-영화榮華와 명리名利. ·纏縛전박-속박. 얽매이다. ·動曰동왈-걸핏하면 말하다. ·谷答樵謳곡답초구-골짜기가 나무꾼의 노래에 화답하다. ·塵苦진고-진세塵世와 고해苦海.

122
조금 부족하다는 생각이 들 때 중단하라

꽃은 반쯤 피었을 때 보고, 술은 조금만 취하도록 마시면 이 가운데 진정 아름다운 멋이 있다. 만약 꽃이 활짝 피고 술에 흠뻑 취하면 문득 추악한 지경에 들고 마니, 절정에 이른 사람은 마땅히 이를 생각하라.

모든 것에는 적당한 선이 있다. 그러나 그 선을 넘어 추태를 부리기 쉬운 것이 또한 인간이다.

술의 경우가 그 대표적인 예이다. '술은 백약의 으뜸[酒百藥之長]'이란 말은 자기 주량에 맞도록 적당한 술을 마시면 혈액순환도 촉진되고 소화에도 도움이 되어 건강에 좋다는 말이리라. 그러나 이른바 주객들은 그 한계를 넘어 만취하는 경우가 많다. 그렇게 되면 자신의 건강을 해칠 뿐 아니라 주변 사람들에게도 불편을 주게 되니, 삼가야 하지 않겠는가.

이런 일이 어디 술뿐이겠는가. 기쁜 일, 즐거운 일도 절정에 이른 다음에는 공허만이 남는 법, 다소 부족하다 싶은 시점에서 중단하면 얻는 것이 많으리라.

花看半開하고 酒飮微醺하면 此中에 大有佳趣라.
화 간 반 개   주 음 미 훈   차 중   대 유 가 취
若至爛漫酕醄하면 便成惡境矣하니,
약 지 란 만 모 도   변 성 악 경 의
履盈滿者는 宜思之니라.
이 영 만 자   의 사 지

·微醺미훈-약간 취하다. ·爛漫난만-무르익게 피다. ·酕醄모도-만취. ·履盈滿이영만-가득 차서 절정의 위치에 있음.

123
산나물은 사람이 가꾸지 않으나 그 맛은 향기롭고 뛰어나다

산나물은 사람들이 가꾸지 않아도 절로 자라나고, 들새는 사람들이 기르지 않아도 절로 살건만 그 맛은 모두 향기롭고 또한 상큼하다. 우리도 능히 세상 법도에 물들지 않는다면 그 품위가 월등히 높아 각별하지 않겠는가.

우리가 식료품을 선택할 때 양식한 것보다는 값이 비싼 자연산을 선호하는 것은 왜일까? 그것은 자연산이 맛과 향기가 월등한 점도 있겠지만, 자연산은 말 그대로 자연 속에서 성장한 것이므로 소비자가 자연 그 자체를 먹을 수 있기 때문이다. 몇 번이나 강조하는 바이지만 인간은 자연의 한 부분이므로, 자연 그대로의 식품을 섭취하는 것이 제일 좋을 것임은 두말할 나위도 없다.

그리고 인간 자신도 자연 그대로 살아갈 때, 즉 속세의 정욕과 명리를 떠나 조용히 살아갈 때 인간 본연의 참모습을 찾을 수 있는 것이며, 가장 고상한 삶이 되는 것이라고 저자는 강조하고 있다.

山肴는 不受世間灌漑하고 野禽은 不受世間豢養이로되 其味皆香而且冽하니,
산효   불수세간관개   야금   불수세간환양   기미개향이차렬

吾人도 能不爲世法所點染하면 其臭味不逈然別乎아?
오인   능불위세법소점염   기취미불형연별호

·山肴산효-산나물. ·灌漑관개-가꾸다. 물을 주다. ·豢養환양-기르다. ·冽열-맛이 강하다. ·世法세법-세상의 법도. 속세의 명리名利. ·臭味취미-냄새와 맛. 여기서는 풍격이란 뜻이다. ·逈然형연-아득하게 먼 모양.

마음에 깨닫는 바가 없으면 하는 일 모두가 허사다

꽃을 가꾸고 대나무를 심으며 학鶴을 감상하고 물고기를 바라볼지라
도, 또한 자신의 마음에 일단의 깨닫는 바가 있어야 한다. 만약 한갓 그
광경에만 빠져들어 사물의 화려한 겉모습만 맛본다면 이는 역시 우리
유가儒家에서 말하는 '구이지학口耳之學'이요, 불가佛家에서 말하는 '완공頑
空'에 불과할 뿐이니, 그 어찌 아름다운 멋이 있겠는가.

'구이지학口耳之學'이란 『양자楊子』의 법언法言에 '소인의 학문은 귀로
들어와 그저 입으로 나간다. 입과 귀 사이는 네 치일 뿐이니 어찌 족히
일곱 자의 몸을 아름답게 할 수 있으리요.[小人之學也 入乎耳出乎口 口耳之間
則四寸耳 曷足以美七尺之軀哉]'란 구절이 있다. 또 '완공頑空'이라 함은 소승
불교의 견해로, '만물은 모두가 공空'이라는 관념을 가지고 세상을 등짐
으로써 더불어 사는 인정이 결여된 완고함을 뜻한다.

비록 세속을 떠나 은둔생활을 즐긴다 하더라도, 자연 속의 참 진리를
터득하지 못한다면 그것은 아무 의미도 없다는 뜻이다.

栽花種竹하고 玩鶴觀魚하되 又要有段自得處니, 若徒留連光景하여
재화종죽   완학관어   우요유단자득처   약도류련광경
玩弄物華하면 亦吾儒之口耳요 釋氏之頑空而已니 有何佳趣리요?
완롱물화   역오유지구이   석씨지완공이이   유하가취

·栽花種竹재화종죽-꽃을 기르고 대나무를 심다. 은둔생활을 한다는 뜻이다. ·玩鶴완학-학을 관상하다. ·留連
유련-산수를 즐기기에 빠져서 돌아오지 않다. ·玩弄완롱-완상玩賞하면서 즐기다. ·物華물화-겉모습이 아름다
움. ·口耳구이-구이지학口耳之學. 귀로 들은 바를 입으로 나불거리기만 하는 학문. 즉 실천이 없는 학문. ·頑空
완공-소승불교小乘佛敎에서 '만물은 모두가 공空'이라고 보는 가르침.

125
시정잡배가 되느니 차라리 죽는 편이 낫다

산 속에 은둔하는 선비는 청빈하게 살지만 그윽한 멋이 절로 풍요롭고, 들판의 농부는 거칠고 소박하지만 천진한 본성을 그대로 지니고 있다. 만약 한번 몸이 시정市井의 거간꾼으로 전락한다면, 이는 차라리 구렁텅이에 굴러 떨어져 죽을지언정 심신이 오히려 맑음만 같지 못하다.

저자 홍자성이 살아가던 때는 사농공상士農工商의 계급사회였다. 산속에 은둔하는 은사隱士는 비록 가난에 쪼들리지만 그 취미가 고상하고 넉넉하며, 흙을 일구어 생계를 유지해 나가는 농부는 비록 투박하고 거칠지만 거짓도 모르고 천진난만한 성품을 그대로 지니고 있다는 것이다. 그러기에 사士 계급 다음에 농사짓는 농農 계급을 꼽았던 것인데, 장사꾼은 거짓말을 일삼고 자기 이득에만 급급하며 때로는 매점매석도 서슴지 않는다 하여 네 계급 중 제일 아래로 쳤었다. 오늘날의 상업 또는 무역 등의 개념과는 차이가 있었던 것이다.
지조를 지키는 선비나 땀 흘려 일하고 그 노력의 결실을 거두는 농부로 살다가 비록 굶어 죽을지언정, 거짓과 배신을 떡 먹듯 하는 시정市井에는 들어가지 말라는 충고이다.

山林之士는 淸苦而逸趣自饒하고 農野之夫는 鄙略而天眞渾具하니,
산 림 지 사   청 고 이 일 취 자 요   농 야 지 부   비 략 이 천 진 혼 구

若一失身市井駔儈면 不若轉死溝壑이로되 神骨猶淸이라.
약 일 실 신 시 정 장 쾌   불 약 전 사 구 학   신 골 유 청

·淸苦청고-청렴하고 빈고貧苦하다. ·逸趣일취-세속을 초월한 취미. ·饒요-풍부하다. 넉넉하다. ·鄙略비략-거칠고 꾸밈이 없다. ·渾具혼구-모두 구비하다. ·市井시정-시중의 저자. ·駔儈장쾌-거간. 중개인. ·溝壑구학-도랑개 꼬끼기. ·神骨신골-정신과 육체. 심신心身.

|126
분수에 넘치는 복과 까닭 없는 이득은 세상의 함정이다

분수에 맞지 않는 복과 까닭 없이 얻어진 소득은 조물주의 낚싯밥이 아니라면 곧 인간 세상의 함정이다. 이런 상황에 처해서는 눈을 크게 뜨고 조심하지 않으면 그 술수에 넘어가지 않을 자 드물리라.

'조물주의 낚시 미끼'라는 발상이 실로 재미있다. 분수에 넘치는 복이 들어오는 경우, 또는 뚜렷한 이유 없이 이득이 생길 경우에도 사람들은 노력의 대가라며 정당한 결과로 받아들인다는 말이다.

그러나 이것은 아주 위험한 사고방식이다. 분수에 넘치는 복이 굴러 들어올 때에는 바짝 긴장하고 그 이유를 날카롭게 따져볼 필요가 있다. 뜻하지 않은 행운에 마음이 들떠서 경거망동하다가는 헤어 나올 수 없는 함정에 빠지게 될 것이기 때문이다. 이런 생각을 해볼 때 어쩐지 하늘은 심술궂다는 느낌이 들기도 한다.

인간사란 이래서 쉽지가 않다. 요컨대 돌다리도 두드리며 건너듯 매사에 조심하는 길만이 사람 사는 세상의 함정에 빠지지 않는 비결이라 하겠다.

非分之福과 無故之獲은 非造物之釣餌면 卽人世之機阱이라.
비분지복　무고지획　비조물지조이　즉인세지기정

此處에 著眼不高하면 鮮不墮彼術中矣니라.
차처　착안불고　선불타피술중의

·非分之福비분지복-분수에 안 맞는 복. ·無故之獲무고지획-아무 이유도 없이 생기는 이득. ·造物조물-조물주.
·釣餌조이-낚시 미끼. ·機阱기정-함정. ·著眼착안-눈길을 주다. 착안着眼. ·鮮선-드물다. ·術中숲중-계략.

|127

인생은 본디 꼭두각시놀음이니 그 근본을 손에 움켜 쥐어라

인생은 본디 하나의 꼭두각시놀음이니, 오직 그 근본을 손에 쥐고 있어 야 한다. 한 가닥의 줄이라도 엉킴이 없게 하여 감고 풀음이 자유로워야 나 아가고 멈춤이 나에게 있는 것이니, 털끝만큼도 남의 간섭을 받지 않으면 문득 이 놀이마당에서 벗어날 수 있으리라.

인간을 정의하여 『노자老子』에서는 '사람은 땅을 본받고 땅은 하늘을 본받으며 하늘은 도道를 본받는다[人法地 地法天 天法道]'라 하였다. 즉 인 간이란 자연과 사회의 법칙에 지배를 받으면서 그 테두리 안에서 살아가 는 존재에 지나지 않는다는 것이다.

그런 반면 인간은 이성理性의 힘을 지니고 있기 때문에, 비록 어떤 법칙의 지배하에 존재한다 하더라도 그것을 주체적으로 운용할 수 있는 능력도 갖추고 있다. 따라서 지배당하고 있음을 자각함과 동시에 그것을 초월할 수 있다는 점에 인간의 진정한 가치가 있는 것이다.

도와 하늘과 땅의 지배를 받기는 하지만 스스로 자신을 다스릴 줄 아는 것이 인간이다.

人生은 原是一傀儡니 只要根蒂在手라.
一線不亂하여 卷舒自由하고 行止在我하여
一毫도 不受他人提掇하면 便超出此場中矣리라.

· 傀儡괴뢰 - 꼭두각시. · 根蒂근체 - 근본이 되는 것. · 在手재수 - 손안에 있다. 장악하다. · 卷舒권서 - 감고 푸는 것. · 行止행지 - 가고 멈춤. · 提掇제철 - 간섭. · 超出초출 - 초월. · 場中장중 - 무대. 여기서는 인생을 비유한다.

128

무사無事가 최고의 복이다

한 가지 일이 일어나면 한 가지 해로움도 생긴다. 그러므로 천하는 항상 무사無事를 복으로 삼는다. 옛 사람의 시詩에 이르기를 '그대에게 권하노니 제후에 봉해지는 일에 대해서 말하지 마오. 한 명의 장수가 공을 이룸에는 1만 명의 병사들이 백골로 마른다.' 하였고, 또 이르되 '천하가 항상 무사태평하다면 칼집 속에서 칼이 천년을 썩어도 아깝지 않으리'라고 하였느니, 비록 영웅의 웅심과 용맹스러운 기개가 있을지라도 모르는 사이에 얼음처럼 녹아버릴 것이다.

세상사에는 음양陰陽이 있어서 이해利害와 득실得失이 늘 상존하게 마련이다. 이처럼 양면성을 지니고 있는 것이 세상사이기에, 아무 일 없는 것보다 더 큰 복은 없다. 한 장수가 공을 세우기까지에는 그의 부하 만 명이 백골이 되어야 하니, 천하가 태평하여 칼이 칼집에서 그대로 녹이 슨다면 얼마나 좋겠는가.

높은 지위에 올라 일하는 사람들은 일을 집행함에 있어 어느 쪽이 국익國益이 되고 어느 쪽이 국민들에게 이로움이 되는지를 잘 판단하여 집행해 나가야 하며, 자신의 명예나 이익을 탐해 국민을 괴롭힐 만한 큰일을 함부로 벌여서는 안 될 것이다.

一事起하면 則一害生이라. 故로 天下는 常以無事爲福이라. 讀前人詩에 云하되
일사기   즉일해생   고 천하 상이무사위복   독전인시 운
'勸君莫話封侯事하라 一將功成萬骨枯라'하고, 又云하되 '天下常令萬事不하면
권군막화봉후사   일장공성만골고   우운   천하상령만사평
匣中不惜千年死라'하니, 雖有雄心猛氣라도 不覺化爲氷霰矣리라.
갑중불석천년사   수유웅심맹기   불각화위빙산의

·一事起일사기-한 가지 일이 일어나다. ·封侯봉후-제후諸侯로 봉해짐. ·萬骨枯만골고-1만 명의 뼈가 마르다. 1만 명이 죽어가다. ·雄心猛氣웅심맹기-영웅다운 용맹. ·氷霰빙산-얼음과 싸락눈. 여기서는 얼음이 녹는다는 뜻이다.

129
음란의 극과 정숙의 극은 서로 만난다

음탕한 여인이 극단에는 비구니가 되고, 열심히 살던 사람도 격분하여 불도佛道에 들어가니, 맑고 깨끗해야 할 불문佛門이 늘 음란과 사악의 소굴이 됨은 이와 같아서이다.

극極은 극과 통한다고 했다. 주먹 세계에서 놀던 폭력배 두목이 회개하여 성직자가 되고, 음란의 극을 달리던 여자가 삭발하고 비구니가 되는 예는 드물지 않다. 뉘우치고 돌아서면 과거를 묻지 않는 것이 종교의 특징이라고도 할 수 있다.

여기서 저자 홍자성이 하고 싶었던 말은 이런 일과 정반대의 경우가 아니었을까. 극단적으로 선량했던 사람도 자칫 극악한 사람이 될 수도 있다는 말이다. 오늘날에도 명성을 드날리는 성직자가 실정법을 위반하여 물의를 일으키는 예가 종종 있으니 말이다.

그러기에 극과 극은 상통한다고 해야겠거니와, 선을 행하는 사람일수록 더욱 자신을 경계해야 할 일이다.

淫奔之婦가 矯而爲尼하고 熱中之人도 激而入道하니,
음 분 지 부   교 이 위 니   열 중 지 인   격 이 입 도

淸淨之門이 常爲婬邪之淵藪也는 如此로다.
청 정 지 문   상 위 음 사 지 연 수 야   여 차

·淫奔之婦음분지부—음란한 여인. ·矯교—거스르다. 여기서는 극단으로 달리다란 뜻이다. ·激격—분격憤激. ·入道입도—불도佛道에 들다. ·婬邪음사—음란과 사악邪惡. ·淵藪연수—연못과 덤불. 여기서는 소굴이란 뜻이다. 즉 물고기가 모여들고 짐승들이 모여드는 연못과 덤불이란 의미이다.

130
풍랑을 만나면 오히려 배 밖에 있는 사람이 마음을 죈다

파도가 하늘에까지 닿으면 배 안에 있는 사람들은 두려움을 모르되 배 밖에 있는 사람들은 마음을 졸이고, 미치광이가 자리에서 날뛰면 같은 좌중에 있는 사람들은 경계할 줄 모르되 자리 밖에 있는 사람들이 혀를 찬다. 그러므로 군자는 몸은 비록 일 안에 있을지라도 마음만은 일 밖에 벗어나 있어야 한다.

어떤 일에 파묻혀 너무 신경을 쓰다 보면, 나무는 보되 숲은 보지 못하는 근시안이 되기 십상이다. 풍랑에 휩싸인 배 안에서는 거센 물결이 눈에 보이지 않으므로 두려움을 못 느끼지만, 저 멀리 뭍에서 이 광경을 바라보는 사람들은 위험천만함을 느껴 가슴이 서늘해질 것이다.

운동 경기에서도 비슷한 일이 생긴다. 막상 코트 안에서 경기에 열중하는 선수는 게임 전체의 흐름을 파악할 여유가 없다. 그러기에 감독이 작전 사인을 내거나 작전 시간을 부름으로써, 게임 전체를 조율하는 것이다.

따라서 군자는 일을 하는 중이라도 시야를 넓혀, 제3자의 입장에서 냉정하게 바라보아야 한다. 그래야만 속세에 살면서도 속세를 초월하는 경지에 이를 수 있지 않겠는가.

波浪이 兼天하면 舟中不知懼로되 而舟外者寒心하고,
파랑 겸천 주중부지구 이주외자한심
猖狂이 罵座하면 席上不知警이로되 而席外者咋舌이라.
창광 매좌 석상부지경 이석외자색설
故로 君子는 身雖在事中이나 心要超事外也라.
고 군자 신수재사중 심요초사외야

· 波浪兼天파랑겸천 - 파도가 하늘에까지 닿다. · 寒心한심 - 걱정하는 마음. · 猖狂창광 - 미치광이. · 罵座매좌 - 좌중에서 꾸짖어 욕하다. · 咋舌색설 - 혀를 차다.

131
인생은 한 푼을 덜면 그 한 푼만큼 벗어난다

인생은 한 푼을 덜어 줄이면 곧 그 한 푼만큼 초탈하게 된다. 만약 사람들과의 교류를 줄이면 곧 시끄러움을 면하고, 말을 줄이면 곧 허물이 적어지며, 생각을 줄이면 정신이 소모되지 않고, 총명을 줄이면 본성이 완전해질 것이다. 사람들이 날로 줄이기를 구하지 않고 날로 더함을 구하는 것은 참으로 제 인생을 얽어매는 것이로다.

여러 차례 반복하는 말이지만 이 세상 모든 일에는 양면성이 있다. 일을 벌이면 벌인 만큼 심신의 에너지 소모도 그만큼 많아진다. 『장자莊子』에서도 말했듯이 '뱁새가 깊은 숲속에 둥지를 튼다 해도 불과 나뭇가지 하나면 족하고, 두더지가 강물을 마신다 해도 그 작은 배를 채우는 데 불과하다'는 것이 세상 이치인 것이다.

일을 아무리 많이 벌인다 해도 그가 하루에 먹을 수 있는 것은 불과 세 끼요, 그가 어마어마한 재물을 모으고 높디높은 명예를 얻는다 해도 저 세상까지 갖고 가지는 못하는 것 아닌가.

人生이 減省一分하면 便超脱一分하니, 如交遊減하면 便免紛擾하고 言語減하면
인생 감생일분 변초탈일분 여교유감 변면분요 언어감

便寡愆尤하며 思慮減하면 則精神不耗하고 聰明減하면 則混沌可完이라.
변과건우 사려감 즉정신불모 총명감 즉혼돈가완

彼不求日減하고 而求日增者는 眞桎梏此生哉라.
피불구일감 이구일증자 진질곡차생재

· 減省감생 - 덜어내어 줄이다. · 一分일분 - 한 푼. 여기서는 조금이란 의미이다. · 超脱초탈 - 초월. 벗어나다. · 紛擾
분요 - 시끄러움. · 愆尤건우 - 과실, 허물. · 耗모 - 소모되다. · 混沌혼돈 - 천지창조 이전의 상태. 여기서는 본성이란
뜻이다. · 桎梏질곡 - 족쇄와 수갑. 여기서는 속박이란 의미이다.

132
마음속의 열기와 냉기, 즉 변덕을 없애라

천지 운행의 추위와 더위는 피하기 쉽지만 인간 세상의 뜨거움과 서늘함은 제거하기 어렵고, 인간 세상의 뜨거움과 서늘함은 제거하기 쉽지만 내 마음의 얼음과 숯불은 버리기가 어렵구나. 이 마음속의 얼음과 숯불을 버릴 수만 있다면, 가슴속에 온화한 기운 가득하여 이르는 곳마다 봄바람이 절로 일리라.

외환外患보다 내우內憂가 더 무섭다는 말로 비유할 수 있겠다.

마음을 다스려야겠다고 다짐에 다짐을 하면서도, 막상 그 다짐을 따르지 못한다. 즉 자기와의 싸움에서 지는 것이며 자가당착自家撞着에서 허덕이는 것이다.

자연이 만들어 내는 혹한酷寒과 무더위는 견딜 수 있지만, 사람 사는 세상의 염량세태炎凉世態는 제어하기 어렵다. 그러나 이보다 더 힘든 것은 제 마음속의 변덕을 없애는 일이다. 이를 없애야만 마음에 온화한 기운이 가득하여 자기와의 싸움에서도 이길 수 있고, 하는 일마다 절로 잘될 것이다.

天運之寒暑는 易避로되 人世之炎凉은 難除하고,
천운지한서　　이피　　인세지염량　　난제
人世之炎凉은 易除로되 吾心之氷炭은 難去니,
인세지염량　　이제　　오심지빙탄　　난거
去得此中之氷炭하면 則滿腔皆和氣하여 自隨地有春風矣리라.
거득차중지빙탄　　　즉만강개화기　　자수지유춘풍의

·天運천운-천지 기후의 운행. ·炎凉염량-인정의 뜨거움과 서늘함. 염량세태. ·氷炭빙탄-냉렬冷烈. 여기서는 변덕이란 뜻이다. ·滿腔만강-가슴속 가득히. ·隨地수지-도처. 이르는 곳마다.

세상의 최고를 고집하지 않으면 자유롭게 즐길 수 있다

좋은 차만 찾지 않으니 찻주전자 마르는 일 없고, 맛 좋은 술만 찾지 않으니 술통 비는 일이 없도다. 장식 없는 거문고는 줄이 없어도 언제나 음이 고르고, 대 짧은 피리는 구멍이 없어도 음이 절로 맞느니, 비록 복희씨伏羲氏를 뛰어넘기는 어려워도 가히 죽림칠현竹林七賢에는 필적할 수 있으리라.

자기 분수에 맞는 생활태도가 최상이라고 충고한 구절이다. 자기 분수에 맞는 생활을 하기 위해서는 적당한 선에서 만족하는 지혜를 몸에 익혀둘 필요가 있다.

인생의 모든 면에서 한도를 넘는 일락—樂만을 목표로 삼는다면, 언젠가는 심신의 쇠락을 감당하지 못할 날이 올 것이다.

茶不求精하니 而壺亦不燥하고 酒不求冽하니 而樽亦不空하며,
다 불 구 정   이 호 역 부 조   주 불 구 렬   이 준 역 불 공

素琴은 無絃而常調하고 短笛은 無腔而自適하니,
소 금   무 현 이 상 조   단 적   무 강 이 자 적

縱難超越羲皇이나 亦可匹儔嵇阮이라.
종 난 초 월 희 황   역 가 필 주 혜 완

·精정-정량精良. 최고품. ·壺호-병. ·燥조-마르다. ·冽렬-맛이 순함. 최상품. ·樽준-술통. 술 항아리. ·素琴소금-꾸밈이 없는 거문고. ·無腔무강-구멍이 없다. ·縱종-비록. ·羲皇희황-고대 중국의 성군聖君으로 전해 오는 태황太皇 복희씨伏羲氏. ·匹儔필주-필적匹敵. ·嵇阮혜완-진晉나라 때 죽림칠현竹林七賢 중 두 사람인 혜강嵇康과 완적阮籍. 이들 죽림칠현은 매일 대숲에 모여 청담淸談을 논하고 술을 즐겨 마시며 신선과 같은 세월을 보냈다 함.

|134
인연因緣과 본분本分에 따라 편안한 마음으로 살라

불가佛家의 '수연隨緣'과 우리 유가儒家의 '소위素位', 이 넉 자는 곧 바다를 건너는 부낭浮囊이다. 대개 세상길은 아득한지라 일념으로 완전함을 구한다면 만 갈래 마음의 실마리가 어지럽게 일어나니, 경우에 따라 편하게 살면 이르는 곳마다 얻지 못함이 없으리라.

불교에서는 '수연隨緣'이라 하여, 이 세상 모든 일은 인연에 따라 생긴다고 말한다. 빈부와 귀천도 자기 뜻대로가 아니라 인연으로 말미암아 이루어지는 것이니, 처신도 그 인연을 따라 하는 것이 좋으리라.

또한 유교에서는 '소위素位'를 내세우니, 『중용中庸』에 '군자는 자기의 위치에 처하여 행할 뿐, 그 밖의 것은 바라지 않는다[君子 素其位而行 不願乎其外]'라 했다. 즉 자기의 본분을 지킬 뿐, 남의 지위 따위를 넘보지 않는다는 뜻이다.

이 '수연'과 '소위' 두 가지는 인생이라는 바다를 헤쳐 나가는 부낭과도 같다. 요컨대 인연에 따라 제 본분을 지키고 경우에 따라 편안히 살면, 가는 곳마다 안심입명安心立命을 얻을 수 있다는 것이다.

어떤 그릇에라도 담을 수 있는 물의 자재自在로움, 바로 이것이 저자 홍자성이 목표로 삼는 심경이었다.

釋氏隨緣과 吾儒素位의 四字는 是渡海的浮囊이라.
석 씨 수 연   오 유 소 위   사 자   시 도 해 적 부 낭

蓋世路茫茫하여 一念求全하면 則萬緒紛起하니,
개 세 로 망 망   일 념 구 전   즉 만 서 분 기

隨寓而安이면 則無入不得矣라.
수 우 이 안   즉 무 입 부 득 의

·釋氏석씨-석가모니. 불교. ·隨緣수연-인연을 따르다. ·素位소위-본분을 따라 움직이다. 『중용中庸』에 있는 구절이다. ·浮囊부낭-구명대救命帶. ·世路세로-인생 길. ·萬緒만서-만 갈래 생각의 실마리. ·紛起분기-어지럽게 일어나다. ·寓우-경우. ·無入不得무입부득-가는 곳마다 안심입명安心立命의 뜻이 얻어지지 않음이 없다.

■ **지음 홍자성** ■

• 공저
  총람 매천야록
  원문 손자병법으로의 여행
  톨스토이와 그 친구들의 지혜·지식 원리
  백세 인생을 위한 고사성어의 여행

■ **평역 안길환** ■

• 공저
  총람 매천야록
  원문 손자병법으로의 여행
  톨스토이와 그 친구들의 지혜·지식 원리
  백세 인생을 위한 고사성어의 여행

채근담으로 지혜와 창의성을 터득할 수 있는 황금률

2022년 7월 1일 인쇄
2022년 7월 5일 발행

지 음 홍자성
평 역 안길환
발행인 김현호
발행처 법문북스(일문판)
공급처 법률미디어

주소 서울 구로구 경인로 54길4(구로동 636-62)
전화 02)2636-2911~2, 팩스 02)2636-3012
홈페이지 www.lawb.co.kr

등록일자 1979년 8월 27일
등록번호 제5-22호

ISBN 979-11-92369-16-7 (03910)

정가 18,000원